DR. PIERRE DUKAN

DUKAN DİYETİ

Fransızcadan Çeviren:
ZEYNEP KUMRULUOĞLU

PEGASUS YAYINLARI

İki çocuğum Sacha ve Maya'ya
Onlara verdiğim hayatın karşılığında bana
ikinci bir hayatı bahşettikleri için.

Eşim Christine'e.
O olmadan bu çalışma olmazdı.

Sylvia ve Maurice'e

İÇİNDEKİLER

Sağlık uzmanlarının dikkatine önsöz

20 milyon Fransız aşırı kilolu ve her yıl 35 ila 40 bini bu nedenle ölüyor. Bu kimin umrunda? SİZİN! Ama ne yapacağınızı bilmiyorsunuz...

Size benim yöntemimi öneriyorum

Benim olduğu için değil, 35 yılı bu deneyimle geçen bir ömrün ardından, bildiğim bütün yöntemler içinde en iyisinin bu olduğundan emin olduğum için!

Kanıtlar mı?

Üç milyondan fazla Fransız bu yöntemi denedi ve yayınlanmasından 10 yıl sonra bile kitap hâlâ Harry Potter'dan sonra en çok satanlar listesinin tepesinde.

4 aşama

En zorundan en rahatına

1. Atak; kısa ve sarsıcı
2. Seyir; istenilen kiloya kadar çetin
3. Güçlendirme; kaybedilen kilo başına 10 gün
4. Tam koruma; ömür boyu her perşembe protein + asansör kullanımını bırakma + 3 çorba kaşığı yulaf kepeği

174 doktor birden, sentez sayfalarını aynen kopyalayarak bu yöntemi uygulama izni istediler. Ben de **EVET** dedim. Şimdi sıra sizde! En önemlisi başarmak. En azından deneyelim!

Dr. Pierre DUKAN

Pdt RIPOSTE Monde Derneği

Fazla Kilo ve Obezite Önleme Uluslararası Hareketi

Tam Uzmanlığı

Çok Önemli Bir Buluşma - Ya da Yalnızca Et Seven Adam

Obeziteyle ilk karşılaşmam, Montparnasse'ta bir mahallede genel tıp pratiği yapan genç bir doktorken, bir yandan Garches'taki bir nöroloji servisinde belden aşağısı felçli çocuklar üzerinde uzmanlaştığım sıralara uzanır.

Hastalarım arasında şaşılacak derecede kültürlü, neşeli ve o zamana kadar düzenli olarak ilgilendiğim, dayanılması güç bir astımı olan obez bir editör bulunuyordu. Bir gün beni görmeye geldi ve ağırlığıyla gıcırdattığı bir İngiliz koltuğuna rahatça yerleşerek şöyle dedi:

"Doktor, sizin tedavilerinizden her zaman memnun kaldım, size güveniyorum ve bugün buraya beni zayıflatmanız için geldim," dedi.

O dönemde, beslenme ve obezite konusunda, fakültedeyken bana öğretmeye çalıştıkları ve düşük kalorili rejimler ya da her bakımdan normal bir yemeğe benzeyen, ama obezleri güldürüp kaçıracak, oyuncak gibi görünen minyatür porsiyonlu yemekler önermek olarak özetlenebilecek rejimler dışında bir şey bilmiyordum.

Yarım ağızla kem küm ettim, bildiğim birkaç kelimeyi sıraladım. Ancak bu bilimin hiçbir inceliği hakkında bilgim yoktu.

"Hangi bilimden bahsediyorsunuz? Paris'te bu konudaki tüm uzmanlarla görüştüm, hepsi de açlık diyeti önerecekti. Ben zaten ergenliğimden beri 300 kilodan fazlasını kendi başıma verdim, hepsini de geri aldım. Ancak itiraf etmeliyim ki hiçbir zaman tam anlamıyla istekli değildim ve karım da beni kilolarıma rağmen sevmeye devam etmekle, farkında olmasa da bana iyilik etmiş olmuyordu. Ama bugün yalnızca gözlerimi oynatsam soluğum kesiliyor, üzerime uyan hiç giysim yok ve açıkçası, ölmekten korkmaya başladım, doktor." Son olarak, meslek hayatımın yönünü değiştirecek şu cümleyi ekledi: "Bana istediğiniz diyeti uygulatın, istediğiniz yiyecekleri kesin, hepsini, ama eti değil, eti çok seviyorum."

Ben de ona nasıl hiç tereddütsüz karşılık verdiğimi hâlâ hatırlıyorum:

"Eh güzel... madem eti çok seviyorsunuz, yarın sabah aç olarak buraya uğrayın, kilonuzu ölçelim, sonra da beş gün boyunca yalnızca et yiyin. Ama koyun, kuzu gibi çok ağır etlerden kaçının ve dananın da en yağlı kısımlarını yemeyin. Hepsini ızgarada pişirin, tüketebildiğiniz kadar sıvı tüketin ve beş gün sonra kilonuzu yeniden ölçmem için bana yine aç olarak gelin."

"Tamam, anlaştık."

Beş gün sonra, yeniden geldi. Yaklaşık beş kilo kaybetmişti. İkimiz de gözlerimize inanamıyorduk. Ben az da olsa endişeliydim ama o, aksine, her zamankinden de neşeli bir halde, sağlığına tekrar kavuştuğundan, artık horlamadığından söz etti ve bütün tereddütlerimi dağıttı:

"Devam edeceğim, kendimi muhteşem hissediyorum, hem ziyafet çekiyorum, hem de rejim iyi gidiyor."

Kan ve idrar tahlili yaptırma sözü verdikten sonra ikinci bir beş günlük tur için anlaştık ve gitti.

Geri döndüğündeyse iki kilo daha vermişti, hem de önüme son derece normal kan örneği sonuçları koydu; ne şeker, ne kolesterol, ne de ürik asit.

Bu sırada, ben de tıp fakültesi kütüphanesine uğramış, etin besleyici özellikleri hakkında daha çok şey öğrenmiş, araştırmamı en değerli üyesi et olan harika protein ailesini kapsayacak şekilde genişletmiştim.

İlk yirmi günün sonunda, tartı kaybedilen ilk on kiloyu gösteriyordu ve kan tahlillerinin sonucu ilki kadar mükemmeldi. Her şey iyi gidiyordu; son kozumu oynayıp henüz kullandırmadığım diğer proteinleri de, karışık süt ve süt ürünleri, kümes hayvanları, yumurtaları da ekledim ve endişelerimi gidermek için, ondan daha fazla sıvı, yani günde 3 litre su tüketmesini istedim.

Hastam sonunda pes etti ve eksikliğinden giderek daha çok şüphelenmeye başladığım sebzeleri de programa eklemeye razı oldu.

Beş gün sonra hiç kilo kaybetmemiş olarak geri döndü. Tabii bu sayede zevk aldığı, proteinlerle dolu favori diyetine dönmeyi istemek için de bir gerekçesi olmuştu. Bunu ancak beş günlük dönemler halinde sebzeleri de eklemesi şartıyla ve pek de inanmadığı halde, vitamin eksikliği çekeceği bahanesiyle kabul ettim, o da lif eksikliğinden bağırsak çalışmasının yavaşlaması nedeniyle bu şartımı kabul etti.

İşte böylece alternatif protein diyetimle birlikte, obeziteye ve her türlü kilo fazlasından kurtulmaya yönelik çalışmalarımın ve mesleki hayatımın ana ekseni ortaya çıkmış oldu.

Bu diyeti hastalarıma sabırla uyguladım ve sürekli geliştirerek kiloluların son derece kendine özgü olan psikolojilerine en uygunu ve zayıflama rejimlerinin besin yönünden en etkilisi haline getirmek üzere şekillendirdim.

Öte yandan, zamanla, etkili ve iyi oluşturulmuş zayıflama rejimlerinin bile, gerçek bir koruma programının eksikliği yüzünden sonuç vermediklerini ve daha kötüsü, stres, hayal kırıklığı ve başka bozukluklar yaratarak eski alışkanlıklara daha da beter bir dönüşe yol açtıklarını gördüm.

Bu sürekli savaşı kaybetmemek için, zayıflattığım kişilerin büyük çoğunluğuna verdikleri kiloları korumaya, yeniden kilo alımına karşı savunma oluşturmaya, bölgesel kilo alımları karşısında kendi vücutlarından hoşlanmama hissini engellemeye, verilenden fazlasını yeniden almayı önlemeye yönelik bir rejimi önerdim. Bu şekilde, kabul edilebilir ölçülerde temel besinlerin alımıyla organizmanın önceden fazlasıyla depoladıklarının hızla geri alınmasından kaçınmayı tasarladım. Organizmanın bu başkaldırı dönemine yumuşak bir geçiş sağlama amacıyla da, rejim için kilo kaybına orantılı ve hesaplaması kolay olan sabit bir süre belirledim: Verilmiş kilo başına on gün.

Ancak yine de, başarılı geçen güçlendirme evresinden sonra, metabolizmanın da baskısıyla eski alışkanlıkların hızla geri döndüğünü gördüm: Özellikle endişe ve zayıflıkların hiç hissettirmeden, aldatıcı tatlı kaçamaklarla geri dönmesi bu koruma duvarının önündeki en büyük engeli oluşturuyordu.

Son olarak, "kesin" diye nitelediğim öneri ve önlemleri, tüm kilolular, sayıları hayli fazla olan her yaştan obez ve kontrol altına alınmaları gerektiğini baştan reddeden, onurlarını kırmamaya çok dikkat ettiğim fazla kilolulara kabul ettirmek bir hayli zor oldu. Kabul etmeleri zordu, çünkü bu tavsiyeleri hayatlarının geri kalanı boyunca uygulamaları gerekiyordu ve haftada yalnızca bir günlük bir dikkatle devamlı, sabit ve üzerinde tartışılmaz bir rejimi sürdürmeleri mümkün değildi.

İşte böylelikle çözümü buldum; deneyimlerim sayesinde devamlı ve yoğunluğu giderek azalan diyetler yerine tüm kaçamaklardan kaçılan güçlü ve seçkin yoldan giderek, gerçek ve sürekli başarının anahtarını veriyorum. Kısa ama katı bir atak rejimi ve onu izleyen, dönüşümlü gıda alınan seyir rejimi ve ardından, süresi verilen kiloyla orantılı güçlendirme rejimi. Bunu, kilo verdikten sonraki durumun iyi korunması için, aksatılmadıkça etkili olacak koruma rejimi izliyor. Son olarak da, tıpkı yaşamımızın sonuna kadar yanımızda olacak koruyucu bir köpek gibi, haftanın geri kalanını dengeleyecek, tamamen besleyici gıdaların alındığı bir tek gün.

En sonunda ilk gerçek ve uzun süreli sonuçlarıma ulaşmıştım. Artık yalnızca balık sunmakla kalmıyor, nasıl balık tutulacağını gösterebiliyordum; bu kiloluların kontrolü ele geçirmeleri, hızla zayıflamaları ve vardıkları kiloyu yardım almadan koruyabilmeleri için büyük bir plandı. Ömrümün yirmi yılını bunu etkili hale getirmek ve bu dört aşamalı programı kısıtlı bir topluluk dahilinde şekillendirmek için geçirdikten sonra, artık bundan daha çok insanın haberdar olmasının vakti geldi.

Bu program: daha önce her yolu denemiş olanlar, sık –çok sık– zayıflayanlar ve tüm çabalarının karşılığını verecek, zaman içinde başarısızlığa uğratarak onları sınırlamayacak, onlara çabalarının meyvesini ve hakları olan diledikleri vücudu verecek bir diyet arayanlar için. İşte sunduğum çözümün onlar için de çözüm olması umuduyla bu kitabı yazdım.

Bu kitabı ve yöntemi, dolu dolu geçen doktorluk hayatımda, gerek söz ve tavsiyelerimle, gerek ilaçla tedavi ettiğim, genç yaşlı, kadın erkek, bütün hastalarıma ve aralarından özellikle de aşırı kilolu editörüme ithaf ediyorum.

DÖRT AŞAMALI REJİMİN DOĞUŞU

Dukan Diyeti

Hayatımın yönünü değiştiren obezle karşılaşalı otuz yıl oldu. O zamandan beri kendimi beslenmeye, kilolu ve aşırı kiloluların zayıflamalarını ve yeni kilolarını korumalarını sağlamaya adamış bulunuyorum.

Tüm doktor meslektaşlarım gibi, Descartes'çı ve Fransız geleneğine bağlı yetiştirilme tarzım, ölçü ve dengeye dayanan, kalori hesabı yapılıp düşük kalorili rejimlerin öğretildiği ve ölçüsünde olmak şartıyla her şeye izin veren öğretilerle sınırlıydı.

Bu alana girdiğimden beri, kiloluları ve fazla yeme alışkanlıklarını yeniden programlamaya çalışmanın çılgınca bir ümit olduğunu gördüm; onları kalori sayacına çevirmek saçmaydı. Bugün bildiğim ve uyguladığım yöntemi yıllarca gerçek insanlarla, erkeklerle, ama özellikle de devamlı yeme arzusu duyan kadınlarla her gün doğrudan temasta olarak öğrendim ve geliştirdim.

Şunu hemen anlamıştım; kilolu biri asla tesadüfen kilo almış değildi. Damak zevki ve besin almak yerine, kendini yiyerek ödüllendirmesini söyleyen yerleşmiş bilinçaltı isteklerini gizleyip kontrolsüz iştahını destekleyen bir yaşam biçimine sahip olduğu için kiloluydu.

Şurası açık ki, kilolu birini yalnızca tavsiyeler vererek zayıflatamazsınız, kaçamak yapamayacağı veya uymaktan başka seçeneğinin olmadığı durum veya konular ortaya koymalı ve kesinlikle bilimsel argümanlar öne sürmelisiniz.

Zayıflamaya kararlı bir kilolunun dileği, bir diyetisyenden veya bir rejimden beklediği, iyi bir terapi veya cezalandırmadan kaçınan bir yöntemdir. Hayatta kalma içgüdüleriyle çelişen rejim süresinde onları yalnız bırakmayacak bir destektir.

Onun aradığı, onunkinden farklı ve dışarıdan bir irade, onun önünden yürüyen ve her zaman, yine, yeniden tavsiyeler veren bir kararlılıktır, çünkü bu dünyada en nefret ettiği ve nasıl yapacağını bilmediği şey, yiyeceklerinin gününe, saatine ve nelerden mahrum kalacağına tek başına karar vermektir.

Kilolu kişi zaafını utanmadan itiraf eder. Neden utansın ki? Kilosunu kontrol etme konusunda zaafı ve belli bir olgunluk eksikliği vardır. Farklı sosyal çevrelerden, basit, önemli, kadın-erkek, çeşit çeşit kilolu insanla tanıştım; yöneticiler, bankacılar, politikacılar, parlak zekâlılar hatta dahiler, ama benim karşımda oturanların hepsi de beslenme konusunda şaşırtıcı derecede zayıf karakterliydi; vücutlarını obur çocuklar gibi kullanıyorlardı.

Çoğunun çocukluklarından beri, fazla baskı altında kaldıklarında, stresli olduklarında veya sevmedikleri şeyleri yemek zorunda kaldıklarında beslenme konusunda kaçamak yaptıkları açıktı ve tüm mantıksal, rasyonel açıklamalar onların bu eskiden kalan savunma mekanizmaları karşısında çaresizdi.

Sırayla moda olan ve belli dönemlere damgasını vuran tüm rejimler de benim tespitlerimi doğruluyordu. Ellili yılların başından beri 210 tanesini inceledim. Çok satanlar listesinin tepesinden inmemiş ve milyonlarca satmış olan kitaplarla da desteklenen Atkins, Scarsdale, Montignac, Weight Watchers gibi popüler rejimler de bana gösterdi ki, fazla kilolu biri zor, gülünç, hatta tehlikeli de olsa, sırf ünlü Amerikan Mayo Clinic önerdiği için haftada yirmi yumurta yenen, besleyici hiçbir yönü olmayan, ortaya çıkışından 30 yıl sonra bile dünyadaki birçok beslenme uzmanı tarafından eleştirilen ancak hâlâ ismi olduğundan uygulanan rejim programlarını sorgulamadan uyguluyor.

Tüm bu rejimlerin analizini yapmak, inanılmaz başarılarının nedenlerini incelemek, fazla kilolularla her gün temasta bulunup onları dinlemek, hayatlarının bazı anlarındaki muhteşem kararlılıklarını ve gösterdikleri çabayla orantılı ve hızlı sonuçlar alamadıklarında ne kadar çabuk pes ettiklerini görmek bana şunu gösterdi:

Zayıflamayı arzu eden kilolu biri, motivasyonunu yeniden kazanmak ve güçlenmek için rejiminin sonuçlarını bir an önce görmelidir ve onun akılcı, aşması gereken safhaları belirleyen, başarılarını gören ve beklentileriyle karşılaştıran, dışarıdan birinin sunduğu, kesin ve yeteri kadar hızlı ulaşabileceği hedeflere ihtiyacı vardır.

Şimdiye kadar parlayan mucize rejimlerin birçoğu ise bu başlangıç etkisini alıp söz verilen sonuçlarla devam ediyordu. Ama maalesef, verdikleri tüm dersler başlangıç safhasıyla sınırlı kalıyor, kilolu kimseyi zayıflamış ama tüm eğilimleri aynı kalmış olarak; aynı sonuçları doğuracak aynı nedenlere sahip durumda, belirsizlik içinde bırakıyordu.

Tüm bu rejimler, en kendine özgü ve yenilikçi olanları bile, atak aşamasında hedefe bir kez ulaşıldıktan sonra, sağlıklı, ölçülü ve dengeli olmak için kilolu kimsenin uygulamayı asla başaramayacağı tavsiyelerde bulunmaktan öteye gidemiyorlardı.

Bu diyetlerin hiçbiri kişiyi kilo verişini takip eden dönemde korumanın ve yönlendirmenin yolunu bulamadı. Atak aşamasının başarısını sağlayanlara benzer etkide kilo koruma önerilerinde bulunamadılar.

Zayıflamayı başarmış zafer sahibi kilolu kimse, yanında bir destek olmadan kilosunu asla koruyamayacağını her zaman bilir. Ayrıca yine çok iyi bilir ki, kendini bıraktığında mutlaka eski kilolarını önce yavaş, sonra hızlıca, ama mutlaka ona yeniden zayıflama arzusu verecek şekilde geri alacaktır.

Ona ne yapması gerektiğini söyleyen bir yöntemle zayıflamayı başarmış kilolu kimsenin, onu sürekli izleyen ve tüm bu süreç boyunca elinden tutup ona yardım eden bu sembolik varlığı hatırlatacak bir şeye ihtiyacı vardır. Zamanlaması doğru olan, basit, işe yarar ve kişiyi yiyeceklerden daha az mahrum bırakan, hayatları boyunca uyabilecekleri öneriler gereklidir.

Şimdiye kadar uyguladıkları ve büyük başarı vaat eden, ancak sonrasını getiremeyen son moda rejimlerin çoğundan memnun kalmamış, düşük kalorili rejimlerin ve tavsiyelerinin işe yaramadığının ve oynadığı kumara güvenilmeyeceğinin bilincinde olanlar için bir zayıflama rejimi öneriyorum:

Elinizdeki kitabın konusu olan ve yıllardır edindiğim deneyimler sonucunda tüm güncel rejimler arasında en yararlı ve kolay takip edilebilir olanı olduğunu düşündüğüm bu rejimle ilgili olarak çok iddialı gibi görünebilirim. Ama bu riski alıyorum, çünkü bu metoda gönülden inanıyorum ve bunu ortaya koymazsam dünyada giderek artan aşırı kilo alma eğilimindeki insanlara yardımcı olamayabilirim.

Bu diyet, tüm zayıflama sürecini hızlandırarak ikiye bölüyor; ilki, saf proteinlerden oluşan dönem, yani atak rejimi ve sonrasında, vücudun kaybettiği kilolara uyum sağlaması için proteinlerle birlikte sebzelerin de yer aldığı dönem.

Zaman içindeyse, hastalarımın hedefe vardıktan sonra kendilerini ne kadar çabuk bırakabileceklerinin, belirli öneri ve sınırlamalar olmadığında nasıl teslim olacaklarının farkına vardıkça, bu rejim kendiliğinden daha genel bir zayıflama planına dönüştü.

Kısacası, sunduğum bu program, kiloluların kendilerine özgü psikolojileri ve yukarıda bahsedilen tamamen zayıflamayı başarmaya yönelik koşulları göz önünde bulundurularak hazırlanmıştır. Dukan Diyeti tüm fazla kilolulara kesin bir tavsiyeler zinciriyle, belirli aşamalar ve hiçbir yanlış yoruma veya belirsizliğe yol açmayacak hedefler sunar.

Aç oturmakla ya da protein tozu destekli bütün diyetlerle kıyaslandığında, Dukan Diyeti, şimdiye kadar karşılaştığım doğal beslenmeye dayalı diyetler arasında uygulanabilirliği en yüksek olanı. Başlangıçta verilen hızlı ve yeteri kadar fazla kilo, rejime devam etmek için gerekli yüksek motivasyonu sağlıyor.

Dukan Diyeti, uygulayanın gözünü yıldırmaz; yemek porsiyonlarının tartılması ve kalori sayımı yasaktır ve bir dizi popüler yiyecekten yeme özgürlüğü de verir.

Bu basit bir diyet değil, birbirinden ayrılmaz bir bütün olarak kabul edilmesi veya reddedilmesi gereken genel bir zayıflama programıdır. Birbirini izleyen dört evreden oluşur:

Atak Evresi

Aç oturmak ya da protein tozu diyeti kadar hızlı sonuç veren, ancak onların sakıncalarını içermeyen "saf protein diyeti" ile yürütülen bir atak evresi.

Seyir Evresi

Hedeflenen kiloya ulaşmada kesin bir "alternatif protein diyeti" ile devam eden seyir süreci. Bu süreçte, hedeflediğiniz kiloya ulaşmak için diyete ara vermiyorsunuz ve protein günleriyle protein ve sebze yenen günler birbirini izliyor.

Güçlendirme Evresi

Süresi kesin olarak verilen her kilo için on gün hesabıyla belirlenen, vücudun hızla zayıfladıktan sonra son derece yüksek olan yeniden kilo alma eğilimini engellemeye odaklı ve ulaşılan kilonun korunmasına yönelik pekiştirme süreci uygulanıyor.

Koruma Evresi

Son olarak, zayıfladıktan sonra verilen kiloların korunması için fazla zorlayıcı olmayan ama mutlaka uygulanması gereken üç basit zorunluluk var: Hayatın geri kalanı boyunca haftada bir gün, örneğin perşembe günleri Dukan Diyeti'nin atak evresini uygulamak; asansör kullanmamak; günde üç kaşık yulaf kepeği tüketmek. Bu üç zorunluluk katı ve vazgeçilmezdir ama oldukça etkilidir.

Dukan Diyeti'nin Teorisi

Diyetin detaylarına ve çalışma şeklini anlatmaya geçmeden önce, kısaca ne kadar genelgeçer olduğunu ve dört aşamalı yapısını tanıtmak, kimlere hitap ettiğini ve olağandışı durumların neler olabileceğini açıklamak istiyorum.

Dukan Diyeti yalnızca piyasadaki diğer zayıflama rejimlerinden daha güvenilir ve daha verimli olmakla yetinmez. Fazla kiloluları daha ilk günden rejim yapmakla görevlendiren, hayatlarının sonuna kadar bırakmayacakları dört aşamaya dağılmış ve giderek hafifleyen talimatlar sistemiyle işleyen ve yüksek hedefleri olan bir plandır.

Dukan Diyeti'nin sunduklarının en önemlilerinden biri, obezleri konuyla ilgili bilgilendirmesi, beslenmelerine katacakları sırayla ana besin gruplarının vazgeçilmezler, gerekliler, önemliler ve son olarak gereksizler şeklinde tanımlanmasını sağlamasıdır.

Dukan Diyeti'nin amacı, kendi içinde mükemmel bir uyum ortaya koymak ve uygulayan kişinin motivasyonunu zamanla kıran işe yaramaz çabalardan kaçınmasını sağlayacak kesin ve açık talimatlar sunmaktır.

İşte tüm bu talimatlar, ilk ikisi şimdiye kadar bahsedilen zayıflama evresi ve onu izleyen diğer ikisi ise ulaşılan kilonun kesin olarak korunması üzerine kurulu dört aşamalı bir rejim programını oluşturuyor.

Atak Evresi: Saf Protein Diyeti

Bu dönem, gayet yüksek motivasyonla rejime başlandığı, ilk verimli sonuçların bir an önce beklendiği ve bu beklentiye hızla cevap verildiği, belirleyici bir dönemdir.

Daha sonraki evrelere özellikle uyumlu rejimin bu ilk safhası, amacı beslenmeyi üç temel besin grubundan yalnızca birisiyle sınırlandırmak olan, "saf protein" diyeti olarak adlandırılıyor.

Teoride, yumurtanın beyazı dışında hiçbir besin yalnızca proteinden oluşmaz. Yani bu, protein bakımından en zengin besinler olan et, balık, deniz ürünleri, kümes hayvanları, yumurtalar, süt ve süt ürünlerini seçerek gruplayan bir rejimdir.

Düşük kalorili bütün rejimlerle karşılaştırıldığında, bu rejim, iyi uygulanırsa tüm direnç mekanizmalarını ortadan kaldıracak çok iyi bir savaş aracı, bir buldozerdir. Özellikle menopoz öncesi dönemde vücutları su toplayan veya menopoz döneminde hormon tedavisi gören kadınlar gibi en zor vakalarda tüm etkinliğini ortaya koyar. Aynı zamanda, şimdiye kadar birçok rejim uyguladığı için, dirençli olarak bilinen vakalar üzerinde de aynı derecede etkilidir.

Seyir Evresi: Alternatif Protein Diyeti

İsminden de anlaşılacağı gibi, bu diyet birbirini takip eden iki diyetten oluşuyor; önce saf protein dönemi, hemen sonrasında tüm pişmiş ve pişmemiş sebzelerin eklendiği dönem. Bu birbirini takip eden dönemlerin her biri belirli bir miktar kalorinin yakılması amacıyla izlenir.

Diyetlerin yer değiştirmesi

İki diyetten her ikisi de yenecek miktarlar açısından aynı derecede özgürlük tanıyor. İkisi de, izin verilen besinlerin günün herhangi bir saatinde, "istenen miktarda" ve istenen karışımlar halinde tüketilmesine izin vererek hem tam bir özgürlük sağlıyor, hem de açlığı yemek yiyerek gideriyor ve niteliksel hevesleri miktar bakımından doyumla telafi ediyor. Verilen kiloların, önceden yapılmış rejimlerin sayısının, yaşın, adayın motivasyonun dikkate alınması bu iki rejimin dönüşüm ritmini daha sonra detaylandırılacak kesin kurallarla belirleyecektir.

Bu seyir evresi, hedeflenen kiloya varılıncaya kadar kesintisiz sürdürülmelidir. Geçmişteki kötü deneyimlere kısmen bağlı olsa da, alternatif protein diyeti, ilk zayıflama girişimlerinin neden olduğu aşı benzeri bağışıklık etkisinden en az etkilenen diyetlerdendir.

Kilo kaybından sonra güçlendirme evresi: Verilen kilo başına 10 gün

İlk zaferden sonra, Dukan Diyeti'nin asıl amacı beslenmeyi yalnızca ana besinlerle sınırlayan ve kilo vermenin önemini unutmadan, geriye alınmasını önleyen daha barışçıl evresine geçiyoruz.

Zayıflama süreci boyunca ve rejim sürdükçe giderek daha belirgin olarak, metabolizma direnç gösterir. O zamana dek depoladığı enerji kaynaklarının tüketilmesini önlemek için kalori tüketimini en aza indirerek ve özellikle de, tüketilen tüm gıdalardan sonuna kadar faydalanarak tepki verir.

Zafer kazandığını sanan kilolu kişi daha sonra kendini bir uçurumun kenarında ve verdiği kiloları yeniden almak için doğru zamanı bekleyen vücuduyla bulur. Rejimin başlarındayken bolca yemenin pek fazla etkisi olmayacakken, sonlarında beraberinde çok ağır sonuçlar getirecektir.

İşte bu nedenle, diyetin başlangıcı daha zengin ve ödüllendirici, ancak kilo vererek hareketlenen metabolizmanın kendini toplamasını riske girmeden beklemek üzere çeşit ve miktarı sınırlanmış besinlere dayanır.

Bu nedenle, günde iki dilim ekmek, bir porsiyon meyve ve peynir, haftada iki porsiyon karbonhidrat ve özellikle haftada iki ödül yemeği bu aşamaya dahil edilmiştir.

Koruma kısmının bu ilk bölümünün amacı, son derece muhtemel ve zayıflama rejimlerinin çoğunun en büyük başarısızlık nedeni olan, kaybedilen kiloların çabucak geri alınmasını önlemektir. Ekmek, meyve, peynir, bazı nişastaların ve bazı yemeklerin programa alınması, belirli bir düzenin oturtulması ve kesin tavsiyelerle yoldan çıkmayı önlemek için gereklidir. Verilen kiloyu korumanın ilk aşaması budur.

Süresi, verilmiş kilo miktarının büyüklüğüyle bağlantılı olarak, her kilo başına 10 gün üzerinden kolayca hesaplanır.

Uzun süreli koruma

Kilolar verildikten, uygulanan talimatlar zinciri ve kısıtlamalar sayesinde geri alınmaları önlendikten sonra, zafer kazanmış ve sıklıkla çok mutlu olan aşırı kilolu kişi hâlâ hassastır ve er ya da geç –genellikle çok sürmez– şeytana uyar. Ancak diğer yandan, bir daha asla bu dengeye ve beslenme uzmanlarının indiği kiloyu koruması için ona öğütlediği bu beslenme düzenine ulaşamayacağını bilir.

Dukan Diyeti'nin, dördüncü evresinde dört temel önlem önerilir. Hayatının geri kalanı boyunca her perşembe günü, rejimlerin en verimlisi ve silahlarının en güçlüsü olan saf protein diyeti; asansör kullanmamak; günde üç çorba kaşığı yulaf kepeği.

Ne kadar çelişkili görünse de, hedeflediği kiloya ulaşmış eski aşırı kilolu, yalnızca talimatlara uymakla kalmaz, bunlara ihtiyacı olduğunu bilip gönüllü olur. Bunların açık, kesin ve belli bir amaca yönelik oluşlarını, tekrar kilo alma riski olmadan haftanın altı günü normal beslenebilmesine izin verişlerini sever.

DUKAN DİYETİ'NİN ÖZETİ

Atak rejimi: Saf proteinler

Ortalama süre: Beş gün

Seyir rejimi: Alternatif proteinler

Ortalama süre: Kilo başına bir hafta

Kilo verildikten sonra güçlendirme rejimi

Ortalama süre: Verilen kilo başına on gün

Kesin koruma rejimi

Protein perşembeleri + asansör kullanmayı bırakmak

+ günde üç çorba kaşığı yulaf kepeği

BİLİNMESİ GEREKLİ KAVRAMLAR

KYP Üçlüsü: Karbonhidratlar, Yağlar, Proteinler

Tüm dünyadaki beslenme şekillerinde, insanların ve hayvanların tükettiği yenilebilir gıdaların fazlalılığı şaşırtıcıdır, ancak bunların hepsi de üç besleyici maddeden oluşmuştur: Karbonhidrat, yağ ve protein. Tüm gıdaların tadı, yapısı ve besleyici içeriği bu üç temel unsurun farklı oranlarda birleşmesinden meydana gelir.

Kaloriler nitelik bakımından eşit değil

Bir zamanlar beslenme uzmanları yalnızca yemeklerin ve gıdaların tek bir kalori değeri olduğu konusunda birleşiyorlardı ve uzun zaman boyunca tüm zayıflama programlarını tek bir kalori hesabı üzerine kurdukları için başarısız oluyorlardı.

Bugünse, bu kalorilerin kaynağını öğrenmek, onları besleyen gıdaların ve farklı karışımlarının doğasını ve nasıl sindirildiğini anlamak için kaloriyi yalnızca nicelik yönünden ele alan bu görüş terk edilmiştir.

Ayrıca, beyaz şekerden, yağdan veya balıktan alınan 100 kalorinin organizma tarafından aynı işlemlerden geçmediği ve bu kalorilerin yakılmasıyla açığa çıkan maddelerin kaynaklarına göre değiştiği kanıtlanmıştır. Hatta bu kalorilerin tüketildiği saatler de önemlidir. Yine önceden kabul edilmeyen, sabah alınan kalorilerin vücut tarafından öğlen alınanlardan farklı ve akşam alınanlardan daha da farklı işlendiği görüşü de artık kabul görüyor.

Aşırı kiloluların kendilerine özgü profillerine göre uyarlanmış halinden bağımsız olarak, bu zayıflama programının ve onu oluşturan dört diyetin etkisi, özellikle atak safhası için önerilen diğer besinlerin arasından özel olarak seçilmiş ve uzun süreli kilo koruması sağlamak için son derece büyük öneme sahip proteinler sayesinde daha iyi açıklanabilir. Bu nedenle, özellikle bu konuda bilgisi olmayanlar için, Dukan Diyeti'nin nasıl işe yaradığını anlamak açısından, bu üç besin grubunu karşılaştırmak kaçınılmazdır.

Karbonhidratlar

Karbonhidratlar nerede, hangi kültürde veya zamanda olursa olsun insanların enerji kaynaklarının %50'den fazlasını oluşturmuştur. Bin yıllardır, meyveler ve bal hariç, insanlar tarafından tüketilen yegâne karbonhidratlar, bugün ağır şekerler dediğimiz tahıllar, nişastalar, baklagiller vb. olmuştu. Özellikleri, çok hızlı bir şekilde vücut tarafından emilmeleri, kan şekerini aşırıya kaçmadan yükseltmeleri ve böylece, bugün sağlık ve kilo alma üstündeki tehlikeli sonuçları bilinen insülin salınımı şeklindeki vücut tepkisini önlemeleridir.

Şeker kamışından ve daha çok şeker pancarından elde edilen beyaz şekerin ortaya çıkmasından itibaren insanların beslenmesi giderek şekerli gıdalara ve kana hızla karışan karbonhidratlara doğru kaymaya başladı. Enerji veren bir besin türü olan karbonhidratlar spor yapanlara, çalışanlara ve ergenlik dönemindekilere uygun gelmeye başladı. Ancak bugünün hareketsiz toplumu için pek de yararlı oldukları söylenemez. Beyaz şeker ve tüm türevleri, şekerlemeler, bonbon şekerleri kana çok hızlı karışan, saf ve çok zengin karbonhidratlardır. Nişastalar, tatları çok şekerli olmasa da, karbonhidrat bakımından zengindirler. Bütün unlu ürünler (ekmek, özellikle beyaz ekmek, krakerler, tahıllar), patates, bezelye, baklagiller, mercimek, börülce nişastalı yiyeceklerdendir.

Karbonhidrat yönünden en zengin meyveler muz, kiraz ve üzümdür.

Şarap ve tüm alkollü içecekler karbonhidrat yönünden zengindir.

Hamur işlerinde, tadı güzel olan ama çok fazla yağ da içeren, bütün şeker ve un karışımı ürünlerde karbonhidrat bulunur.

Tüm karbonhidratların 1 gramı ancak 4 kalori verir, ama genelde yüksek miktarda tüketildiklerinden verdikleri kalori miktarı da artar. Tamamen sindirildikleri için, enerji verimleri yüksektir. Üstelik, nişastalı ve unlu ürünlerin sindirmi yavaştır ve neden oldukları fermantasyonla gazın şişkinliği estetik nedenlerle de pek hoş değildir.

Karbonhidratların büyük çoğunluğu, nişastalı ve unlu ürünler gibi, tatları çok sevilen besinlerdir. Bu şekerli tada duyulan zaaf kısmen kalıtsaldır, ama psikologların çoğu bunun çocukluktan itibaren şekerli gıdaların bir ödül mekanizması olarak kullanılması şeklindeki uzun süreli şartlanmanın bir sonucu olduğunda hemfikirdir.

Son olarak, karbonhidratlar çoğu zaman maliyeti çok düşük besinlerdir, bu da onları en zengininden en yoksuluna, herkesin sofrasında bulunan besinler haline getirir.

Sonuç olarak, karbonhidratlar her yerde bulabildiğimiz, zengin, tatları güzel olduğundan ödül olarak verilen, şekerli gıdalar olduklarından bazılarının aşırı tükettiği besinlerdir.

Ayrıca, metabolizmada yağların üretilip depolanmasını sağlayan insülinin salgılanmasını kolaylaştırırlar.

Tüm bu nedenlerden ötürü karbonhidrat, fazla alımından her zaman kaçınılan bir besin grubu olmuştur. Bu karbonhidrattan kaçınma eğilimi günümüzde yerini fazla kilolu insanların en büyük düşmanı olarak gösterilen yağa bırakıyor. Özellikle en hızlı ve etkili olan atak evresi sırasında bunlara karşı tedbiri elden bırakmamak gerekir.

Dukan Diyeti atak evresinde karbonhidrat alımını tamamen yasaklıyor. Seyir evresinde ve hedeflenen kiloya ulaşılıncaya kadar da, yalnızca çok az miktarda şeker içeren sebzelere izin veriyor.

Diğer karbonhidratlar güçlendirme evresi sırasında yeniden diyete dahil olurlar. Ancak yalnızca son koruma safhasında haftada 6 gün tamamen serbest bırakılırlar.

Yağlar

Yağlar, tüm canlılar dünyasında, artan enerjinin depolandığı en yoğun biçim olmaları nedeniyle, zayıflamak isteyenler için bir tehlike oluşturur. Zayıflamaya çalışan birinin yağ tüketmesi, kurtulmaya çalıştığı şeyle beslenmesi anlamına gelir.

Karbonhidratları dışlayarak yağlara kucak açan Atkins rejimi ortaya çıktığından beri, birçok diğer rejim türünde bu yönde değişiklikler yapıldı. Ancak açık ki bu, iki ana nedenden ötürü büyük bir hataydı: Kolesterol ve trigliserit seviyelerinin tehlikeli biçimde yükselmesini bazıları hayatlarıyla ödediler ve yağlara duyulan güvensizlik ortadan kalktığı için bir daha kilo verme konusunda başarı ve istikrar sağlanamadı.

Yağların iki ana kaynağı bulunmaktadır: Hayvansal yağlar ve bitkisel yağlar.

Hayvansal yağlar, sosis, sucuk, kavurma gibi bazı şarküteri ürünlerinden sağlanır. Ama diğer birçok hayvan etinde de bulunur. Koyun ve kuzu ile kaz ve ördek gibi bazı kümes hayvanlarında da yüksek oranda vardır. Sığır etinin özellikle ızgarada pişirilen parçalarında yağ daha azdır; yalnız antrikot ve pirzola bölümleri açıkça yağlı olur.

Sütün kaymağından elde edilen tereyağı da saf yağdır. Ayrıca daha akıcı kıvamdaki krema da %80 yağ içerir.

Balıklar arasında ise, mavi derileri ve yağlı tatlarıyla hemen ayırt edilen balıklar diğerlerine göre beş kat daha yağlıdır. Bunlar: Sardalya, ton balığı, somon, uskumru ve ringa balığıdır. Bu beş balık, ne kadar yağlı olurlarsa olsunlar, normal bir dana bifteğinden daha yağlı değillerdir ve ayrıca soğuk deniz balıklarının yağları kalp hastalıklarını önlemesiyle bilinen omega 3 yağ asidi yönünden de zengin olur.

Bitkisel yağlar ise sıvı yağlar ve yağı çıkarılan besinler olarak iki grupta incelenebilir.

Sıvı yağlar tereyağından daha yağlıdır. Zeytinyağı, kolza yağı ve ayçiçeği yağı gibi bazı yağlar besleyici özellikleriyle kalp ve damarlar üzerinde doğrulanmış bir koruyucu etkiye sahiptirler. Tüm yağlar aynı kaloriye sahip olduklarından, bütün zayıflama rejimlerinden çıkarılmışlardır. Güçlendirme evresinde bunlardan kaçınmalı, son koruma evresindeyse tedbiri elden bırakmamalıdır. Ara öğünlerde azar azar atıştırmalık tüketilen çerezler; yer fıstığı, fındık, ceviz, antepfıstığı vb. yağı çıkarılan besinlere örnektir ve alkolle birlikte tüketildiklerinde bir sonraki yemekten alınacak kalori miktarını artırırlar.

İncelmeyi arzulayanlar ve en çok da zayıflamak isteyenler için, yağ her türlü tehlikenin kaynağıdır:

- Öncelikle, besinler arasında en kalorili olanıdır: 1 gramında 9 kalori vardır, bu miktar yine 1 gramında 4 kalori olan karbonhidrat ve proteindeki oranın iki katından fazladır.

- Yağ bakımından zengin olan gıdalar nadiren tek başına tüketilen gıdalardır. Sıvı yağlar, tereyağı, taze krema yanlarında ekmek, hamur işleri, nişastalı gıdalar sirkeli soslar gibi toplam kaloriyi artıran gıdalarla birlikte tüketilir.

- Yağlar, hızlı şekerlere göre daha yavaş ama proteinlerden çok daha hızlı sindirilirler ve açığa çıkan enerji de bununla doğru orantılı olarak artar.

- Yağlı besinler iştahı yalnızca çok az kapatır ve emilimleri, proteinli besinlerin tersine, sonrasında yenilen yemeğin içeriğini azaltmaz ve saatini ertelemez.

- Son olarak, hayvansal yağlar, tereyağı, şarküteri ürünleri, doymuş yağ asitleri ve kolestrolü yüksek ve yağlı peynirler kalp için bir tehlike oluştururlar. Bu nedenle, onlara Atkins rejiminde ve ondan etkilenen tüm rejim şekillerinde tanınmış olan tüketim özgürlüğü asla sağlanmamalıdır.

Proteinler

Proteinler evrensel besinlerin üçüncü grubudurlar. Azotlu maddelerden oluşan geniş bir grupturlar ve varolan canlıların oluşumunda bulunan en uzun moleküllere sahiptirler. Protein bakımından en zengin gıdalar hayvansal ürünlerdir. Aralarında en önemlisiyse ettir.

Yediğimiz etler içinde en çok protein içeren sığır etidir. Özellikle yağsız kısımları protein açısından daha zengindir.

Koyun ve kuzu etleri açıkça daha yağlı etlerdir ve etin renginin de daha açık olmasını sağlayan bu yağın varlığı protein içeriğini düşürür.

Sakatatlar protein bakımından çok zengin ancak, çok az miktarda şeker içeren ciğer dışında, yağ ve karbonhidrat yönünden zayıftırlar.

Evcil kaz ve ördek dışında hindi ve tavuk gibi kümes hayvanlarının beyaz etli, az yağlı kısımları protein bakımından zengindir.

Dilbalığı, kedibalığı, morina balığı ve mezgit gibi yağsız balıklar ise biyolojik değeri yüksek protein kaynaklardır. Somon, sardalya, uskumru ve ton balığı gibi soğuk deniz balıkları ise daha yağlıdır ve protein değerleri daha düşüktür; zengin protein kaynakları arasında yer almazlar ama kalp sağlığını korumada ön sıralarda yer alırlar.

Kabuklular ve yumuşakçalar hem yağsız hem de karbonhidrat bakımından zayıf, dolayısıyla protein bakımından zengindirler. Kabuklular genellikle kolesterol içermelerinden ötürü tavsiye edilmezler, ama kolesterol hayvanın vücudundan çok baş kısmındaki kabukta bulunur, bu nedenle kabukluları, yengeçleri ve deniz ürünlerini kabuk kısımlarını çıkarmak suretiyle yemekte bir sakınca yoktur.

Yumurta ise ilginç bir protein kaynağıdır. Sarısı yüksek oranda yağ içerir, bu nedenle özellikle kolesterol eğilimi olanların risk almamak için dikkatli tüketmesi gerekir. Buna karşılık, beyazı ise bilinen en saf protein kaynaklarından biridir.

Bitkisel proteinlerse tüm tahıl ve bakliyatlarda bulunur, ama karbonhidrat bakımından çok zengin olduklarından, saf protein ağırlıklı bir rejimde tavsiye edilmezler.

Ayrıca, soyayı bir kenara koyarsak, bu bitkisel proteinlerin biyolojik değerleri pek fazla değildir ve çok önemli bazı aminoasitleri içermediklerinden uzun süre tek başına kullanılmaları yasaktır.

O halde nasıl vejetaryen olabiliriz? Bu, bu kelimeyi nasıl tanımladığımıza bağlı. Eğer bu, sadece tüm kırmızı eti kesmekse, balık, deniz ürünleri, yumurta ve süt ürünleri gibi protein anlamında zengin birçok hayvansal gıda var. Eğer sözü edilen vejetaryenlik, yetiştirilen ve yememiz için öldürülen hayvanların hiçbir şeyini yememek anlamına geliyorsa, geriye sadece yumurta ve süt ürünleri kalıyor. Bu da kilo vermeye çalışmayan kişiler için yeterlidir. Ancak, eğer vejetaryenlik sadece bitkisel ürünler yemekse, benim önerdiğim diyet uygulaması çok zor bir diyettir çünkü tam olmayan bitkisel proteinlerden başka seçenek kalmaz: Onlarsız önemli proteinleri üretmek imkansız olduğundan, bütün aminoasitleri beslenmeye katmak üzere tahıl ve baklagilleri ustalıkla bir arada kullanmak gerekir.

İnsan etobur bir avcıdır

İnsan, etobur olduktan sonra hayvansal koşullarından çıkmıştır. Son bulgulara göre, atalarımız otobur olsalar da, yine de bazı hayvanları avlayarak beslenirlerdi. Ortaklaşa bir avcı hayatı sürdürerek ve et tüketerek, insana özgü niteliklerini kazanmaya başlamışlardır. Yani, organizmasında bugün sınırsız et ve balık tüketmemizi mümkün kılan bir sindirim ve boşaltım sistemi vardır. Et, balık, kümes hayvanları yiyebilmek üzere yaratılmışız ve hem metabolizmamız hem de psikolojimiz buna göre çalışmaktadır. Evet, onlarsız yaşayabiliriz, et yemeden ve avlanmadan yaşamak mümkün AMA böyle yapmakla doğanın bizden beklediği bir parçayı atlamış, duygusal süreci de bozmuş oluruz, çünkü vücudumuz bekleneni verdiğimizde gerekeni üretmek üzere programlanmıştır. Burada söylemeye çalıştığım saçma görünebilir, ama ister hayvan ister insan olsun her canlı doğasına en çok uyacak şekilde yaşamalıdır.

Sindirim, kalori kaybı ve doyma

Proteinlerin sindirimi diğer tüm besinlerinkinden daha uzun ve zorlu bir süreçtir. Parçalanma ve sindirilmeleri üç saatten uzun sürer. Nedeni basit. Çünkü molekül zincirleri daha karmaşık ve birbirine daha sıkı bağlanmıştır, bu da iyi bir çiğnemeyi, midenin mekanik çalışmasını özellikle de proteinlerin direncini kıracak farklı bir pankreas suyu salgılanmasını gerektirir.

Kalorilerin yakıldığı bu uzun çalışma süreci organizma için biraz pahalıya mal olur; protein içeren 100 kalorilik bir besini yakmak için yaklaşık 30 kalori harcamak gerekir. Kısaca proteinlere özgü dinamik hareket %30'ken, yağlar için %12, karbonhidratlar içinse %7'dir.

Buna göre et, balık, yağsız yoğurt tüketen zayıflama adayı bir kimse, yalnızca bunları sindirmek için bile belli bir enerji harcar ve bu da yediklerinden aldığı kalorinin düşmesini sağlar. Bu tabii ki avantajlı bir durumdur. Giderek saf protein diyeti önerimizin nedenlerine yaklaşıyoruz.

Her öğünde vazgeçilmez olan tek besin

Üç ana besin maddesinden yalnızca proteinler varlığımızı sürdürmemiz için vazgeçilmezdir.

Karbonhidratlar ise aralarında en az gerekli olanıdır, çünkü insan organizması glükoz, yani şekeri, etten veya yağlı besinlerden kendisi üretebilir. İşte bu nedenle, bu besinden yoksun kalınca ya da rejimdeyken, beynimizin ve kaslarımızın çalışması için gerekli olan şekeri önceden depolanmış yağları kullanarak sağlarız.

Benzer şekilde, obezlerin üretip depoladıkları yağlar da et ve şekerin fazlasından kaynaklanır.

Buna karşılık, insan metabolizması protein sentezleyebileceği araçlara sahip değildir. Oysa kasların çalışması, alyuvarların yenilenmesi, yaraların kapanması, saçların uzaması, hafızanın çalışması ve yaşamsal fonksiyonların sürdürülmesi için vücut ağırlığının her kilosuna karşılık bir gram proteine ihtiyacı vardır.

Yeterli katkı olmadığındaysa, vücut öncelikle kaslarda, aynı zamanda ciltte ve hatta kemiklerde bulunan kendi kaynaklarını kullanmak zorunda kalır. Yalnızca su içilen su orucu ya da Hollywood yıldızlarının bırakmak zorunda kaldığı, daha çok meyve ağırlıklı Beverly Hills rejimi gibi mantıklı olmayan rejimler yapıldığında olan budur. O yıldızlar rejimi gerçekten tamamlasalardı, cazibelerinin önemli bir bölümünü yitirirlerdi.

Son zamanlarda ABD'den yayılan detoks modası özellikle

Avrupa'da insanları birkaç gün sadece meyve ve sebze yiyerek vücutlarını toksinlerden arındırabileceklerini düşünmeye sevk etmiştir. Vücudun sekiz saat iyi kalitede protein almadığında, yaşamsal fonksiyonlarını sürdürebilmek için kaslardaki rezervlerini kullanmak zorunda kalması bilimsel olarak kanıtlandığı için, böyle fikirlerin ne kadar yersiz olduğunu anlayabilirsiniz. Bunlar pazarlama taktiğinden başka bir şey değildir.

Zayıflama adayı şunu bilmelidir ki, bir rejim ne kadar sıkı olursa olsun, bir günde üç öğüne eşit dağıtılmış, vücut ağırlığının her kilosuna karşılık en az bir gram protein almalıdır. Yetersiz bir sabah kahvaltısı, öğle yemeğinde bir elmalı turta ve çikolata, akşam yemeğinde bir pizza ve meyveden oluşan öğünler protein bakımından zayıf ve vücudun genel düzenini bozmak için yeterince kötü bir beslenme şeklidir.

Proteinlerin düşük kalori değeri

Bir gram proteinde, şekerde olduğu gibi, yalnızca 4 kalori vardır ve bu da yağdakinin yarısı eder. Aralarındaki bu fark, protein bakımından zengin gıdaların, beyaz şekerin karbonhidrat veya sıvı ya da katı yağların yağ içerdiği kadar yoğunlukta protein ihtiva etmemesinden kaynaklanır.

Tüm et, balık ve diğer proteinli gıdalar ancak %50 oranında sindirilebilir protein içerirler, geri kalan bölümleri atık veya değersiz eklerdir. Bir dilim hindi eti veya 100 gr biftek ancak 200 kalori verecektir ve organizmanın bunu sindirmek için kalori değerinin %30'unu, yani 60 kalori harcadığını düşünürsek, bu lezzetli ve doyurucu besinden ancak 140 kalori gelir. Bu da, salataya koyarken masum görünen bir çorba kaşığı yağın getirdiğine eşittir. İşte bu basit saptamayla, rejim yaparken yalnızca proteinlerin alınacağı belirli bir süreye neden gerek olduğu anlaşılmış olur.

Proteinlerin iki sakıncası

- **Pahalı gıdalar:** Protein bakımından zengin gıdaların fiyatları yüksektir: Et, balık ve deniz ürünlerinin sıradan bir bütçeyi sarsacağı ortadadır. Yumurta ve kümes hayvanları daha yanına yanaşılabilir olsalar da, yine de lüks gıdalar sınıfına girebilecek ürünlerdir. Ama ne mutlu ki, son yıllarda yağsız süt ürünleri sayesinde yüksek maliyetli protein öğünlerini telafi edebilecek bir fiyata protein ihtiyacımızı giderebiliyoruz.

- **Atık üretimi fazla olan gıdalar:** Diğer gıdaların çoğunun aksine, protein yönünden zengin gıdalar tamamen parçalanmazlar ve organizmada ürik asit gibi bazı atıklar bırakırlar. Teoride, bu çeşit gıdaların ağırlıklı olduğu bir beslenme şeklinde, organizmada bu çeşit atıklar daha çok birikecek ve rahatsızlık oluşturacaktır. Ancak pratikte, insan organizmasının ve özellikle böbreğin, atıkların atılmasını sağlayan belli bir mekanizması vardır, ama bunu harekete geçirebilmesi için böbrekler suya ihtiyaç duyar. Böbrek ancak belli miktarda suyun yardımıyla kandan asidi süzebilir.

Bugüne kadar altmışın üzerinde gut hastasıyla veya ürik asit sorunu yaşayıp protein yönünden zengin, ancak günlük 3 litre su içilen bir rejim sürdürmeyi kabul eden kişiyle çalıştım. Tedavi görmekte olanlar buna devam etti, tedavi olmayanlar hiç ilaç kullanmadı. Diyet süresince ürik asit seviyesinin yükseldiği bir tane vaka bile bulunmazken, hastaların üçte birinde ürik asit seviyeleri düştü.

İşte bu yüzden, her tür beslenmede (özellikle de sadece protein aldığınız zengin protein diyeti yaparken) su içmeye devam etmek önemlidir.

Protein açısından zengin yiyeceklerin böbrekleri zorlayıp onlara zarar verdiğini yayan dedikodular karşısında bu güzel bir örnektir. Bu dedikoduyu yayan aynı kişiler savlarını günde bir buçuk litre su içmenin böbrekler için zehirleyici olduğunu söyleyecek kadar ileri götürmüşlerdir. Bu diyet üzerinde 30 yıllık çalışmam süresince, hastalarımdan sınırsız protein almalarını ve günde en az bir buçuk litre su içmelerini istedim. Bugüne kadar da kimseden bir şikâyet duymadım. Sadece bir tek böbreği olmasına rağmen, böbreğinde hiçbir hasar meydana gelmeden kilo veren 30 hasta ile çalıştım. Genel kıyamet çığırtkanlarından ayrı olarak, kötü niyetli, kıskanç insanlar da var. Ayrıca, aslında kendisinin kilo vermesi gereken ama bunu yapacak cesareti olmayan kişiler de kilo vermek isteyenleri önlemeye çalışabiliyor. Böyle insanlara tek söyleyeceğim, 'Gelin, bize katılın ve beraber su içelim' olacaktır.

Sonuç

Sonuç olarak, iyi bir zayıflama rejiminde dikkat edilmesi gereken bazı temel noktaları belirlemeliyiz:

- Bir zayıflama rejimine başlayan kişinin tartışmasız en büyük düşmanı, hayvansal veya bitkisel her türlü yağdır. Et ve balıktaki yağ miktarlarını dikkate almadan yalnızca kızartmalar ve soslardaki sıvıyağları, tereyağı ya da garnitürlerde kullanılan kremayı, şarküteri ürünlerindeki ve peynirdeki yağları hesaplamak bunların getirdiği kaloriyi fark etmemizi sağlar. Verimli ve tutarlı bir rejime öncelikle yağlı yiyecekleri azaltarak ya da beslenmeden tamamen çıkararak başlanmalıdır. Başka bir canlının yağlarıyla beslenirken, kendi yağlarınızdan kurtulamazsınız!

- Ayrıca, hayvansal yağların kolesterol ve trigliserite de davet çıkardığını bilmelisiniz. Kalp hastalığı ve kolestrole yatkınlığın olması durumunda bunların tüketiminin yavaş yavaş azaltılması gerekir.

- Zayıflama adayının diğer büyük düşmanı ise basit şekerdir. Baklagiller ya da tam tahıllı gıdalardaki kana geç karışan şekerden ziyade, hızlı şeker, yani beyaz şeker diğerlerinin de geçişini ve emilimini hızlandırır. Güzel şekerli tatlarının arkasına gizlenmiş olan bu küçük düşmanların kalorisinin ne kadar yüksek olduğunu unutmamalıyız.

- Proteinlerin kalori değeri pek yüksek değildir: 1 gramda 4 kalori.

- Et ve balık gibi protein yönünden en zengin gıdalar çok sıkı molekül bağlarına sahip olduklarından tam sindirimleri zordur. Proteinlerin enerji verme yönündeki bu eksiklikleri, zaten büyük bir kalori deposu olan fazla kilolu kişinin diyetinde büyük bir yardımcı görevi görür.

- Proteinlerin özel dinamik hareketi, sindirim sırasında kalori yakan bir görev görür. Bu, enerji kaybına katkıda bulunur ve diğer tüm besinlerle karşılaştırıldığında %30 daha fazla enerji harcanmasını sağlar.

- 60 veya 80 gramdan az protein tüketimi öngören bir rejim programı kasların zayıflamasına veya cildin solmasına neden olur.

- Protein tüketimiyle oluşan, ancak günde yalnızca 1,5 litrelik bir su tüketimiyle vücuttan tamamen atılabilecek olan ürik asitten korkmayın.

- Yine hatırlamak gerekir ki; bir besinin sindirimi ne kadar uzun sürerse acıkma da o kadar geç olur.

  Şekerli gıdalar en hızlı ve fazla miktarda emilip sindirilen gıdalardır, hemen arkasından yağlar ve proteinler gelir. Kendini devamlı aç hissedenler herhalde nedenini anlamışlardır.

SAF PROTEİNLER

Dukan Diyeti'nin Arkasındaki İtici Güç

Dukan Diyeti kişinin kilo vermesi ve inilen kilonun korunması amacıyla, birbirini takip eden dört diyetten oluşan bir programdır. Birbirini izleyen bu dört ayrı diyetin hedefleri şunlardır:

- İlki, hızlı bir başlangıçla moral verecek miktarda kilo kaybı.
- İkincisi, hedeflenen kiloya kadar inmeyi sağlayan düzenli zayıflama.
- Üçüncüsü, yeni ve dolayısıyla istikrarsız kilonun verilen her kilo başına 10 gün olarak basit bir hesaplamayla belirlenen sürede sabitlenmesi.
- Sonuncusu, üç tane basit, somut, son derece etkili ve kesinlikle uygulanması gereken talimata yaşam boyu uyularak kilonun mutlak korunmaya alınması: Proteinli perşembeler, asansör kullanımını bırakmak ve 3 çorba kaşığı yulaf kepeği.

Bu dört diyetin her birinin kendine özgü bir işleyiş biçimi ve özel bir etkisi vardır. Ancak hepsi de güçlerini ve güçlü etkilerini saf proteinlerin kullanılmasından alırlar; başlangıçtaki atakta tek başlarına, sonraki seyir evresinde sebzelerle birliktedirler. Ardından bunların diğer besinlerle birlikte alındığı güçlendirme evresi ve son olarak da, kiloyu kesin olarak korumak üzere haftada bir tek gün yalnız protein alınır.

Kişiye göre 2 – 7 gün arasında değişen bir süre içerisinde, saf proteinli atak evresinin uygulanmaya başlanmasıyla, Dukan Diyeti sürpriz bir etki gösterir.

Alternatif proteinlerin kullanıldığı biçimiyle dönüşümlü olarak yine aynı diyete devam edilmesiyle, hedeflenen kiloya ulaşılana kadar, kişinin kilo vermesi devam eder.

Yine bu aynı diyet, sıkı bir rejim ile normal beslenmeye dönüş arasındaki geçiş dönemi olan güçlendirme evresinin dayanağını oluşturur.

Son olarak da, yine aynı diyet, kişinin yaşamı boyunca haftada yalnızca bir gün olmak üzere uygulanıldığında, bu çabaların karşılığı olarak kilonun mutlak biçimde korunması sağlanır ve haftanın geri kalan altı gününde hiçbir suçluluk hissedilmeden ya da kısıtlama uygulanmadan normal beslenme düzenine geçilir.

Saf protein diyeti, bu zayıflama planının ve onu oluşturan dört evrenin itici gücü olduğundan, bu planı uygulamaya geçmeden önce, ne kadar iyi işlediğini ve kaynaklarının ne kadar güçlü olduğunu açıklamalıyız.

Saf protein diyeti nasıl işliyor? İşte bu bölümün konusu bu.

Bu Diyette Yalnızca Protein Alınır

Saf proteinler nerede bulunur?

İster hayvansal ister bitkisel olsun, proteinler canlıların temel yapıtaşlarıdır. Yani bilinen gıdaların büyük bölümünde bulunurlar. Ancak özel işleyiş biçimini ve bütün potansiyelini ortaya koyabilmesi için, protein diyetinin protein yönünden olabildiğince zengin gıdaları içermesi gerekir. Pratikteyse, yumurta akı dışında, hiçbir gıda tamamen saf protein içermez.

Bitkilerse, ne kadar protein içerirlerse içersinler, daima karbonhidratlar açısından da zengindirler. Bu, bütün tahıllar ve unlu mamuller, baklagiller ve nişastalılar için geçerlidir ve protein yönünden zengin olarak bilinmekle beraber, yağ ve karbonhidrat bakımından çok zengin olan soya da bu gruptandır. Dolayısıyla, bu saydıklarımız burada kullanılamazlar.

Aynı durum, bitkisel olanlardan daha fazla protein içeren, ama çok yağlı olan bazı hayvansal kökenli besinler için de geçerlidir. Koyun ve kuzu eti, kaz ve ördek gibi çok yağlı bazı kümes hayvanlarıyla, sığır ve dana etlerinin bazı bölümleri böyledir.

Bununla birlikte, protein bakımından saf denecek durumda olmasalar da buna çok yakın bazı hayvansal besinler vardır ve bunlar Dukan Diyeti'nin baş oyuncularıdırlar.

- Antrikot, pirzola ve bütün hafif ateşte pişirilen parçaları ve haşlamalık parçaları hariç, sığır eti.
- Izgaralık dana eti.
- Kaz ve ördek dışındaki kümes hayvanları.
- İçerdikleri yağlar insanın kalp ve damarları için koruyucu nitelikte olan yağlı balıklar da dahil, bütün balıklar.
- Deniz mahsulleri (Kabuklular ve yumuşakçalar).
- Sarısı yağ içerdiğinden, beyazının saf protein kaynağı oluşuna gölge düşmesine rağmen, yumurta.

- Hiç yağ içermeyen ve protein yönünden çok zengin olan yağsız süt ürünleri. Ancak bunlarda, tıpkı meyvelerdeki meyve şekeri früktoz gibi, çok az miktarda laktoz, yani sütün doğal şekeri bulunur. Bu karbonhidrat içeriğin çok hafif oluşu ve sağladığı güzel tadın önemi, bu sütlerin de Dukan Diyeti'nin vurucu gücünü oluşturan temel proteinli besinler listesindeki yerlerini korumalarını sağlıyor.

Proteinler nasıl işliyor?

Proteinlerin saflığı sağladıkları kaloriyi azaltır

Gıdaların hepsi bilinen üç besinin farklı oranlarda birleşmesinden oluşur: Proteinler, karbonhidratlar ve yağlar. Ancak her organizmada bu üç besinin bir arada bulunduğu ideal oran farklı ve kendine özgüdür. İnsanda bu oran 5-3-2'dir. Yani anne sütününkine yakın bir bileşim olarak, 5 birim karbonhidrat, 3 birim yağ ve 2 birim de protein.

Beslenmede bu özel altın orana sadık kalındığı takdirde, ince bağırsaktaki sindirim ve dolayısıyla kalori alımı da çok daha etkin olur, bu da kilo almayı kolaylaştırır.

Öte yandan, bu ideal oranda değişiklik yaparak, kalorilerin emilimini azaltmak ve besinlerin randımanını düşürmek de mümkündür. Teoride, beslenmeyi en radikal şekilde düzenleyerek kalorilerin emilimini azaltmak, yalnızca tek tip besinin alınmasıyla olur.

Pratikte, bu olasılık Amerika'da karbonhidratlar (yalnızca egzotik meyve tüketilmesine izin veren Beverly Hills rejimi) ve yağlarla (Eskimo rejimi) denendiyse de, yalnızca karbonhidrat alımına ya da yağ alımına indirgenmiş beslenmenin hem uygulanması zor hem de sağlık açısından sonuçları ağırdır. Şekerin fazlası diyabet riskini artırırken, yağın fazlası, mide bulandırmasının kaçınılmaz oluşu dışında, kalp ve damar sistemi için de çok büyük bir tehlike oluşturur. Üstelik yaşamımız için şart olan proteinlerin yokluğu, organizmayı, bunları kaslardaki depolardan temin etmeye zorlayacaktır.

Dolayısıyla, tek besinle sınırlandırılmış beslenme yalnızca proteinler için önerilebilir. Bu, lezzet bakımından tatminkâr olması yanında, kalp damarlarının tıkanması riski yaratmayan ve protein eksikliği olasılığını ortadan kaldıran bir çözümdür.

Protein kaynaklı tek tip beslenmede, ilgili organ bir öğünde alınan bu besinleri sindirmeye programlanmadığı için, bundaki kalorilerden tam olarak yararlanamaz. İçinde bulunduğu durum, bir gemi ya da motosikletin benzin ve yağı karıştırarak çalışmak üzere tasarlanmış "2 zamanlı" motorunun yalnızca benzinle çalıştırılmak istenmesi, motordan patır patır sesler çıkarmasının ardından, yakıtını kullanamadığı için boğulması gibidir.

Aynı şekilde, organizma, protein içeriği çok kuvvetli besinlerle beslendiğinde, yalnızca öncelikli organlarının (kaslar, kan hücreleri, deri, saçlar, tırnaklar) işleyişine gerekecek temel proteinlerini alır ve geriye kalan kalorileri kötü ve azar azar kullanır.

Proteinlerin sindirilmesi işlemi çok kalori yakar

Proteinlerin bu özelliği Dukan Diyeti'nin önemli özelliklerinden biridir ve buna Spesifik Dinamik Etki (SDE) de diyebiliriz. SDE, organizmanın besinleri kana karışabilecek en küçük parçalarına ayırması için belli bir çaba harcaması anlamına gelir. Bu iş bölünen parçanın ne ve nasıl olduğuna göre değişir.

100 kalori değerinde beyaz şeker tükettiğinizde, vücut aldığı karbonhidratı hemen kana geçirir ve bu süreçte organizma 7 kalori harcar. Böylece geriye kullanılacak 93 kalori kalır. Kısacası karbonhidratların SDE'si %7'dir.

100 kalorilik tereyağı ya da sıvı yağ tükettiğinizde, sindirimi biraz daha zahmetlidir ve bu iş, organizmaya 88 kalori bırakarak, size 12 kalori kaybettirir. Yani yağların SDE'si %12'dir.

Ancak yumurta beyazı, yağsız balık ya da yağsız beyaz peynirden alınan 100 kalorilik saf proteinin sindirilmesi söz konusu olduğunda, bunlar çok uzun molekül zincirlerinden oluştukları ve bu zincirin temelindeki aminoasitler kendi aralarında çok daha sıkı bağlarla bağlandığından, bunu yıkmak için daha büyük bir çalışma gerekecektir. Bu basit sindirim 30 kalorilik enerji demektir, yani SDE'si %30 olan proteinlerden geriye organizma için 70 kalori kalır.

Proteinlerin ayrıştırılması ısı açığa çıkaran bir iş olduğundan vücut sıcaklığını yükseltir. Bu nedenle, deri ile suyun arasındaki sıcaklık farkından doğacak hipotermiden kaçınmak için, protein bakımından zengin yemeklerden sonra soğuk suyla banyo yapılmaması önerilir.

Proteinlerin bu özelliği, banyo yapmak için acelesi olanlar için rahatsız edici olsa da, genellikle kalori alma sanatında çok iyi olan fazla kilolular için güzel bir haberdir. Zahmetsizce kalori tasarrufu yapabilecekleri ve cezasını hemen çekmeden, daha rahat yemek yiyebilecekleri anlamına gelir.

Günün sonunda, 1.500 kalorilik protein tüketimine karşılık, sindirim sonrasında, vücudun harcaması için geriye yalnızca 1.000 kalori kalır. İşte Dukan Diyeti'nin anahtarlarından ve etkililiğinin yapısal nedenlerinden biri budur. Ancak hepsi bu değildir...

Saf proteinler iştahı keser

Yağlı ürünlerin ve şekerin sindirimi yapay bir tokluk hissi sağlarken, açlık hissinin de kısa sürede geri gelmesine yol açar. Son çalışmalar, şeker ve yağın yalnızca tüketildikleri sırada açlık hissini ortadan kaldırdıklarını, sonrasında yine yeme ihtiyacı doğduğunu göstermiştir. Buna karşılık, proteinli gıdalar hem bir sonraki öğüne kadar daha uzun süre geçmesini hem de daha az gıda alınmasını sağlar.

Ayrıca proteinin fazlaca tüketilmesi iştahı kesici özelliğiyle uzun süreli bir tokluk hissi sağlar. Saf proteinlerden oluşan iki ya da üç günlük bir beslenmeden sonra, açlık hissi tamamen ortadan kalkıyor ve Dukan Diyeti diğer tüm rejimler için de en büyük tehlike olan açlık görülmeksizin uzun zaman sürdürülebiliyor.

Saf proteinler ödem ve su toplamaya karşı savaşır

Sebze, meyve ve mineral tuzlara ağırlık veren bazı rejim ve beslenme şekilleri "sucul" olmalarıyla tanınır ve vücudun su toplamasını teşvik ederek, şişmelere yol açar.

Protein yönünden zengin beslenme şekilleri ise "su tutan" rejimlerin karşıtıdırlar. Yani ürik asitlerin atılmasını ve özellikle âdet döneminde ve menopoz öncesi dönemde vücut hücrelerinde tutulan suyun azaltılmasını sağlarlar.

Diyetin atak evresi, özellikle olabildiğince saf proteinlerden oluştuğundan, bütün diğer evreler arasında en çok su atılan evredir.

Bu durum özellikle kadınlar için avantajlıdır. İşin aslı, bir erkek fazla kiloluysa bunun nedeni, çok yemesi ve vücudunda harcamadığı kalorileri yağ olarak depolamasıdır. Bir kadının kilo alma mekanizmasıysa çoğunlukla daha karmaşıktır ve yaptığı diyetlerin performansını düşürüp kilo kaybını zorlaştıran su tutulması süreciyle ilgilidir.

Âdet döngüsünün bazı zamanlarında, âdet öncesindeki dört ya da beş günlük sürede, kadının hayatında farklı hormonların etkisinde kaldığı ergenlikte, menopoz öncesinde veya cinsel hayatın kimi dönemlerinde vücudu su toplar ve kendisini balon gibi şişmiş hissedebilir. Sabah kalktığında yüzü şiştir, parmaklarındaki yüzükleri çıkaramaz ve bacakları ağırlaşmış, ayak bilekleri de şişmiştir. Bu su tutulumu tabii ki geri dönüşü olan bir kilo alımını beraberinde getirir, ancak bu tür kilo sorunu kronik bir hal alabilir.

Kimi zaman formlarına tekrar kavuşmak ve bu tombullaşmanın önüne geçmek için diyete başlayan kadınlar, bu tür fazlalıklardan daha önce hep işe yaramış yollarla kurtulamadıklarını fark ederek şaşırırlar.

Sık karşılaşılan bu durumlar için Dukan Diyeti'nin atak evresinde yer alan saf proteinler kesin ve çabuk bir çözüm sağlar. Birkaç gün, hatta birkaç saat içinde suyla dolu hücrelerdeki suyun dengelenmesiyle kişiye rahatlama ve hafifleme hissi gelir. Bu da kişinin diyet konusundaki isteğini artırır.

Saf proteinler organizmanın direncini yükseltir

Proteinlerin bu özelliği beslenme uzmanlarının çok iyi bildiği, hatta konuyla ilgili bilgisi olmayan kişilerin de daima gözlemlemiş olduğu bir özelliktir. Tüberküloza çare bulunmadan önce, en önemli tedavi şekillerinden biri, alınan protein miktarının artırılmasıydı. Fransa'nın kuzeyindeki Berck'te, ergenlik çağındaki gençlere hayvan kanı bile içiriliyordu. Bugünse antrenörler sporculara protein ağırlıklı beslenme öneriyorlar.

Doktorlar da aynı şekilde, yaraların tedavisinde, kansızlıkta ve enfeksiyonlara karşı direnci yükseltmek için protein miktarını artırıyorlar.

Bu avantajdan yararlanmak gereklidir, çünkü ne şekilde olursa olsun, kilo vermek her zaman organizmayı biraz zayıf düşürür. Ayrıca şunu fark ettim; Dukan Diyeti'nin en hızlı evresi, yalnızca proteinlerin alındığı ilk evresidir. Bazı hastalarımsa, daha ikinci günün sonundan itibaren, bu dönemin hem fiziksel hem psikolojik açıdan mutluluk veren bir etkisi olduğunu söylüyorlar.

Saf proteinler kas kaybı ve deri sarkması görülmeden zayıflamayı sağlar

Aslında, derinin, esnek dokusunun, hatta organizmayı oluşturan kasların hepsinin proteinlerden oluştuğu bilindiğinden, bunda şaşılacak bir şey yok. Protein yönünden yetersiz beslenme durumunda, vücut normal protein ihtiyacını kendi kaslarından ve derisinden sağlayacağı için, derinin esnekliği kaybolacak ve sıklıkla menopoz sürecindeki kadınları tehdit eden kemiklerdeki kırılganlık gündeme gelecektir. Tüm bu etkiler dokularda, ciltte, saçlarda, kısacası genel görünümde çevremizdekilerin fark edebileceği derecede yaşlanmaya yol açar ve diyeti bırakmak için bu bile tek başına bir neden oluşturabilir.

Buna karşılık, protein bakımından zengin bir rejimde, hatta daha iyisi, Dukan Diyeti gibi özellikle protein alınmasına dayanan bir beslenme programında, organizmaya zaten bolca protein sağlandığından, bunun kendi kaynaklarına saldırmasına gerek kalmaz. Bu şekilde, zayıflama hem hızlıdır, hem de kişi zindedir; kasların sıkılığı ve cildin parlaklığı korunur, fazla yaşlanmadan zayıflamak mümkün olur.

Dukan Diyeti'nin bu özelliği kasları sıkı ve cildi kalın, genç ve yuvarlak hatlı kadınlara ikinci dereceden önemliymiş gibi gelebilir. Ancak bu, özellikle ellilerine yaklaşan ve dolayısıyla menopoz öncesi dönemde bulunan ya da cildi ve kasları gerginliğini yitirmiş kadınlar için önemlidir. Çünkü –yeri gelmişken belirtmekte yarar var– bugün birçok kadın yalnızca tartıdaki değerleri dikkate alarak görünümlerinden vazgeçmekteler. Bir kadının dış görünümü söz konusu olduğunda cildin parlaklığını ve esnekliği yitirmesi, vücudun genel görünümünün bozulması gibi parametreleri de dikkate almak gerekir; yalnızca vücut ağırlığı bir rehber görevi üstlenmemelidir ve üstlenemez.

Bu Diyette Çok Su İçilmelidir

Su, her zaman gündemde olan bir sorundur. Bu konuda sürekli konuşulur, ama önceki bildiklerinizi çürüten bir şeylerle de sık sık karşılaşırsınız.

Oysa su sorunu diyet pazarlamasının basit bir kavramı, zayıflama adaylarını eğlendirmeye yönelik bir konu değildir. Doktorlar, basın ve su satıcılarının dikkat çektiği önemli bir konu olmasına rağmen, kitleler henüz su konusunda bilinçlenememiş ve özellikle diyet açısından önemi de tam olarak anlaşılmamıştır.

Basitleştirecek olursak, yağ rezervlerimizi eritebilmek için kalori yakmak önemli görünebilir; ancak bu yine de yeterli değildir. Kilo vermek, yağları yakmaktan çok, yok etmek anlamına gelir.

Bir ev kadını, bulaşık ya da çamaşırı yıkadıktan sonra çalkalamadan bırakmayı düşünebilir mi? Aynı şey zayıflama için de geçerlidir ve özellikle bu konuda her şeyi açıkça ortaya koymak gerekir. Yanında yeterli miktarda su tüketimi olmayan bir diyet, kötü bir diyettir. Hem yeterince etkili olmaz, hem de zararlı atıkların vücutta birikmesine neden olur.

Su temizler ve rejimin sonuçlarını iyileştirir

Ne kadar çok su içilirse, vücudun yaktığı besinlerin atıklarını o kadar kolay atacağı bilinen bir gerçektir. Su, doğal idrar söktürücülerin en iyisidir. Şaşırtıcı olan, çok az insanın yeterli miktarda su tüketiyor olmasıdır.

Gün içindeki sayısız meşguliyetimiz arasında doğal susama hissimizi çok sık erteler, sonunda da göz ardı ederiz. Günler ve aylar geçtikçe bu his kaybolur ve vücut, dokuların susuz kaldığını bildirme görevini yerine getiremez.

Mesaneleri erkeklerinkinden daha küçük ve daha duyarlı olan çok sayıda kadın, sık sık tuvalete taşınmamak için, çalışırken yerlerinden kalkmak zor geldiğinden ya da umumi tuvaletlere alerjileri olduğundan su içmekte tereddüt ederler.

Oysa normal koşullarda fazla üstünde durmasanız da, bir zayıflama rejimi sırasında suyu ihmal etmemeniz için çok geçerli nedenler vardır:

Yeterli su içmeden rejim yapmaya çalışmak yalnızca organizma için zehirleyici olmakla kalmaz, aynı zamanda kilo verme sürecini de tamamen durdurabilir ve bütün çabaları boşa çıkarabilir. Neden mi?

Rejim yapmakta olan bir insanın organizması yağ yakmakta olduğundan, tıpkı bir motor gibi çalışır. Enerjinin yakılması sonucunda ısı ve atıklar açığa çıkar.

Eğer bu atıklar daha sonra düzenli olarak daha sürecin başlarında böbrekler aracılığıyla vücuttan atılamıyorsa, sürecin sonralarında vücutta birikecek olan miktar er ya da geç yakma işlemine müdahale edecek ve kilo kaybına engel olacaktır, diyet kusursuz takip edilmiş bile olsa bu böyledir. Bu tıpkı egzoz borusu tıkanmış bir arabanın motoru ya da bacası temizlenmemiş bir şöminede yakılan ateşe benzer; ikisi de atıkların üst üste yığılmasıyla boğulacak ve sönecektir.

Kilolu kişinin kaçamakları, ihmalleri ya da aşırı ve dengesiz rejimlerin olumsuz etkileri sonucunda böbrekler tembelleşir. Herkesten çok obez kişinin boşaltım organlarının iyi çalışması için çok miktarda su içmeye ihtiyacı vardır.

Bu durum başlangıçta özellikle kışın sıkıcı ve yorucu gelebilir, ama su içmeyi alışkanlık haline getirmek için ısrar etmek, sanki içinizi yıkıyormuş gibi hissetmeye çalışmak gerekir. Bu şekilde su içmek kısa zamanda yalnızca zayıflamak için değil, her zaman bir ihtiyaç haline gelecektir.

Su ve saf proteinler, bir arada kullanıldıklarında, selülitler üstünde güçlü bir etkiye sahiptir

Bu özellik yalnızca kadınları ilgilendirir, çünkü selülit, hormonların etkisiyle yağların organizmanın en kadınsı bölgeleri olan uyluklar, kalçalar ve dizlerde birikmesi ve orada kalmasıyla oluşur.

Bir kez rejime başlandığında, özellikle şunu keşfettim: Saf protein diyetine, tuz tüketiminin azaltılması ve mineral değeri düşük suyun bolca tüketilmesi de eşlik ettiğinde, bütün bedenin eşit oranda zayıflamasına yardım ediyor ve özellikle uyluklar ve dizlerin iç kısımları gibi zor bölgelerde incelme sağlıyor.

Kilo vermekte olan birinin, yaşamının farklı dönemlerinde yapmış olduğu diğer rejimlerle kıyaslamasına bakılırsa, kişinin bu rejimle yine öncekilerle aynı miktarda kilo verdiği halde, kalça ve uyluk bölgesinde gerçekten incelme sağlandığı görülmüştür.

Bu sonuçlar, proteinlerin hidrofüj etkisi göstermesi ve bol su alımıyla böbreklerin iyi çalıştırılması ile açıklanır. Su, selülit de dahil olmak üzere bütün dokulara nüfuz eder. Hücrelere saf ve tertemiz halde girer ve oradaki atıklarla tuzu taşıyarak dışarı çıkar. Bu tuzdan arındırma ve şişkinlik indirme operasyonuna saf proteinlerin güçlü yakıcı etkisi eklenir ve hepsi birlikte, selülit üzerinde hiçbir etkisi olmayan diğer rejimlerle karşılaştırıldığında, hatırı sayılır bir yok edici etki ortaya koyarlar.

Ne zaman su içmek gerekir?

Çoğu kişi yemekler sırasında içilen suyun besinler tarafından tutulacağını sanmakla birlikte, bu yerleşik inanç doğru değildir. Su yemek sırasında içilmelidir.

Yemek yerken su içilmemesi gerektiği söylencesinin hiçbir fizyolojik temeli olmaması yanında, aksine, birçok durumda bunun yapılmaması sorun doğurur. Yemek sırasında, susadığınızı hissettiğiniz ve suya kolayca erişebildiğiniz bir anda su içmezseniz, günün geri kalanında su içmeyi daha kolay unutabilirsiniz.

Dukan Diyeti süresince, özellikle de alternatif protein evresinde, hormonlara bağlı nedenlerle vücutta su tutulması ya da böbreklerin iyi çalışmaması gibi özel durumlar dışında, günde bir buçuk litre su içmek gerekir. Mümkünse mineral içerikli kaynak suyu içilmeli, değilse de çay, kahve, bitki çayı ya da başka herhangi bir çeşit sıvı alınmalıdır.

Kahvaltıda büyük bir fincan çay, öğleden önce büyük bir bardak ve öğle yemeğinde iki büyük bardak su, yemeğin sonunda bir fincan kahve, akşamüstü bir ve akşam yemeğinde iki bardak su içerseniz kolayca 2 litre içmiş olursunuz.

Ayrıca, birçok hastam susamadan su içmenin zor olduğunu, bunun için şişeden içme alışkanlığı edinmenin işe yaradığını söylüyorlar.

Hangi sudan içmeli?

- Dukan Diyeti'nin saf proteinlerden oluşan atak döneminde içilmesi en uygun su, idrarı artıran ve sindirimi kolaylaştıran doğal mineralli kaynak sularıdır.
- Musluk suyu içme alışkanlığı olanlar buna devam edebilirler. Önemli olan, içilen suyun miktarının çokluğudur. Bu suyun içerik özellikleri bir yana, yalnızca bol içilmesi bile tek başına böbrekleri çalıştırmaya yeter.
- Aynı şey çay ve diğer bütün bitki çayı çeşitleri için de geçerlidir. Bu durum, bunlardan fincan fincan içme alışkanlığı olanları, özellikle kış aylarında ısınmak için de etkili olduklarından, mutlu edecektir.
- Gazlı içeceklerin 'light' cinslerini (gazozlar, kolalı içecekler, vb.) fazla kilolarla mücadelede yardımcı kabul ediyorum. Fazla şekerli olan normal kolaya kıyasla, bunun light olanı günümüzde daha yaygındır. Ben bunların tüketilmesine izin vermekle kalmayıp aynı zamanda, tüketilmelerini öneriyorum. Bunun birçok nedeni var. Öncelikle, bunlar sıklıkla daha önce bir günde tüketilmesini öner-

diğimiz iki litre sıvıyı tamamlamaya katkıda bulunurlar. Ayrıca neredeyse hiç şeker ve kalori içermezler. Son olarak ve özellikle, light kolalı içecekler şeker alımını azaltmış zayıflama adayının hevesini bastırabilecek tattadır. Light gazozların içiminin rejimlerine yardımcı olduğunu hastalarım da onaylıyorlar. Ancak light içeceklerle ilgili bir istisna vardır, o da, diyeti uygulamakta olan ergenlik çağındaki ya da daha küçük çocuklar için geçerlidir. Bu içecekler "yalancı şeker" etkisi yaratacağından, şeker isteğini pek de azaltmayabilirler. Ayrıca, şeker tadındaki içeceklerin böyle sınırsız tüketilmesiyle, susamadıkları halde yalnızca zevk için bunları tüketmeyi alışkanlık edinebilirler. Bu da yaşamlarının ileriki dönemlerinde daha endişe verici bağımlılıklar edinmelerine neden olabilir.

Su doygunluk hissi yaratır

Günlük konuşma dilinde, acıkmaktan söz ederken sıklıkla midenin bomboş olması ifadesini kullanırız, bu da tamamen yanlış değildir. Yemek sırasında içtiğimiz ve besinlere karışan su, öğün sırasında aldığımız besinin hacmini artırır ve midede bir doluluk yaratır. Bu da bize ilk doyma sinyallerini verir. Bu sofrada su içmek için fazladan bir nedendir. Öte yandan, deneyimlerimin gösterdiğine göre, öğünlerin dışında, örneğin günün tehlikeli saatleri olan 17 ile 20 arasında ağzımızı meşgul etmek de işe yarıyor. Ne olursa olsun, büyük bir bardak içecek yemek yeme arzusunu gidermek için genellikle yeterli oluyor.

Bugün, dünyanın en zengin toplumları arasında yeni bir açlık türü görülüyor; Batılı ülkelerde çok çeşitli besin maddelerinin ortasında yaşayıp da kendini açlığa mahkûm eden kişiler iyice yaşlanmadan ya da rahatsızlanmadan bunlara ellerini sürmüyorlar.

İlaç laboratuvarları, doktorlar ve birçok kuruluş, açlığı bastırmanın en ideal ve etkili yolunu bulmak için çalışıyorlar; ama maalesef su gibi çok basit ve saf bir maddenin varlığını unutuyorlar.

Bu Diyet Çok Az Tuz İçermelidir

Tuz yaşamın devamı için vazgeçilmez bir maddedir ve tüm besinlerde belli oranlarda bulunur. Yemeğe eklenen tuz ise yalnızca alışkanlıktan, yemeklerin tadını artırmak için eklenir ve iştahı açar.

Tuz yönünden fakir bir rejimin hiçbir tehlikesi yoktur

İnsan yaşamı boyunca az tuzla beslenebilir ve hatta öyle beslenmelidir. Kalp hastaları, böbrek yetmezliği olanlar ve hipertansiyon hastaları her zaman tuzsuz beslenirler, ama hiçbir problemle karşılaşmazlar. Sağlığımız için az tuzla beslenmek tansiyonu da düşüren bir önlemdir. Ama yine de tuz yönünden çok sıkı bir rejim, özellikle fazla su tüketimiyle de birleşince, kanın hacmi düşerek damarlardaki basınç daha aşağı inebilir ve eğer bu basınç zaten normalde de düşükse, yorgunluk ve ani kalkışlarda baş dönmesi hissine yol açabilir. Bu kişilerin tuzu kısmakta aşırıya kaçmamaları ve günde bir buçuk litreden fazla su içmemeleri gerekir.

Öte yandan, çok tuzlu beslenmek vücut dokularınızda su tutulmasına neden olur

Sıcak ülkelerde, çalışanlara güneş nedeniyle su kaybına uğramamaları için düzenli olarak küçük tuz paketleri dağıtılır.

Kadınlarda, özellikle âdet öncesi ve menopoz öncesi dönemde ya da hatta hamilelik süresince güçlü hormonal etkiler altında kalan kadınlarda, vücudun birçok bölümü su toplayabilir ve şaşırtıcı miktarlarda su tutabilir.

Bu kadınlar için, Dukan Diyeti, tam anlamıyla suyu azaltan bir diyet olup olabildiğince az tuz tüketildiği takdirde tam etkisini gösterir ve kortizon tedavisinde olduğu gibi içilen suyun organizmaya daha hızlıca nüfuz etmesini sağlar.

Bu nedenle, rejim yapan insanların bunu bıraktıktan sonra günde bir, hatta iki kilo almaktan şikâyet ettiklerini sık duyabilirsiniz. Böyle kilo almak tabii ki yalnızca rejimi bırakmanın sonucu olamaz. Neler yendiğini tam olarak incelediğimizde, bu kadar kısa sürede fazladan iki kilo almaya neden olacak 18.000 kaloriyi bulmamıza imkân yoktur. Konu yalnızca tuz ve su alım oranlarının değişmesiyle ilgilidir, ayrıca alkol de içilen suyun emilmesini zorlaştırır. Bir litre su bir kilo ağırlığındayken, 9 gram tuzun bir kilo suyu bir veya iki gün boyunca hücrelerde tutabildiği asla unutulmamalıdır.

Bu durumda, rejim yaparken bir gün kaçamak yapmak isterseniz, çok tuz ve su almamaya çalışın, ertesi sabah çabalarınızı ve kendinize güveninizi yok edecek şekilde şişkinleşip kilo aldığınızı görebilirsiniz. Önceki halinize dönebilmek için ertesi gün mutlaka rejime daha sıkı devam edin ve tuzu çok azaltın.

Tuz iştahı artırır ve azaltılması iştahı keser

Yukarıdaki cümle bir tespit içeriyor. Tuzlu gıdalar vücudun tuz oranını ve mide asidini artırır, bu da iştahı kapatır. Buna karşılık, az tuzlu gıdalar sindirim salgılarının nispeten daha az çalışmasını sağlar ve bu nedenle iştahı pek bastırmazlar.

Ayrıca maalesef tuz eksikliği susamayı da engeller. Dukan Diyeti ise özellikle ilk günlerinde sıvı alımının yüksek seviyede olmasını önerir, bu sayede sık susama isteğinin ve su içme alışkanlığının kazandırılması kolaylaşır.

Sonuç

Dukan Diyeti'nin dört evresi içinde başlangıç ve en önemli aşama olan saf protein dönemi diğerlerinden farklı olan bir diyettir. Bu dönemde yalnızca en fazla protein içeren gıdalara dayalı tek tip bir beslenme uygulanır.

Planın bu evresinde ve devamındaki diğer evrelerinde kalori hesapları kesinlikle yapılmaz. Çok ya da az tüketmek sonuçları fazla değiştirmez, önemli olan yalnızca bu besinle beslenmektir.

Ayrıca Dukan Diyeti, aç olunmadığında bile fazla yemeyi öneren tek rejimdir. Çünkü açlık hissedildikten sonra daha az kontrol edilebilir hale gelir ve izin verilen proteinler değil, ödül niteliğindeki, besleyici değeri çok az ama duygusal tatmini fazla olan, şekerli, yağlı ve dengesiz gıdalar alınır.

Dukan Diyeti'nin etkililiği ise tamamen seçilen besinlerle ilgilidir. Tatları çok güzel, ama besleyici olmayan gıdalar sınırlı alınmalıdır. Ancak kaçamak yapılırsa, kalori sayma kuralına üzülerek de olsa geri dönülmelidir. Daha net bir ifadeyle, bu diyeti uygularken kalori sistemini değil, kategori sistemini takip edeceksiniz. Dolayısıyla, artık hesap yapmanız değil, belli sınırlar içinde kalmanız gerekiyor. Ancak eğer listenizdeki besinlerin dışına çıkarsanız, artık bol miktarda yeme hakkınız olmaz ve ağzınıza attığınız her lokmanın kalorisini hesap edersiniz.

Dolayısıyla, bu program yarım yamalak yapılamayacak bir diyettir. Ya hep ya hiç kuralına göre işler. Hem metabolizmaya etkisi, hem de kilo vermeye çalışanlar üzerindeki çok olumlu psikolojik etkileri bundan ileri gelir.

Psikolojisi sık sık iki uç arasında gidip gelen, çaba gösterirken kararlı olup morali bozulduğunda hemen vazgeçiveren zayıflama adayı, Dukan Diyeti'yle çabalarının sonucunu alır ve dört evrenin her birinde de başarı elde eder.

Psikolojik durum ve rejim yapısı arasındaki yakın ilişkiyi bilmeyen birinin bunu anlaması zordur. Ancak bunu yaşayanlar için bu son derece önemlidir. Bu karşılıklı uyum zayıflamayı mutlaka kolaylaştırır, ancak kilonun sabitlenmesi için rejimin son dönemi büyük önem kazanır; haftanın bir günü, kurtarıcı, vurucu ama etkili saf protein rejimi sürdürülmelidir. Hayatları boyunca mevcut kilolarıyla mücadele etmiş ve kilo almaya yatkın olan kişiler ancak bu şekilde tedavi edilebilir.

DUKAN DİYETİ'NİN UYGULANMASI

İşte size Dukan Diyeti'ni nasıl uygulayacağınızı anlatacağımız önemli ana geldik. Artık diyetin işleyiş biçimini ve onu oluşturan dört rejimin etkilerini biliyorsunuz.

Buraya kadarki teorik bölümde, kilolu kategorisindeki bir kimsenin tesadüfen şişmanlamadığını ve kilo almanın doğanızın, psikolojinizin ve kimliğinizin sizin hep reddettiğiniz bir parçasıyla ilgili olduğunu anlatmaya çalıştım.

Genleriniz ve aileden gelen özellikleriniz, metabolizmanızın çalışması, karakteriniz, duygularınız ve özel hassasiyetleriniz gibi yemek yeme alışkanlıklarınızı ve yiyeceklerden ne kadar ve nasıl zevk aldığınızı belirleyen birçok faktör vardır.

Yani yemek konusu göründüğü kadar basit bir konu değildir. Geçmişte denediğiniz rejimlerde neden başarısız olduğunuzun diğer herkesinkinden farklı birçok açıklaması olabilir.

Yeme ihtiyacı gibi güçlü, yapısal, hatta derinlerden gelen, tüm önemli nedenlerine rağmen zapt etmesi zor, neredeyse hayvansal bir güçle yapılan bu savaşta, yalnızca rasyonel ve akıllıca bir beslenme önerisiyle veya kilolu kimsenin kendini kontrol etme umuduyla başarılı olunamayacağı açıktır.

Bu içgüdüsel şiddetle kendi alanında, kendi yollarıyla, diliyle ve aynı içgüdüsel söylemlerle mücadele edilmelidir.

Başkalarının beğenisini kazanma ihtiyacı, kendini iyi hissetme ihtiyacı, hastalık korkusu, bir gruba ait olma ve çevresel koşullara uyabilme isteği gibi bu dilden söylemler, bugün kiloluları teşvik edecek ve harekete geçirebilecek az sayıda şeyden biridir, ama yine de kilo vermeye başlayıp dış görünüşleri biraz düzelmeye başladığı anda durulup mücadeleyi bırakabilirler.

Ancak daha iyi bir rejim ve genel bir zayıflama planı, kilolu kişiye içgüdüsel bir etkinlik ve otorite sağlayabilir.

Zayıflaması için belirlenecek böyle bir plan, onun dışında birinin iradesiyle ve kesin, yoruma, tartışmaya açık olmayan ve özellikle uzun zaman denenip sonuç alınmış önerilerle ifade edilmelidir.

Dukan Diyeti'nin ve alternatif proteinlerin etkinleşmesi için, yıllarca kilolu kişilerden çoğunun özel durumlarını inceleyerek ve onlara yanlışsız öneriler getirerek, aşırı, kontrol edilmesi güç, kararsızlıkları ve gelgitleri yüksek yaradılışlarını doğru yönlendirebilmeleri için çabaladım.

Ayrıca şunu anladım; bu karmaşık görevi yerine getirmek için yalnızca tek basamaklı bir plan uygun olmayacaktı. Ben de, kilolu kişinin kendini hiçbir zaman yorgun ve güçsüz hissetmemesi gerektiğini düşünerek dört ayrı rejimden oluşan, genel bir program geliştirdim.

Yakın zamandaysa, egzersiz yapmadan kilo vermenin –uzun vadede günlük yaşantınızın bir parçası olacak, en basit ve doğal egzersizlerden söz ediyorum– kendi girişiminizi sabote etme riski taşıdığını anladım. Toplumlarımızın ekonomik modelinin büyük ölçüde oturarak iş görmeye dayandığı bir dünyada yaşıyoruz ve bu durum her anlamda teşvik ediliyor. Bu nedenle, egzersizi, özellikle de yürüyüşü tam bir itici güç olarak programıma dahil ettim. Şimdi bunu yalnızca önermekle kalmıyor, tıpkı ilaç yazdığım gibi, hastalarımın reçetelerine bunu da YAZIYORUM. Kitabın elinizde tuttuğunuz 2010 baskısına eklenmiş yeni bir bölümde bu konuyu ayrıntılarıyla göreceksiniz.

Atak Evresi: Saf Protein Rejimi

Ne kadar sürede, ne kadar kilo verilmesi gerekirse gereksin, Dukan Diyeti daima saf protein diyetiyle başlar. Bu çok özel bir diyettir ve bunu hastanın psikolojisini tetiklemek ve metabolizmasını şaşırtmak için kullanırım. Bu iki etki birleştiğinde, ilk kesin kilo kaybı görülür.

Bu ilk dönemde size eşlik edecek besinlerden söz etmeye, bunların ayrıntılarını verip seçim yapmanızı kolaylaştıracak açıklamalar yapmaya ve önerilerde bulunmaya hemen başlayacağım.

Tetikleme ve kilo vermeyi başlatma rolünü yerine getirebilmesi için, diyetin bu ilk atak evresi ne kadar sürmeli? Bu önemli sorunun standart bir yanıtı yok. Çünkü süresi her durum için değişebilir. Bu süre; verilmek istenen kilo kadar, kişinin yaşına, önceden uyguladığı rejimlerin sayısına, kişinin motivasyon düzeyine ve protein içeren besinlerle olan ilişkisine de bağlıdır.

Size bu atak rejimi sonucunda elde edilebilecek sonuçlarla ilgili gayet kesin bilgiler de vereceğim. Uygulanacak süreyi doğru seçmenizin ve belirtilen kurallara harfiyen uymanızın önemini anlatacağım.

Son olarak da, bu başlangıç evresinde karşınıza çıkabilecek farklı tepkiler konusunda uyarılarda bulunacağım.

İzin verilen gıdalar

Süresi 1 – 10 gün arasında değişen bu dönemde, on ayrı kategoriden gıdalarla beslenme hakkınız olacak.

Bu on kategoriden hangisi hoşunuza giderse, sınırsız olarak ve günün istediğiniz saatinde tüketebilirsiniz.

Bu gıdaları birbiriyle karıştırmakta da serbestsiniz.

Bu gıdalar arasından, diğerlerine hiç dokunmadan yalnızca istediklerinizi seçebilir, hatta bir öğün veya gün boyunca bunlardan yalnızca birini tüketebilirsiniz.

Önemli olan, uzun zaman süren çalışmalarım sonucu ve hiçbir şeyi unutmayarak belirlediğim bu listeye mutlaka sadık kalmanızdır.

Ayrıca şunu unutmamalısınız; en ufak bir sapma, küçücük bir kaçamak, sınırları azıcık aşmak, ne kadar önemsiz de görünse, bir balona iğneyle dokunmaya benzer.

Zararsız gibi görünen bir kaçamak, bu sınırsız yeme özgürlüğünüzü kaybetmenize yol açacaktır.

İçerikten azıcık sapmak size miktar bakımından sahip olduğunuz özgürlüğü kaybettirir. Günün geri kalanında kendinizi sıkıcı kalori hesaplarıyla uğraşırken ve kendinizi sınırlarken bulursunuz.

Özetlemek gerekirse, sloganımız çok basit ve tartışılmaz: Şimdi göreceğiniz listedekilerin hepsi tamamen sizindir, bu listede bulunmayanlar sizin değildir. Listeden çıkarılmış olanların yakın gelecekte yine size döneceklerini bilmeli ve onları şimdilik unutmalısınız.

Birinci kategori: Yağsız etler

Yağsız etler derken, iki cins etten söz ediyorum: Dana ve sığır.

- Sığır eti: Bütün kızartılmış ya da ızgarada pişirilmiş çeşitleri, özellikle biftek, fileto, bonfile, rozbif ve kapamalık parçalarına izin verilir, ancak pirzola ve antrikot bölgeleri çok yağlı olduklarından bunlardan kaçınılmalıdır.
- Dana eti: Önerilen parçalar dana rosto, biftek ve eğer kolesterol düzeyiniz izin veriyorsa dana karaciğeridir. Pirzola ise ancak yağları ayıklandıktan sonra yenebilir.
- Kuzu etinin olabildiğince saf ve etkili olması gereken bu rejim sırasında yenmesi önerilmez.

Bu etleri hazırlarken istediğiniz yöntemi kullanabilirsiniz, ancak yağsız pişirmeye özen göstermelisiniz. Tereyağı, sıvı yağ ya da krema kullanmayın. Kızartma tavanızın dibine birkaç damla sıvı yağ döküp bunu kâğıt havluyla tavanın zeminine yedirebilirsiniz.

Önerilen pişirme şekli ızgaradır, ancak bu etler fırında ya da elektrikli ızgarada kızartılabilir ya da yağlı kâğıtta pişirilebilir, hatta haşlama yapılabilir.

Pişirme derecesi kişinin zevkine bırakılmıştır, ama yavaş yavaş pişirmek fazla yağını alacağından, eti bu rejimde hedeflenen saf protein idealine yaklaştırır.

Bifteklere tartar sos ya da carpaccio sosu eşlik edebilir, ancak etin yağsız hazırlanması şarttır.

Et kesmeyi zahmetli bulan ve köftelerini bir yumurta, baharlı otlar (maydanoz, dereotu, vb.), kapari ve turşu ile fırında pişirmeyi ya da hamburger olarak tüketmeyi tercih edenler için hazır köfteleri öneririz. Dondurulmuş sığır eti de yiyebilirsiniz, ama yağ içeriği %10'u geçmemelidir; %15'lik yağ oranı bu diyetin atak evresi için çok fazladır. Çok yağlı olan etlerden sakının; en azından, ince doğrayıp fazla yağından kurtulmaya yetecek kadar uzun süre pişirin.

Miktar sınırlaması olmadığını burada bir kez daha hatırlatıyorum.

İkinci kategori: Sakatatlar

Bu kategoride, yalnızca ciğer (dana, sığır ya da kümes hayvanlarının ciğeri) ve dil yenilebilir.

Dana ve kuzu dili, az yağlıdır ve yenmesinde bir sakınca yoktur. Sığır dilininse çok yağlı olan arka kısmını yemeyin, yenmesinde sakınca olmayan en yağsız bölümü uç kısmıdır.

Ciğerse, içerdiği vitaminler nedeniyle zayıflama rejimi sırasında önemli bir besin olmasına karşılık, kolesterol açısından zengin oluşu yüzünden kalp ve damar hastalıkları riski taşıyanların beslenme programına dahil edilmez.

Üçüncü kategori: Balık

Bu besin grubu için hiçbir kısıtlama ya da sınırlama yoktur. Yağlı ya da yağsız, taze ya da dondurulmuş, tütsülenmiş ya da kurutulmuş veya konserve (yağsız saklanmış olması şartıyla) haldeki tüm balıklar rahatlıkla yenilebilir.

- Bütün yağlı balıklara izin vardır: Özellikle sardalye, uskumru, ton balığı ve somon.
- Bütün beyaz etli ve yağsız balıklar da yenebilir. Örneğin;

mezgit, dilbalığı, morina, çipura, barbunya, kedibalığı, alabalık, pisibalığı, karagöz, fenerbalığı vb.

- Tütsülenmiş (füme) balıklara da izin var. Özellikle, yağlı olarak bilinmekle birlikte, aslında yüzde 10 oranında yağ içeren bir biftekten daha yağlı olmayan, tütsülenmiş somon balığı. Aynı şekilde, alabalık, yılanbalığı ve mezgit de yenebilir.

- Konserve balıklara, hızlı yemek hazırlanması gereken acil durumlarda, doğal konserve olmaları kaydıyla izin vardır. Ton, somon, uskumru ve sardalye bunlara örnektir.

- Son olarak, surimi adı verilen, kesinlikle yağsız denebilecek beyaz etli balıklarla hazırlanan, aroması yengeç sosuyla verilmiş, Japon usulü balık hazırlama yöntemini de kesinlikle öneriyorum. Bir miktar karbonhidrat içermekle birlikte yağ oranı çok düşük olan, pratik bir besin. Kokusuz, rahatlıkla taşınabilir, herhangi bir hazırlık ya da pişirme gerektirmiyor ve günün her saatinde yenebiliyor.

Balıklar yağ eklenmeden hazırlanmalı, üzerine limon suyu dökülmeli ve çeşitli hoş kokulu otlar serpilmeli, fırında baharlı otlar ve limonla, kısık ateşte ya da buharda veya –pişirme sularının tamamen korunabilmesi için– en iyisi yağlı kâğıtta pişirilmelidir.

Dördüncü kategori: Deniz ürünleri

Kabuklular ve yumuşakçalar bu besin kategorisine girer.

- Gri ve kırmızı karides, yengeç, midye, ıstakoz, Norveç ıstakozu ve kerevit, istiridye ve taraklar.

Beslenmeyi çeşitlendirecek ve rejime ziyafet havası getirecek olan bu yiyecekleri sık sık hatırlamak gerekir. Deniz ürünleri çok da doyurucudurlar.

Beşinci kategori: Kümes hayvanları

- Ördek ve kaz gibi düz gagalılar dışında, derisi alınmak kaydıyla, bütün kümes hayvanları yenilebilir. Şuna dikkat edin: Pişirme sırasında etin kurumasını önlemesi için deriyi en son, tabağınızdayken ayırın.

- Tavuk, saf protein rejimi sırasında, en bol bulabileceğiniz ve en pratik hazırlanabilecek kümes hayvanıdır. Kanadın deriden ayrılamayan ve çok yağlı olan dış bölümü dışında, her parçası yenilebilir. Ancak tavuğun farklı bölümleri arasında içerdikleri yağ oranı açısından büyük farklar olduğu unutulmamalıdır: En yağsız yeri beyaz etidir, sonra butları ve en son da kanatları gelir. Ayrıca tavuk seçerken hayvanın olabildiğince genç olmasına dikkat edilmelidir.

- Hindi etinin her şekli; dilimlenerek tavada ya da butları fırında, mantar ve sarımsakla pişirilebilir. Hindi palazı, beçtavuğu, güvercin, bıldırcına izin vardır. Ayrıca sülün, keklik ve hatta az yağlı olduğundan yaban ördeği de yenebilecek gıdalardandır.

- Tavşan eti de yağsızdır ve kızarmış ya da yağsız beyaz peynir ve hardalla pişirilmiş olarak tüketilebilir.

Altıncı kategori: Az yağlı, ya da yağları ayıklanmış jambon

Son yıllarda, %2 – %4 arasında değişen yağ oranıyla en yağsız et ve balıklardan daha az yağlı olan, hafif tütsülenmiş tavuk ve hindi etleri marketlerde bolca bulunuyor. Bunlara izin var; hatta kolay erişilmeleri nedeniyle öneriliyorlar da.

Aynı şekilde, kurutulmuş sığır filetosundan hazırlanan, İtalyan usulü *bresaola* gibi etlere de izin var; bu ve bunun gibi şarküteri ürünleri gayet az yağlı olup çok sevilirler, ancak ne yazık ki epeyce pahalıdırlar. Marketlerde hazır paketler halinde bulabileceğiniz gibi, hazır şarküteri satan bazı kasaplarda daha lezzetli ve daha az tuzlu tiplerini dilim kestirerek almak mümkün olabiliyor.

Vakumlu ambalajda, önceden dilimlenmiş, temiz, kemiksiz ve kokusuz olan bu ürünler kolayca taşınabilir ve öğle yemeği hazırlamakta kullanılabilir. Ayrıca, tadı şarküteriden alınan jambonlar kadar güzel olmasa da, besleyici değerleri onlarınkiyle her anlamda boy ölçüşebilir. Şarküterilerdeki jambonlara iznimiz olmadığını, onlardan daha da yağlı olan tütsülenmiş ya da çiğ olanları tamamen aklımızdan çıkarmamız gerektiğini de hep hatırlayalım.

Yedinci kategori: Yumurtalar

Yumurtalar katı, rafadan, buharda (çılbır usulü) ya da yapışmaz tavada omlet olarak pişirilebilir, unutulmaması gereken tek şey tereyağı ya da sıvı yağ kullanılmaması gerektiğidir.

Farklı lezzetler yakalamak için yumurtaya birkaç karides ya da ıstakoz, hatta birkaç parça yengeç eti ekleyebilirsiniz. Dilerseniz omletinize irice doğranıp kavrulmuş soğan ya da birkaç parça kuşkonmaz ekleyebilir, ya da hoş kokulu otlarla aromasını artırabilirsiniz.

Belli bir kategorideki besinlerin sınırsız yenmesini öneren bir rejim türünde yumurtalar fazla tüketilirse, yüksek kolesterol içermeleri ve alerjiye neden olmaları nedeniyle sorun yaratabilirler.

Yumurta yüksek düzeyde kolesterol içerir ve kan değerlerinde kolesterol oranı yüksek çıkanların yumurtayı fazla tüketmesi önerilmez. Bu kişiler, yumurta sarısını haftada üç dört kez yiyebilir. Ancak saf protein içeren yumurta beyazını sınırsız tüketmekte sakınca yoktur.

Bu durumdakilerin, omletlerini her iki yumurta akına karşılık bir tane yumurta sarısı kullanarak hazırlamaları da faydalı olabilir.

Gıda alerjisi açısındansa, yumurta sarısına karşı gelişmiş özel bir alerji türü vardır, ancak bu son derece ender görülür. Bu alerjiden şikâyetçi olanlar durumlarını bilir ve önlemlerini alır.

Çok daha sık görülen bir sorun, yanlış bir inanışla karaciğer zayıflığına bağlanan, yumurtanın zor sindirilmesidir. Kalitesi kötü ya da yeterince taze olmayan yumurtaları bir kenara bırakırsak, karaciğeri zorlayan yumurtanın kendisi değil, bunun hazırlanmasında kullanılan tereyağıdır.

Eğer alerjik sorunlarınız yoksa ve yumurtayı yağ kullanarak hazırlamıyorsanız, bu atak rejiminin kısa süresi boyunca günde bir ya da iki yumurtayı hiçbir tehlike olmaksızın tüketebilirsiniz.

Sekizinci kategori: Yağsız süt ürünleri (yoğurt, beyaz peynir ve diğer süt ürünleri)

Bunlar, incelirken iyi beslenmeyi kolaylaştırmak üzere eklenmiş gerçek süt ürünleridir. Her açıdan geleneksel beyaz peynir, yoğurt ve süt ürünlerine benzedikleri halde, yağlı kısımları alınmıştır. Sütün peynire dönüşümü, sütteki tek şeker olan laktozu yok ettiğinden, yağsız süt ürünlerinde yalnızca protein bulunur ve diyetin saf protein arayışı içinde olunan bu döneminde son derece önemlidirler.

Son birkaç yıldır, süt üreticilerinin piyasaya sürdüğü, aspartamla tatlandırılmış ya da bazı meyveler içeren yoğurtlar var. Aspartam ve diğer tatlandırıcılar sıfır kalori içeren ve yalnızca yoğurda lezzet veren maddeler olsa da, eklenen meyveler istenmeyen karbonhidratların az bir miktarını beraberlerinde getirmektedirler.

Neticede, konuyu tamamen aydınlatacak olursak, yağ oranı yüzde 0 olan üç tip yoğurt vardır: Sade, aromalı –hindistancevizli, vanilyalı ya da limonlu– ve %0 yağ içeren ve meyveli yoğurtlar, yani içinde küçük meyve parçaları ya da meyve kompostosu bulunan ürünler.

- Sade ve aromalı olanların hepsine izin vardır.
- Yağsız meyveli yoğurtlara da izin vardır, ancak günde en çok iki kutu yenebilirler. Kayda değer bir başlangıç yapmak isteyenlerle kilolarını sabitlemeye çalışanların atak evresi süresince bunlardan kaçınması daha iyi olur.

Dokuzuncu kategori: Günde 1.5 litre sıvı

Bu listedeki tek zorunlu kategori budur, diğerleriyse isteğe bağlıdır. Daha önce de söylediğim gibi, bu sıvı alımı kesinlikle gereklidir ve tartışmasız kabul edilmelidir.

Bu yoğun boşaltım gerçekleşmezse, diyeti güzelce uygulasanız da zayıflamanız duraksayacak; yağ yakılmasının "ateşi" bu süreçte açığa çıkan atıkların vücutta birikmesiyle sönecektir.

Bütün sular, özellikle idrar artırıcı kaynak suları olmak üzere, rahatça ve bol bol içilmeli; tadı ne kadar güzel olsa da, içerdiği tuz miktarı fazla olanlardan kaçınılmalıdır.

Eğer içme suyu tüketmeyi sevmiyorsanız, istediğiniz kadar maden suyu içebilirsiniz. Hava kabarcıkları ile gazın bu rejime hiçbir etkisi yoktur. Yalnızca içeriğinde tuz bulunan içeceklerden kaçınmak gerekir. Ayrıca, soğuk içeceklerle aranız iyi değilse, kahve, çay ve diğer sıcak içecekler de suya benzer. Bu durumda, belirtilen bir buçuk litre sıvıya dahildirler.

Light içecekler ise bir bardakta 1 kalori bile içermezler ve Dukan Diyeti'nin her evresinde içilebilirler.

Beslenme uzmanlarının aspartam ile tatlandırılmış sodalar konusunda farklı görüşleri var. Bazıları bu aldatmacanın vücut tarafından fark edilerek telafi edildiğini savunurken, bazıları da kullanımlarının daha fazla şeker isteği uyandırdığını söylüyor.

Bense, bundan ne kadar uzun süre yoksun kalınırsa kalınsın, bundan alınan tadın ve şeker ihtiyacının asla tamamen yok olmadığını deneyimlerimden öğrendim. Bu nedenle, sizi bu kalorisiz kurtarıcıdan mahrum bırakmak için bir neden göremiyorum. Öte yandan, bu içeceklerin kullanılmasının rejimin sürdürülmesine yardımı olduğunu, renkli görüntülerinin, şekerli tatlarının rejim yapanlarda ödül etkisi gösterdiğini ve kişileri iştahlarını "farklı şeylerle" gidermekten kurtardığını da kendi hastalarımda şahsen gördüm.

Aspartamla ilgili tartışmalardan söz etme zamanı geldi. Açık konuşmak gerekirse, bunların kanserojen olduğu söyleniyor ve bunun endişe yaratmasını da anlayabiliyorum. Yine de, bu tartışmayı gereksiz buluyorum. 25 yıldır dünyanın her yerinde milyarlarca insan bunu tatlandırıcı olarak kullanıyor ve herhangi bir rahatsızlığa neden olduğu ya da yan etkileri bulunduğu konusunda şikâyet yok. Özellikle, insanlarda kansere neden olduğunu gösterir bir şikâyet yok. Bu yüzden, özellikle tatlı sevenleri bundan mahrum bırakmayı anlamıyorum. Tatlıların inkâr edilmesi tatlı olan şeylere dönük arzuyu ortadan kaldırmayacak. Tatlı tadını yasaklamak ancak öfke yaratacaktır.

Onuncu kategori: 1,5 çorba kaşığı yulaf kepeği

Yıllar boyunca, programımdaki tamamen zayıflamaya yönelik ilk iki evre nişastalı ürünleri, unlu yiyecekleri ya da tahılları içermiyordu. Bu durum diyetin işleyişini etkilemiyordu, ama uygulayıcıların çoğunda karbonhidrat isteği artmıştı.

Yulaf kepeğini Amerika'daki bir kardiyoloji konferansına katıldığımda keşfettim. Orada bunun kolesterolü düşürmesi ve diyabet üstündeki etkisi anlatılıyordu. Eve bir kutu getirmiştim ve bir sabah evde un bittiğinde buna bir yumurta ve beyaz peynir ekleyip hepsini aspartam ile tatlandırarak kızım Maya için bir krep icat ettim. Kızım bunu çok sevmişti ve kendini tamamen doymuş hissediyordu. Böylece, bu krepi hastalarıma da önermeye başladım ve alınan güzel sonuçlar nedeniyle önce diyet yöntemime, sonra da kitaplarıma ekledim. Böylece, yulaf kepeği zamanla diyetimin önemli bir parçası haline geldi. Bu diyette, proteinler arasında izin verilen tek karbonhidrat budur. Neden?

İlk olarak, klinik açıdan bakarsak, sonuçlarda bir ilerleme gözlemledim. Hastalarım uzun vadede diyeti daha iyi sürdürdü. Kendilerini daha tok ve doymuş hissediyorlardı. Ayrıca daha az stresli oluyorlardı.

Yulaf kepeğinin etki etme biçimini anlamaya çalıştım ve

bu konuda yapılmış araştırmaları inceledim. Yulaf kepeği, yulaf tanesini saran ve koruyan lifli kılıftır. Yulaf ezmesi yapımında kullanılan yulaf tanesi, hızlı şekerler açısından zengindir. Yulaf kepeği, bu taneyi saran ve hızlı şeker açısından zayıf, protein ve özellikle çözünebilir lifler açısından zengin olan kabuktur.

Bu liflerin yulaf kepeğine tıbbi özellik veren iki fiziksel niteliği vardır:

- Emme gücü. Hacminin 25 katından fazla suyu emebilir. Bu da, mideye ulaşır ulaşmaz, şişer ve hızlı bir doygunluk hissi vermesine yetecek kadar yer kaplar.

- Fazlasıyla yapışkan oluşu. Bulamaç haline gelmiş besinlerle birlikte incebağırsağa ulaştığında, kendisini çevreleyen bütün besin maddelerine yapışır. Bunların kana geçişini önler ve küçük bir bölümünün kendisiyle birlikte dışkı olarak vücuttan atılmasını sağlar.

Yulaf kepeği, fazla kilolarla mücadelemde, doygunluk hissi ve kalori kaybı sağladığından, değerli bir müttefiktir. Mücadelem diyorum, çünkü yulaf kepeği kullanmak, zayıflama yöntemimin sunduğu en büyük avantajlardan birinden yoksun etmiyor: Miktarı serbest ve İSTENDİĞİ ZAMAN tüketilecek 100 besin (72 protein ve 28 sebze). Düşük kalorili diyetler zaten nişastalı gıdalara ve hatta bazı şekerli besinlere sınırlı miktarlarda ve tartarak yer verdiklerinden, onları uygulayanlar yulaf kepeğinden büyük yarar görmeyecektir.

Yulaf kepeğinin işleyiş biçimini doğrulamak üzere şahsen bir çalışma yaptım. Aynı kişinin yulaf kepeği yedikten sonra ve yulaf kepeği yemeden alınan dışkılarındaki kalori oranları bir karşılaştırma yapmamıza izin verir. Bu çalışmadan, piyasada bulanan her kepeğin birbirlerine eşdeğer olmadıklarını ve yulafın elde edilme şeklinin bunun etkililiğini büyük ölçüde belirlediğini gözledim. Kanada ve Finlandiya yulaf kepeği üretiminde önde gelen ülkeler. Finli tarım mühendisleri ile çalışma fırsatı buldum. İmalat parametrelerinden ikisinin, öğütme ve ayıklamanın, çok önemli olduğunu öğrendim.

Öğütme, yulaf tanelerinin ezilmesidir ve kepek parçalarının büyüklüğünü belirler. Ayıklama sırasındaysa, yulaf unuyla kepeği birbirinden ayrılır.

Eğer öğütme çok ince yapılırsa, kepek verimini kaybeder ve neredeyse bütün etkililiğini yitirir. Aynı şekilde, eğer kepek çok iriyse, yüzey yapışkanlığı kaybolur.

Eğer kepek tamamen ayıklanmadıysa, yeteri kadar saf değildir ve çok fazla un içerir. Ancak, gerçekten tamamen ayıklamak çok pahalıdır. Tarım mühendisleri ile çalıştıktan ve dışkılar üzerinde testler yaptıktan sonra, kepeğin en iyi tıbbi verimi sağlaması için gereken öğütme ve ayıklama ölçüsünü bulduk.

Öğütme ideal olarak medium + boyutta (teknik ifadesiyle, M2bis) olmalıdır. Ayıklamaya gelince, B6 ancak altı defa elekten geçtikten sonra, önemsenmeyebilecek miktarda bir hızlı karbonhidrat içeriğine kavuşur. Bu iki gösterge bir arada evrensel gösterge kabul edilen M2bis-B6'yı oluştururlar.

İmalatçıların çoğu, özellikle Anglo-Saksonlar, yalnızca pişirmede kullanılacak kepeği satarlar. Bu kullanıma en belirgin örnek, ulusal olarak gerçek anlamda yerleşmiş bir uygulama olan İngiliz usulü yulaf lapasıdır. Kepeğin ince öğütülmesini isterler ve öğütme sonrası elde edilen ürün yumuşak ve ağızda dağılan özellikte olduğu sürece ayıklama onlar için pek de önem taşımaz. Ancak bu durumda, kepeğin tıbbi etkilerinden mahrum kalırlar.

Bu çalışmayı tartışmak üzere, beslenme ve diyetetik konulu kongre ve seminerler yapılmaktadır. Buralarda beslenme gereksinimleriyle aşçılık geleneklerinin birleştirilmesine çalışılarak ortak ihtiyaçlar dikkate alınır.

Şu sıralar uluslararası imalatçılarla ve dağıtımcılarla çalışıyorum. Bu sonuçları onlarla paylaşıyorum ve hepsini, biraz daha pahalı olmakla birlikte, beslenme açısından daha ilgi çekici olan bu göstergeler doğrultusunda üretim yapmaya ikna etmeyi deniyorum.

Atak evresinde, günde 1,5 çorba kaşığı yulaf kepeği öneriyorum. Bunu, aşağıdaki gibi galeta biçiminde hazırlayarak ister aspartam ekleyip tatlı, isterseniz tuzlu yiyebilirsiniz:

Yulaf Kepeği Galetası

1,5 çorba kaşığı yulaf kepeğini bir kâseye koyun. İçine 1,5 çorba kaşığı yağsız beyaz peyniri (ya da lor) veya yoğurdu, bir yumurtanın beyazını ya da kolesterol sorunu yoksa tamamını ekleyin.

1 çorba kaşığı aspartamla tatlandırın ya da damak zevkinize göre hafifçe tuz ekleyin.

Hepsini güzelce karıştırın.

Elde ettiğiniz hamuru, önceden birkaç damla sıvı yağı bir parça kâğıt havluyla her yerine dağıttığınız, yapışmaz kaplamalı bir tavaya koyun. Her iki tarafını 2–3 dakika pişirin.

Bu galetalar buzdolabında bir hafta saklanabilir, ancak kurumalarını önlemek için alüminyum ya da plastik folyoya sarın. Dondurarak da saklayabilirsiniz; lezzetlerini, kıvamlarını ve besin değerlerini kaybetmezler.

Hastalarımın çoğu, gün ortasında ani acıkma hissi duymamak için, galetalarını sabah yiyorlar. Bir kısmıysa, galetalarından, bir dilim tütsülenmiş somon balığı veya kalın bir dilim kurutulmuş sığır eti ile sandviç hazırlamak için faydalanıyor ve bunu öğle yemeğinde yiyorlar.

Galetasını, ani yeme arzusunun ortaya çıktığı "suç saatleri" olan öğleden sonraları yemeyi tercih edenler de var. Ya da akşam yemeğinden sonra, yatmadan önce mideyi bastırmak için son bir şeyler yeme ihtiyacıyla dolapları karıştırdıklarında yiyenler de var.

Yulaf kepeği ile ilgili daha fazla tarife ulaşmak için Google'da "yulaf kepeği" araması yaptırabilirsiniz.

Unutulmamalıdır ki yulaf kepeği bulimik bünyeler için olağanüstü bir silahtır. Zayıflama programım tabii ki bulimia hastaları için değil, ama aralarında bu kitabı okuyanlar olabilir. Yulaf kepeği kullanan hastalarımdan öğrendiğim kadarıyla, hem çok etkili oluyor hem de istedikleri kadar çok ve çeşit çeşit içerikte galeta hazırlayabiliyorlar. Böylece çok zayıf kalitede yiyeceklerden aldıkları yüksek miktarda kalori nedeniyle girdikleri krizleri daha kolay atlatabilirler.

Kişi bulimik olmasa bile, karşı konulamaz iştah dönemlerinde zor dönemleri atlatmada işe yarar. Böyle durumlarda, 1–2 gün, günde üç galetaya kadar tüketebilirsiniz.

Ekstralar

- Yağı alınmış, taze ve kapalı sütler çaya ve kahveye farklı bir lezzet verirler; soslarda, kremalarda değişik tatlar yakalamayı sağlarlar, bu şekilde tüketilmelerinde sakınca yoktur.

- Aspartam, yani dünyaca tanınan en popüler tatlandırıcı dışındaki bütün şekerler kesinlikle yasaktır. Hamile kadınlara bile zararı olmadığı test edilmiş olan tatlandırıcı cinsi ürünler içinse hiçbir sınırlama yoktur.

- Sirke, baharlı otlar (maydanoz, dereotu, vb.), kekik, her çeşit sarımsak, soğan, vb. baharatlar için kısıtlama yoktur, hatta yenilmeleri önerilir. Bunlar gıdalara tat katmakla kalmaz, aynı zamanda yemekten sonra beyinde oluşan doygunluk hissini de artırırlar.

- Salatalık turşusu ve soğan da yenilebilir, ancak fazla tüketildiklerinde sebze yerine kullanılmış gibi olacaklarından, saf protein rejimi için uygun değildirler.

- Limon, balık ve deniz ürünlerine tat katmakta kullanılabilir. Ancak şekerli veya limon tozu şeklinde olmaması gerekir, çünkü bu durumda bir baharattan çok asitli bir meyve yerine geçer ve saf protein rejimine uymaz.

- Tuz ve hardal ise makul ölçülerde kullanılabilir. Tuz, su tutma özelliği nedeniyle, özellikle yeni bir hormonal yapılanma içindeki olanlara, yani regl düzeni tam oturmamış gençlere ve menopoz öncesi dönemdeki kadınlara önerilmez. Bu lezzetlerden mahrum kalmamak için, tuzsuz hardal ve az sodalı diyet tuzlar kullanılabilir.

- Normal ketçap çok tuzlu ve şekerli olduğundan önerilmez, ancak yine az miktarda olmak koşuluyla şekersiz diyet ketçaplar kullanılabilir.
- Sakızlar da rejim sırasında ağızda bir şey çiğneme alışkanlığını yerine getirdiği için yararlı olabilirler. Ama şekersiz olmaları yetmez, saf protein rejimine uygun olmaları için aspartam veya sakarozdan daha yavaş kana karışan sorbitol şekeri içermeleri gerekir.

- Bütün yağlar yasaktır. Kalp ve damarlar için yararlı olduğu doğrulanmış olsa da, zeytinyağının da bir yağ olduğunu ve saf protein rejiminde yeri olmadığını unutmayın. Onun yerine, yemek pişirmekte kullanılmamak koşuluyla, yalnızca sirkeli sosları hazırlamakta parafin yağına* izin vardır.

Parafin yağı çok az miktarda kullanılmalı ve suyla seyreltilmelidir. Aksi takdirde, yağ özelliği çok yüksek olduğundan, neden olacağı aşırı kayganlık besinlerin bağırsaklardan geçişini rahatsızlık verecek düzeyde hızlandırabilir.

---

* Yayıncının notu: Kullanımı ve satışı fazla yaygın olmayan, daha çok pirinç tanelerinin ufalanmasını önlemek ve parlamalarını sağlamakta kullanılan bu yağın yerine, herhangi bir bitkisel yağı çok az miktarda kullanabilirsiniz.

Yukarıdaki ekstralar ve daha önce açıklanmış olan on kategoridekiler dışında HİÇBİR ŞEY yemeyin!

Bu listenin dışında kalan her şey çok kısa sürecek olan bu atak evresi sırasında yasaktır.

Dolayısıyla, izin verilen bütün besinlere dikkatinizi yoğunlaştırın ve geri kalanları unutun. Beslenmenizi çeşitlendirin; bu besinleri sırayla ya da sırasız, tek ya da karıştırarak tüketmek kendi beslenme biçiminizi geliştirin. Bu listede belirtilmiş bütün gıdaların gerçekten ve tamamen emrinizde olduğunu unutmayın.

Birkaç genel öğüt

Ne kadar isterseniz o kadar sık yiyin

Unutmayın ki bu rejimin sırrı çok ve açlık hissi doğmadan önce yemektir. Böylece, bu listenin dışında kalan gıdaların cazibesine yenik düşme riski ortadan kalkar.

Asla öğün atlamayın

Bu büyük hata sık yapılır ve giderek bütün diyetinizi istikrarsız hale getirir. Yemek aralarındaki atıştırmalarınız, yalnızca atlanmış öğünde sağlamış olduğunuz kalori tasarrufunu boşa çıkarmakla kalmaz, ayrıca sonraki öğünlerde alınacak bütün kalorilerin sonuna kadar "yaramasını" sağlar. Ayrıca açlık hissiyle en ağır yiyeceklere yönelme olasılığı artarken, yemek yeme arzusu karşısındaki direnç daha sıklıkla düşer ve hastanın motivasyonu kırılır.

Her yemekte su için

Hepimizin aklında, çocukluğumuzda duyduğumuz, yemek yerken su içmeme nasihati kalmıştır. Yetmişli yıllardan kalma bu öğüdün kimseye yararı yoktur ve hatta saf protein rejimi yapanlara zararı olabilir. Çünkü basit olarak ifade etmek gerekirse, yemek yerken su içmemek, su içmeyi unutmak riskini almak demektir. Ayrıca yemek yerken su içmek mideyi şişirir ve bir doygunluk hissi de sağlar. Su, alınan besinleri sulandırır, emilimlerini kolaylaştırır ve doyma hissinin süresini uzatır.

Diyetiniz için gerekli gıdaları asla atlamayın

Elinizin altında veya buzdolabınızda, her zaman bu on kategorideki besinlerden geniş bir yelpaze bulundurmalısınız. Bunları gittiğiniz yerlere yanınızda götürün, çünkü protein içeren besinlerin çoğunun yenmeden önce hazırlanması gerekir. Karbonhidrat ve yağların aksine, proteinlerin muhafaza edilmeleri daha zor olduğundan, dolap ve çekmecelerde stok bulundurmak zordur.

Bir gıdayı tüketmeden önce, listede bulunduğundan emin olun

Bunu garantiye almak için, özellikle ilk hafta boyunca bu listeyi yanınızdan ayırmayın. Aslında akılda tutması da gayet kolay: Az yağlı etler ve sakatat, balıklar ve deniz ürünleri, kümes hayvanları, yağsız jambon ve yumurta, süt ürünleri ve su.

Kahvaltı

Kahvaltı, saf protein rejiminin dışında tutulmaz. Aspartam ile tatlandırılmış ya da şekersiz kahve, çay (istenirse yağı alınmış süt de eklenebilir), rafadan bir yumurta, bir dilim hindi veya yağsız jambon, kesinlikle bir kâse çikolatalı mısır gevreğinden daha doyurucu ve enerji vericidir.

Kahvaltı yulaf kepekli galetanızı pişirmek için en mükemmel zamandır. Eğer galeta yapacak kadar zamanınız yoksa yulaf kepeğini aspartam ile tatlandırılmış sıcak sütle karıştırıp bir çeşit lapa hazırlayabilir ya da yoğurtla karıştırarak yiyebilirsiniz.

Dikkat edin! Bu atak evresinde proteinlerin işleyiş biçimine engel olmamak için, günde 1,5 çorba kaşığı yulaf kepeği dozunun aşılmaması gerekir.

Restoranda

Burası saf protein rejimini sürdürmenin en kolay olduğu yerlerden biridir. Öncelikle, seçenekleriniz boldur; haşlanmış soğuk yumurta, bir dilim tütsülenmiş somon ya da deniz ürünleri tabağı gibi bir başlangıç tabağının ardından ana yemek olarak bir parça biftek ya da ızgara bonfile, dana pirzola, balık ya da bir kümes hayvanı isteyebilirsiniz. Özellikle tatlılara düşkün olanlar için, asıl tehlike ana yemekten sonra başlar. En iyi savunma stratejisi, hemen kahve siparişi vermek olabilir; masadaki sohbet uzarsa ikincisini de söyleyebilirsiniz. Bazı restoran sahipleri artık günün yemeklerine bazı yağsız süt ürünlerini koymaya başladılar. Böyle bir imkân söz konusu değilse, siz de işyerinizde ya da arabanızda yiyeceğiniz sade veya meyveli yoğurtla, yemeği serinletici ve hafif bir tatlıyla sonlandırma ihtiyacınızı giderebilirsiniz.

Atak rejiminin süresi

Kesin tercih

Bu Dukan Diyeti'nin en önemli kararlarından biridir, çünkü saf proteinlerle bu şekilde atağa geçmek hem ilk itişi sağlayacak bir başlangıçtır, hem de devamındaki 3 ayrı evreye geçiş için ilk adımdır.

Ayrıca proteinler yoğun ve sindirim sisteminde de güçlü bir etki bırakarak doyma hissi veren besinlerdir. Özellikle metabolizmada parçalandıkları sırada tokluk veren maddeler salgılamalarıyla ünlüdürler. Bu özellikleri saf proteinlerin dengesizlik yaratan besinler olma ihtimalini tamamen ortadan kaldırmaktadır.

Bu rejim, uygulayanlar üzerinde çok etkilidir ve hızlı sonuç verir. Böylece kişinin rejimi sürdürmek için motivasyonunu artırır ve kaçamak yapma isteğini köreltir.

Kısacası bu ilk aşamayı en iyi şekilde geçebilmek için uygulanacağı en uygun süreyi belirlemek çok önemlidir.

Atak rejiminin ortalama süresi beş gündür

Bu süre metabolizma direnç geliştirmeden ve uygulayan kişi yorulmadan rejimden en iyi sonuçları alabilmek için ideal bir süredir. Ayrıca genellikle 10–20 kilo arası olan ve en sık rastlanan kilo verme miktarına ulaşmak için de gerekli olan süredir. Bu bölümün sonunda böyle bir diyetin güzelce uygulanmasıyla elde edilecek rakamsal sonuçları göreceğiz.

Fazla hırslı olmayan, 10 kilonun altındaki hedefler için

Bu durumda en uygun çözüm 3 günlük bir atak evresiyle elde edilir, daha sonra alternatif proteinler evresine geçilir.

Ara sıra, 5 kilodan azını vermek için

Çok hızlı bir etki görülmesi beklenmediğinden, bu durumda 1 gün yeterli olur. Bu ilk gün, ya da başlangıç, organizmayı şaşırtmak suretiyle önemli bir kilo kaybı sağlamakta ve rejime devam etmek için yeterince cesaretlendirici etki göstermektedir.

Ciddi obezite vakaları için

Böyle özel durumlarda, önceden sürdürülmüş rejimler başarısızlıkla sonuçlanmış, verilmek istenen kilo 20 kilodan fazla ve motivasyon son derece yüksek olduğundan, bu evre doktor görüşü alındıktan sonra, 7 güne, hatta ara vermeksizin su içmek kaydıyla 10 güne uzatılabilir.

Saf protein rejimine metabolizmanın tepkileri

Sürpriz etkisi ve yeni bir beslenme şekline alışma ihtiyacı

Atak rejiminin ilk günü bir uyum sağlamaya çalışma ve savaşma günüdür. Tabii ki alışılmış ve lezzetli birçok besin kategorisine kapılar ardına kadar açılacaktır, ancak obez kişinin sayısının ve miktarının her zaman da farkında olmadan tüketme alışkanlığında olduğu birçok besinin kapısı da bu noktada kapanıyor.

Bu sınırlanmış olma duygusunu yenmenin en iyi yolu rejimin izin verdiği ve önerdiği besinleri "istendiği kadar" yemektir. Diğer diyetlerde sınırlandıkları halde ilk kez burada yenmesi teşvik edilen ve besin değeri yüksek olan, sığır ya da dana eti, tütsülenmiş somon dahil her cins balık, tonbalığı konservesi, mezgit, istiridye, ıstakoz, yumurta, yağsız süt ürünü seçenekleri, yağsız jambonlar, yağsız sütle yapılmış turtalar gibi besinler bunlardan ilk akla gelenlerdir. Dolayısıyla, ilk gün daha fazla yiyin. Niteliği nedeniyle izin verilmeyenleri, diğerlerinin miktarını artırarak telafi edin. Özellikle de yanınızda, buzdolabınızda ya da dolabınızda mutlaka izin verilen "bütün" gıdaları bulundurmaya dikkat edin.

Ayrıca çok sıvı tüketerek, "dolu" olma hissi duyacaksınız ve daha hızlı doyacaksınız. Daha sık idrara çıkacaksınız, çünkü bu kadar su içme alışkanlığınız olmadığından böbrekleriniz daha çok çalışacağından daha sık boşaltım yapacaksınız.

Bu boşaltım, suyla dolu dokuları boşaltarak rahatlama sağlayacaktır. Özellikle kadınlarda daha yaygın olan bu durum daha çok kalçalarda, bacaklarda, ayak bileklerinde ve yüzük çıkarmayı zorlaştıracak kadar su toplayan parmaklarda, bir de yüzde belirgindir.

Ertesi günden itibaren tartılmaya başlayın. İlk sonuçların önemini görünce şaşıracaksınız.

Sık sık tartılın, özellikle de ilk üç gün. Her saat başı bile farklı sonuçlar görebilirsiniz. Tartılma alışkanlığınızı hayatınızın geri kalanında da sürdürün, çünkü tartı kilo almakta olanların düşmanıdır, zayıflar ve zayıflamakta olanlar içinse bir arkadaştır. Ne kadar az da olsa, verdiğiniz her kilo sizi harekete geçiren en büyük itici güç olacaktır.

İlk iki gün boyunca hafif bir yorgunluk hissedebilir ve uzun süreli çaba harcamanızı gerektirecek işlere kalkışmayı istemeyebilirsiniz.

Bu dönem vücudun hiç hesap etmeden ve direnmeden kalori yaktığı sürpriz dönemidir. Bu nedenle ondan aşırı bir harcama beklenmemelidir. Bu süre içinde ağır egzersizlerden, yarış sporlarından, özellikle de yüksek rakımlarda yapılan kayaktan kaçınılmalıdır. Ama jimnastik, yürüyüş ve yüzme gibi sporları yapmaktan çekinmeyin.

Üçüncü günden itibaren yorgunluk hissi ortadan kalkar ve yerini bir rahatlamaya ve basküldeki motive edici rakamların sağladığı bir dinamizme bırakır.

Ağız kokusu ve ağız kuruluğu hissi

Bu belirtiler yalnızca protein rejimine özel değildir, zayıflatan tüm rejimlerde görülür ama daha yavaş ilerleyen diğer rejimlere göre daha çok fark edilirler. Bu da zayıflamakta olduğunuz ve belirtilerinden tatmin olmanız gerektiği anlamına gelir. Daha çok sıvı tüketerek bunları hafifletebilirsiniz.

Dördüncü günden sonra kabızlık görülebilir

Fazla sıvı tüketmeyenler bu konuda daha hassastır. Ancak diğerleri için de sık tuvalete çıkma durumu söz konusu değildir. Yalnızca vücudun daha az sıklıkta atık ürettiği söylenebilir, çünkü proteinler lif bakımından zengin değildir; lif bakımından zengin olan sebze ve meyvelere ise diyetin bu aşamasında henüz izin yok. Eğer ender tuvalete çıkmak sizi endişelendiriyorsa, buğday kepeği alın ve bunun bir çorba kaşığı kadarını yulaf kepekli galetanıza ya da tükettiğiniz süt ürünlerine karıştırın.

Eğer bu yeterli olmazsa, öğünlerden sonra bir çorba kaşığı bitkisel yağ (veya parafin yağı) için. Ayrıca önceden belirttiğimiz kadar suyu mutlaka için: Su yalnızca idrarı artırmakla kalmaz, dışkının su oranını da artırıp yumuşamasını sağlayarak vücuttan atılmasına yardım eder. Kabızlığın gerçek anlamda yerleştiği vakalar da vardır ve bu durumdaysanız bazı önlemler almanız gerekir. Eczacınız size yardımcı olur ve belki erik kurusu gibi meyve lifleri içeren doğal ürünler önerebilir.

Bu da yeterli olmazsa, doktorunuzdan yardım istemelisiniz. Çok güçlü olup alışkanlık yapabildikleri ve geçici etkileri nedeniyle dozlarının giderek artırılması gerektiğinden, laksatif kullanma eğiliminize yenik düşmemeye bakın.

Üçüncü günden sonra açlık hissedilmez

Bu durum açlığı önleyen doğal gıdaların alınmasıyla oluşur. Balık ve et sevmeyenler için süt ürünleri de aynı etkiyi gösterir ve iştah üzerinde etkili olur. Açlık krizleri ve şeker istekleri tamamen ortadan kalkar. İlk günlerde çok önemli olan proteinlerin oranı giderek azalır.

Vitamin alınmalı mıdır?

Ben alınmasını öneriyorum, ama 3–5 gün arası kısa bir dönem içerisinde zorunlu değildir. Ancak eğer seyir diyetinin önemli miktarda bir kilo fazlasıyla mücadele etmesi gerekiyorsa ve uzun bir süreye yayılması şartsa, her gün belli miktarda polivitamin desteği alınması gerekir. Aslında, vitamin içeren besinlerin tercih edilmesi ve haftada iki kez birer dilim dana karaciğeri, her sabah da bir çorba kaşığı bira mayası tüketilmesi ve sebzeye izin verildiği andan itibaren de marul, çiğ dolmalık biber, domates, havuç ve hindibadan oluşan güzel salatalar hazırlanması daha iyi olur.

Atak rejiminden hangi sonuçları beklemeli?

Direnme ve kolay kabullenme faktörleri

Saf protein diyetinin sağladığı kilo kaybı, bu kadar kısa sürede elde edildiği halde, protein tozlarının da eklendiği türleri de dahil olmak üzere, çok sayıda besinden oluşan diyetlerden umulabilecek sonuçlardan önemlidir.

Yine de bu kilo kaybı, başlangıç kilonuzun ne kadar fazla olduğuna bağlıdır. 100 kilonun üzerindeki bir obezin bu rejime başladığındaki kilo verme hızının, yalnızca tatile çıkmadan önce fazlalıklarından kurtulmak isteyen ve aslında kilolu olmayan bir kadınınkiyle aynı olmayacağı açıktır.

İşin içine, daha önce yapılmış rejimlerin sayısı dolayısıyla edinilmiş bağışıklık da girer. Ayrıca yaş da önemlidir ve tabii ki, kadınlar için, hormon dengesizliklerinin görüldüğü ergenlik, hamilelik sonrası, doğum kontrol hapı alınması ve özellikle de, menopoz öncesi gibi önemli kavşakların süreçte etkili olduğu unutulmamalıdır.

Beş günlük saf protein atağı

En sık uygulanan ve en etkili olan bu süreçte, kilo kaybı genellikle 2–3 kilo arasında değişir. Bu kilo kaybı, bazı obezlerde, özellikle aktif erkeklerde 4'e, hatta 5'e çıkabilir. Ama en kötü durumda, yani hormon tedavisi görmekte olan ve vücudunda su tutulması ve ödem görülen menopoz dönemindeki bir kadında yalnızca 1 kiloya da düşebilir.

Ayrıca regl döneminden önceki 3–4 gün içinde de kadınların vücutlarının su topladığının göz önünde bulundurulması gerekir. Bu su tutma, hem atıkların vücuttan uzaklaştırılmasını zorlaştırır, hem de yağların yakılmasını yavaşlatır. Böylece rejimin etkinliği bir süre için azalır ve kilo verme sekteye uğrar.

Reglin başlaması beklenirken kilo kaybının durmadığının, yalnızca vücutta tutulan su nedeniyle verilen kilonun göze gözükmediğinin ve regl başladıktan sonraki ikinci ya da üçüncü günden itibaren yeniden ortaya çıkacağının anlaşılması önemlidir.

Âdet öncesi dönemin bu özelliği bilinmez ve doğru yorumlanmazsa, çabalarının sonuçlarını hemen almayı isteyen kadınlar düş kırıklığına uğrayarak kararlılıklarını yitirebilir ve rejimi bırakabilirler. Böyle bir karar almadan önce, reglin sona ermesi beklenmelidir. Âdet öncesi dönemde vücutta tutulan suların vücuttan atılmaya başlamasıyla, bir hatta iki kilonun bir gecede idrarla atıldığı ve baskülün ibresinin bir anda indiği görülebilir.

Atak periyodu yalnızca üç gün sürdüğünde

Beklenen kilo kaybı 1–2,5 kilo arasındadır.

Bir günlük bir atak rejimi uygulandığında

Alışılmış kayıp genellikle 1 kiloyu bulur, çünkü bu ilk günde sürpriz faktörü yüksektir.

Atak evresinin özeti

Süresi, vakalara göre, 1–10 gün arasında değişen bu dönemde, belirtilen on kategorideki besinleri ve ekstraları yeme hakkınız var. Bu on kategoriden, hoşlandığınız ya da size uygun gelen gıdaları hiçbir sınırlama olmadan, günün istediğiniz saatinde, dilediğiniz kadar tüketebilirsiniz.

Ayrıca bu gıdaları birbirleriyle karıştırma özgürlüğünüz de var.

Yani sloganımız basit, tartışmaya da açık değil. Aşağıda adı geçen her şey tamamen sizin, bu listede yer almayanlarsa sizin değil. Onları, yakın bir gelecekte yeniden sizin olacaklarını bilerek, bir süre unutun.

1. Az yağlı etler: Dana ve sığır, ancak sığır etinin antrikot ve pirzolası hariç. Etlerin ızgarada pişirilmesi ya da yağları alınarak kızartılması gerekiyor.
2. Sakatat: Karaciğer, böbrek. Dana ve sığır dili (sığırda, dilin ucu).
3. Yağlı, yağsız, beyaz ya da siyah etli, çiğ ya da pişmiş bütün balıklar.
4. Bütün deniz ürünleri (kabuklular ve yumuşakçalar).
5. Derileri hariç olmak kaydıyla; ördek ve kaz dışındaki bütün kümes hayvanları.
6. Yağsız jambon, yağsız hindi ve tavuk dilimleri.
7. Yumurta.
8. Yağsız süt ürünleri.
9. Tuz oranı yüksek olmayan 1,5 litre su.

10. Yulaf kepeği galetası, ya da süt veya süt ürünlerine katılmış 1,5 çorba kaşığı yulaf kepeği.

Günde 20 dakika zorunlu yürüyüş.

Ekstralar: Kahve, çay, bitki çayları, sirke, hoş kokulu otlar, baharatlar, baharlı otlar, salatalık turşusu, limon (içecek olarak değil), tuz ve hardal (ölçülü olarak).

Yukarıdaki ekstralar ve daha önce açıkladığımız on kategoride yer alan besinler dışında HİÇBİR ŞEYE izin yok!

Bu listede özel olarak belirtilmemiş olan her şey diyetin atak evresi sırasında yasaktır.

Bu durumda, sizin yapmanız gereken, bu listeye odaklanmak ve geri kalan her şeyi unutmak.

Yediklerinizi çeşitlendirin, yiyecekleri sırayla ya da sırasız tüketin, tüketim biçiminizi değiştirmeyi deneyin ve bu listede belirtilen bütün gıdaların gerçekten ve tamamen sizin olduğunu unutmayın.

Seyir dönemi: Protein + sebze diyeti

Artık işi ele aldınız, yoluna çıkan her şeyi ezip geçecek olan buldozerin direksiyonuna oturdunuz. Şimdi de, kısa bir sürede istediğiniz kiloya ulaşmanızı sağlayacak olan seyir evresi başlıyor.

Bu evre, dönüşümlü olarak birbirini takip eden iki diyetten oluşur: Protein + sebze diyeti ve saf protein diyeti. Bunlar kilo sabitlenene kadar birbirlerini izler.

Daha önce saf protein diyetini ayrıntılarıyla açıkladık; şimdi de protein + sebze diyetini inceleyelim.

Burada da, tıpkı atak evresi için olduğu gibi, bu iki diyetin birbirini takip ritminin standardı yoktur, her duruma ve –birazdan açıklayacağım gibi– her şekle uyarlanır.

Uzunca bir süre, önce 5 gün protein + sebze, ardından 5 gün saf protein alınan 5/5 dönüşümünü uygulamıştım. Zaman içinde, özellikle de 10 kilonun üzerinde kilo vermek isteyenlerle çalıştıktan sonra, yavaş yavaş 1/1 dönüşümüne yöneldim; bir tek gün protein + sebze, ardından bir gün saf protein. Yaptığım istatistikler bana ilk ayın sonunda her iki gruptaki kilo kaybının aynı olduğunu gösteriyordu ve bu anlaşılır bir durumdu. Sonuçta, 30 gün içinde her iki grup da 15 gün protein ve 15 gün saf protein + sebze almıştı. Ama uzun vadede, 5/5 ritminin uzun oluşu, bıkma olasılığının da yüksek olması demektir.

Okurlarımla görüşmelerimden ya da bana yazdıkları mektuplardan şunu anladım: Büyük bölümü her zaman en radikal çözümleri seçmişlerdi. Örneğin, 7–10 gün süren atak ve 5/5'lik seyir diyetleri uygulamışlardı. Bu durum en değişmez saha gözlemlerimden birini doğruluyordu: Kilo fazlası olan kişi bir an gelip rejime başlamaya karar verdiğinde, benliğine egemen olan bu itici gücün hem çok kuvvetli hem de çok kırılgan olduğunu, devamlılığını sağlamanın en iyi yolunun onu son derece kesin, basit, sınırlandırılmış, çerçevesi çizilmiş, somut ve olabildiğince az pazarlık konusu olabilecek biçimde uygulamak olduğunu bilir.

Bu nedenle, sizden bana güvenmenizi ve bu seyir evresini 1 SP/1 PS olarak uygulamanızı istiyorum.

Protein yüklü atak rejimini bitirdiğinizde, hele bu rejim 5 gün sürdüyse, yokluğu kendini hissettiren bir besin kategorisi gündeme gelir: Taze sebzeler ve çiğ tüketilen sebze meyveler.

Daha açık söylemek gerekirse, saf protein rejiminde uygulamamıza izin verildiği gibi, istediğimiz zaman, istediğimiz kadar ve yiyecekleri istediğimiz şekilde karıştırarak yeme serbestliğimiz hâlâ var. Ancak şu hatayı sakın yapmayın: Protein almadan yalnızca sebzeyle beslenmek yok.

İzin verilen ve verilmeyen sebzeler

Artık etlerin yanında taze veya pişmiş olarak, hem de istediğiniz miktarda ve istediğiniz saatte sebze de yiyebilirsiniz. Öyleyse, her öğünde tüketmemek koşuluyla, artık domates, salatalık, turp, ıspanak, kuşkonmaz, pırasa, taze fasulye, lahana, mantar, kereviz, rezene, tüm salata türleri, hindiba, pazı, patlıcan, kabak ve hatta havuç ve pancarlar da dahil sebze de yemeye izinlisiniz.

Yalnızca nişastalı sebzeler yasak: Patates, pirinç, mısır, bezelye, nohut, bakla, mercimek ve börülce gibi. Aslında sebze değil, meyve olduğu ve içinden yağ çıkarıldığı halde, genellikle yeşil renkli sebzelerle karıştırıldığı için yanlışlıkla bu diyette tüketilen avokadoya da dikkat edin.

Enginar ve tekesakalı ise yeşil sebzelerle nişastalılar arasında bir yerdedir ve bu nedenle diyete dahil edilmezler. Çünkü bunları tüketirken, diğer sebzelere tanınan sınırsız özgürlükte tüketme rahatlığından yararlanılamaz.

Bu sebzeleri nasıl hazırlamalı?

Çiğ

Çiğ sebze meyve tüketiminde sindirim sorunu yaşamayanlar için, sebzeleri her zaman taze ve pişirmeden yemek, vitaminlerini kaybetmemelerini sağlamak açısından daha yararlıdır.

◎ Salataların sos sorunu

Ne kadar masum görünseler de, sebzelere lezzet katmak için kullanılan soslar kilo verme diyetlerinde büyük bir sorundur. İnsanların çoğu için, çiğ sebze ve salatalar düşük kalorili ve liflerle vitaminler açısından zengin bir rejim sürecindeki beslenmenin temelini oluşturur. Bu tamamen doğru olmakla birlikte, sebzelerle birlikte tüketilen ve yediklerimizin niteliğini büyük ölçüde değiştiren sosları da unutmayı gerektirir. Basit bir örnek vermek gerekirse, iki güzel marul ya da hindiba ile iki çorba kaşığı yağdan oluşan bir salata tabağında, salataların toplam kalorisi 20, eklediğiniz yağınkiyse 280'dir. Bu rakamlar, salata öneren rejimlerde sosların kalori değerinin dikkate alınmamasının nasıl aldatıcı sonuçları olabileceğini de açıklıyor.

Ayrıca zeytinyağıyla ilgili bir konuyu da aydınlatmak gerekiyor. Akdeniz mutfağının sembolü olan bu efsanevi yağ, kalp ve damar sağlığını korumasıyla tanınsa da, sahip olduğu kalori miktarı piyasadaki diğer yağlardan daha az değildir.

Bütün bu nedenlerden dolayı, Dukan Diyeti'ni uygularken, özellikle zayıflatıcı etkisi olan ilk iki aşamada, yani atak ve seyir evrelerinde, taze sebzelere ve çiğ tüketilen salatalara içinde yağ bulunan soslar eklemekten kaçınmalısınız.

Sirkeli sos

Salatalara zeytinyağı eklemek yerine, bu lezzetli ve hafif sosu hazırlayabilirsiniz.

Kronik ishal sorununuz yoksa bu sos parafin yağıyla da hazırlanabilir. Kalorisi sıfır olan bu yağın diğer avantajı da çok kaygan oluşu nedeniyle besinlerin bağırsaktan geçişini kolaylaştırmasıdır. Bağırsakları fazla açma riski olduğunu ve çok az miktarda kullanılması gerektiğini unutmayın.

Sosunuzu hazırlamak için boşalmış bir hardal kabına şu malzemeleri ekleyin:

- 1 çorba kaşığı Dijon hardalı, ya da daha iyisi, içinde tanecikler olan eski tip bir hardal.
- 5 çorba kaşığı balsamik sirke.
- 1 çorba kaşığı maden suyu.
- 1 tatlı kaşığı bitkisel yağ (ya da parafin yağı).
- Sarımsak seviyorsanız, kabın dibine iri bir diş sarımsak koyup üzerine 7–8 tane fesleğen yaprağı dizerek salamuraya yatırın.

Balsamik sirke sevmiyorsanız, çok yazık çünkü tat alma duyularınıza en çok hitap eden budur. Ama başka bir cins sirke de kullanabilirsiniz, yalnız biraz daha az, örneğin 3 ya da 4 çorba kaşığı koyun.

Sirkenin bütün zayıflama rejimi boyunca önemli bir rol oynayabilecek bir madde olduğu unutulmamalıdır. İnsan dört ana tat olan tuzlu, tatlı, ekşi ve acıyı birbirinden ayırt ederken, sirkenin ekşiliği az rastlanır ve kendine özgü cinstendir.

Diğer yandan, en son çalışmalar tat alma duyusunun, ağız alışkanlıklarının, tatların miktar ve çeşitliliğinin memnuniyet ve doygunluk hissi yaratmaktaki etkisini ortaya koymuştur.

Bugün, örneğin zencefil, kakule, karanfil, zerdeçal, anason gibi bazı baharatların, güçlü lezzetler verdiğini biliyoruz. Bunların sağladığı kuvvetli hissin, beynin doyma hissi tetiklenene kadar alınan bu tatları ölçen bölgesi olan hipotalamus üstünde büyük etkisi vardır. Bu nedenle, tercihen yemeğin başlarında, olabildiğince fazla ve çeşitli baharat kullanmak çok önemlidir. Baharatlara bayılan biri değilseniz, yavaş yavaş alışmaya başlamanızı öneririm.

Yoğurtlu ya da beyaz peynirli sos

Sıvı yağ yerine az yağlı süt ürünleri kullanılarak da gayet lezzetli ve doğal bir sos hazırlanabilir.

Tamamen yağsız değil, az yağlı ve biraz daha kalorili olan, doğal bir yoğurt seçin.

Silme bir çorba kaşığı Dijon hardalı ekleyin ve karışım mayonez kıvamına gelene kadar çırparak kabartın. Daha sonra içine biraz sirke akıtıp tuz, karabiber ve çeşitli otlar ekleyerek yeniden karıştırın.

Pişmiş garnitür olarak

İşte şimdi yeşilliği, pırasayı, her tür lahanayı, ıspanağı, mantarı, hindibayı, kerevizi, rezeneyi kullanma zamanı geldi.

Bu sebzelerin hepsini ister pişirebilir, ister taze tüketebilir, ister haşlayabilirsiniz. Yine de vitaminlerini kaybetmemesi açısından en iyisi buharda pişirmektir.

Ayrıca sebzelerinizi et ya da balığın suyu içerisinde fırında da pişirebilirsiniz; klasik yemekler olan rezeneli levrek, domatesli çipura ve dana kıymasıyla hazırlayacağınız lahana dolmasında olduğu gibi.

Yağlı kâğıtta (ya da folyoya sararak) pişirme yöntemi de, besin değeri ve lezzet bakımından bütün avantajları bir araya getirir; bu pişirme şekli bilhassa balık hazırlarken, özellikle de patlıcan ya da pırasa yatağında pişirilen somonun yumuşaklığını koruması açısından tercih edilir.

Saf protein evresinin ardından sebze tüketimine başlanması başlangıçtaki atak diyetine çeşitlilik katar. Öğünleri hem renk hem de tat açısından güzelleştirir, rejimi daha kolay ve uygulanabilir kılar.

İzin verilen sebzelerin miktarı

Aslında kural olarak sınırsızdır. Ancak bu sınırsızlığı, kötüye kullanmamak açısından fazla zorlamamak daha uygundur. Devasa boyuttaki salataların önüne oturan ve aç bile olmadığı halde, sakız çiğner gibi durmadan salata yiyen hastalar tanıyorum. Bu eğilime karşı gardınızı alın, sebzeler tamamen zararsız değillerdir. Yalnızca açlığınızı bastıracak kadar tüketmelisiniz, daha fazlasını değil. Bu, Dukan Diyeti'nin kalbi olan sınırsız tüketim kuralını bozmaz. Yediğiniz miktar ne olursa olsun, kilo vermeye devam edersiniz. Ancak kilo veriş hızınız yavaşlayacak ve dolayısıyla motivasyonunuz da düşecektir.

Yeri gelmişken, yalnızca protein içeren diyetten sebzelerin de eklendiği diyete geçiş sırasında sık rastlanan bir tepki konusunda sizi uyarmalıyım.

Kilo verme ilk evre boyunca mükemmel ilerlerken, sebzelere başlanmasıyla yavaşlar, hatta bir miktar kilo geriye bile alınabilir. Ama korkmayın, kötü bir inişe geçiyor değilsiniz. Öyleyse, neler oluyor?

Atak evresi sırasında yalnızca protein alımıyla sınırlı olan beslenme vücuttaki yağlarla birlikte suyun da atılmasını sağlamıştı. Baskülün ibresinin o kadar hızla inmesinin nedeni buydu.

Ancak sebzelerin proteinlerin yanına eklenmesiyle, vücuttan atılan bu su yeniden geri alınır. Kilo verme sürecindeki anlaşılmaz durağanlığın nedeni de budur. Vücutta yağlara bağlı olarak gerçekleşen Doğru Kiloya inmeye yönelik kaybı sürmekte, ancak bu durum sebzelerden gelen su yüzünden kamufle olmaktadır. Yeniden saf protein günlerine döndüğünüzde, vücudunuzdaki su atılacak ve gerçekte ne kadar kilo vermiş olduğunuzu görebileceksiniz.

Alternatif rejim dönemi arzu ettiğiniz kiloya ulaşana kadar sizin için bir piyango gibiyse de, bu zayıflama programının en verimli döneminin, sebzeler olmadan, yalnızca protein tüketilen evre olduğunu bilmelisiniz. Bu nedenle, ağırlığınızda bir süre için iniş çıkışlar olmasını yadırgamayın. Saf proteinlerle kilo vermenizin ardından sebzelerin geri gelmesiyle bu kiloları geri aldığınızı görünce endişelenmeyin.

Diyet değişim ritmi

Saf protein rejimi evresinden hızını alan alternatif proteinler rejimimiz, artık istenilen kiloya doğru ilerleme sorumluluğunu üstlenmiştir. Dukan zayıflama programının amacı da budur.

Rejime sebzelerle devam etmek, saf proteinlerle yakalanan kilo verme ritmini önemli ölçüde etkiler ve öğünlerin şekli kadar rejimin gidişatı da değişir. Yani saf protein rejimiyle hızla kilo verildikten sonra sebzelerin alınmaya başlanmasıyla vücut direnç gösterir. Kilo verme hızında düşüş olsa da, istenilen kiloya ulaşmaya doğru ilerleyiş sürmektedir.

Bu diyetin değişim ritmi nasıl olmalıdır?

Bunu daha önce de açıkladım, ama yeniden kısaca özetlemek istiyorum.

- Kısa vadede en etkili oran 5/5'tir. Yani 5 gün süren saf protein rejiminin ardından, 5 gün de proteinlerin sebzelerle birlikte tüketilmesidir. Evet, en kolayı bu değil. Ancak olağanüstü bir hızda başlar ve sonrasında yavaşlar, içerdiği riskler nedeniyle de yorucu olabilir.

- Bir diğer çözüm, 1/1 oranıdır. Yani 1 gün saf proteinlerin, 1 gün protein + sebzelerin tüketildiği diyettir. Bu alternatif ritim başlangıçta kilo kaybı açısından etkisini daha yavaş gösterir. Ancak kişi 20 gün içerisinde diğer yöntemi uygulayanlara yetişecektir. Üstelik uzun vadede takip etmesi daha kolay ve daha az düşkırıklığı yaratan bir yöntemdir.

- Kilo fazlası daha az olanlara uygun üçüncü bir yöntem daha vardır. Bu da, 2/7 oranıdır. Yani 2 gün, pazartesi ve perşembe saf protein, haftanın geriye kalan 5 günü de protein + sebze rejimidir.

- 2/7'nin farklı bir uygulanışı da 2/0'dır. Yani haftada 2 gün, pazartesi ve perşembe saf protein diyetiyle geri kalan 5 gün de hiçbir diyet uygulamadan, fazla da yemeden, tamamen normal beslenme. Bu cins diyet ve diyet ritmi özellikle vücutlarının üst kısmında kilo fazlası olmayıp fazla kiloları daha çok kalça ve baldırlarında birikmiş olan, selülitli bayanların tercihidir.

Bu rejim, yanında bir de lokal uygulamaya (örneğin, mezoterapi) başvurulacak olursa, bölgesel zayıflamada en iyi sonuçların alınmasını sağlayacaktır.

Yulaf kepeği

Seyir evresinde tüketmeniz gereken yulaf kepeği miktarı, atak evresinde olduğu gibi günde 2 çorba kaşığıdır. Yine atak evresindeki gibi aynı yiyecek karışımları içerisinde yer almalıdır.

Egzersiz

30 dakikalık yürüyüş. Eğer durağanlık evresinden geçmekteyseniz, "bu döngüyü kırmak" üzere, yalnızca dört gün için yürüyüşü 60 dakikaya çıkarın.

Ne kadar kilo verilmesi beklenebilir?

Kilo fazlanız önemli miktardaysa, hele 20 kilo ya da üzerindeyse, her hafta vereceğiniz sabit bir kilo miktarı söylemek zordur, ancak deneyimlere dayanarak ortalama değerin haftada bir kilo olduğu söylenebilir.

Rejimin ilk yarısında, kilo kaybı en fazla seviyededir. Bu nedenle, iki aydan kısa bir sürede on kilo verilmesi mümkün olmaktadır.

İlk iki haftadan sonra, daha sonra ayrıntılarıyla açıklayacağım üçüncü evre olan kilonun sabitlendiği güçlendirme evresinde olduğu gibi, vücut savunmaya geçer. Kadınlarda, özellikle âdet öncesi gibi bazı duraksama dönemleri dışında, haftada bir kilo verilmeye devam edilir.

Yeri gelmişken, organizmanın ilk kiloları verirken fazla direnç göstermediğini bilmelisiniz. Kendi kaynaklarını giderek daha fazla kullanması gerektikçe, vücut daha fazla tepki vermeye başlayacaktır.

Bu, teoride kişinin rejime daha sıkı sarıldığı evre olmalıdır. Ancak pratikte bunun tam tersi olur. Bazen rejime en istekli başlayanlar başarısız olur, eğilimleri değişir, çeşitli tahriklere kapılabilirler. Ama gerçek tehdit başka yerden gelir. İlk on kiloyu verdikten sonra, genel görünümde bir düzelme olur. Vücut forma girer, esnekliği geri gelir, soluk soluğa kalmalar sona erer, iltifatlar gelmeye başlar, bu arada eskiden kişinin içine giremediği kıyafetler yeniden giyilebilir olmuştur.

Böylece, talimatlar "yalnızca bir kereliğine" dikkate alınmaz, başlangıçtaki kararlılık kaybolur ve tehdit de tam bu anda ortaya çıkar. Kişinin içinde bulunduğu 'yoyo' benzeri durum, önce aşırı yemek ve ardından sıkı diyet yapmak ve bu süreçleri peşpeşe tekrarlayarak yaşamını iyice karmaşık hale getirmek olarak özetlenebilir.

O güne kadar fazla kilolarına karşı üstünlüğü ele geçirmiş olan zayıflama adayı, bu tür durumlarda önceki başarılarını da riske atmayı göze alır. Önce bir durulma görülür, ardından amaçtan vazgeçilir. Her iki obezden birinin bütün uzun süreli zayıflama rejimlerine özgü bu tehlikeli sularda aynı tuzağa düştüğü ve yarı yolda pes ettiği bilinmelidir.

Bu durumda, üç şekilde tepki verilir:

- Rejim bırakılır ve kişi hem yapamadıklarını yapma eğilimiyle hareket etmeye, hem de içten içe büyük bir başarısızlık hissetmeye başlar. Bu da hızla yeniden kilo almasına neden olur. Çoğunlukla, rejimin başlangıcındaki kilosunu da aşar.

- Kişi kilo almaya başlayınca olanların farkına varır. Diyete en baştan başlar ve belirlediği hedefe ulaşıncaya kadar buna sadık kalınır.

- Daha fazlasını yapamayacağı hissine kapılır, ancak en azından o güne kadarki çabalarının meyvesini korumak için elinden geleni yapacaktır. Bu nedenle de, Dukan Diyeti'nin zayıflatan evresini bırakarak doğrudan mevcut kiloda kalmayı hedefleyen güçlendirme evresine geçer. Bu evrede yiyecekler daha çeşitli, sürenin saptanması da daha kolaydır (verilmiş her kilo için 10 gün). Son olarak da, istediği her şeyi yiyebildiği ve haftada yalnızca 1 gün saf protein diyetine devam etmesi gereken koruma evresine geçer.

Rejim ne kadar sürmelidir?

Seyir evresi, Dukan Diyeti'nin önemli ve stratejik evresidir. Uygulayan kişiyi amacına, yani istediği kiloya götürür. Atak evresinin yaptığı hızlı açılışın ardından gelen ve doğruca hedefe, yani başlangıçta belirlenmiş olan 'istenen kiloya' götüren dönem budur.

Eğer 20 kilodan fazla vermesi gereken, gerçek bir obezite vakasını ele alacak olursak, herhangi bir özel güçlük de söz konusu değilse, dönüşümlü diyet uygulamasıyla (birbirini aralıksız takip eden saf protein ve protein + sebze diyetleri) 20 haftada, yani 5 aydan biraz kısa bir sürede istenilen kiloya ulaşması beklenilebilir.

Daha zor durumlar da söz konusu olabilir:

- Psikolojik nedenlere dayanan irade zayıflığı, daha düşük motivasyon,
- Fizyolojik nedenlere dayanan, örneğin aileden gelen obezite eğilimi,
- Geçmişten kaynaklanan nedenler; örneğin başarısızlıkla sonuçlanan, yanlış seçilmiş, yanlış uygulanmış ya da yarıda bırakılmış birçok rejimin denenmiş olması,
- Son olarak da, kadınlarda, ergenlik döneminin sorunlu geçmiş olması, âdetlerin düzensiz oluşu, hamilelik süreci, menopoz öncesinde ve sonrasındaki hormonal iniş çıkışlar ve menopozdaki hormon yerine koyma uygulamaları gibi yaşamlarının belirli dönüm noktalarında karşılaştıkları hormonlarıyla ilgili nedenler.

Bütün bu saydığımız hallerde kilo verme süreci yavaşlar ve daha fazla kişiye özel ayarlama yapılmasını gerektirir. Ancak bu zor vakalarda bile rejimin atak evresinin sonuçları çok etkileyicidir. Bütün dirençlerin kırıldığı ve bütün gizli engellerin yıkıldığı ilk iki ya da üç haftada, genellikle 4–5 kilo verilmesini sağlar.

Buradan itibaren, eski düşmanlar yeniden ortaya çıkabilir ve hızı düşürebilir.

- Kilo alma eğilimi olan kişinin, iki ya da üç ay boyunca ayda 3 kg hesabıyla hedeflediği kilo 15 kg olsun. Bu dönemdeyse, aylık kilo kaybı inişe geçerek 2 hatta 1,5 kilo civarında sabitlenebilir. Bu kişiler için, soru basittir: Oyuna devam etmeli mi? Yanıt çoğu zaman 'hayır' olur. Bir tıp doktorunun önerisinin söz konusu olduğu diyabet tehlikesi, ciddi ve tedavi edilemeyen eklem iltihaplanmaları gibi durumlarda, ya da zorlayıcı bir kişisel nedenin bulunduğu hallerde, elde edilmiş sonuçları tehlikeye atmamak için ısrarcı olunmaması ve bu süreçten faydalanılarak inilen kilonun korunmasının sağlanması tercih edilir. Daha ileride, organizmanın kendini toparladığı bir dönemde yeniden diyete dönülerek başlangıçta belirlenen hedefe ulaşmak mümkündür.

Sonuç: 4 aylık dönüşümlü diyet uygulamasının sonucunda 15 kilo verilebilir.

- Motivasyonu az ya da iradesi zayıf olan kişinin işi biraz daha zordur. O da ilk 4–5 kiloyu kolayca verecek ve çok geçmeden eğilimleriyle alışkanlıkları su yüzüne çıkacaktır. En iyi durumda, yani çevresi ısrarlıysa ya da özellikle bir doktordan destek görüyorsa, 5 haftada 5 kg vermesi mümkündür. Böylece hemen güçlendirme diyetine ve ardından, daha da hızla, koruma diyetine geçer. Bu son evre, haftada yalnızca bir gün saf protein diyeti uygulamaya ömür boyu devam etmeyi gerektirmektedir ve daha işin en başında bu koşulun kesin olarak kabul edilmesi ya da Dukan Diyeti'ne hiç başlanmaması gerekir. Sonuç: İki buçuk aylık dönüşümlü diyet uygulamasıyla 10 kilo verilir.

- Bu bölüm, daha önce yanlış seçilmiş ya da yanlış uygulanmış rejimler yapıp diyete bağışıklık geliştirmiş olanları ilgilendirmektedir. Bu kişilerde de atak evresi buldozer gibi ilerler ve her türlü dirence üstün gelir.

  Yine bu kişiler de 5 kilo verme hedeflerine üç haftada ulaşırlar. Ancak eğer zayıflama planıyla belirlenmiş önerilere ve planın içerdiği birbirini izleyen dört diyete sıkı sıkıya bağlı kalırsa, kilo vermeye devam ederek 6 aylık dönüşümlü diyet sonucunda 20 kilo hedefine ulaşabilir. Bu sonuç, kolay kilo verilen vakalarda elde edilenden pek farklı değildir çünkü önceki rejimler nedeniyle kazanılmış bağışıklık yalnızca sebzelerin dahil olduğu evreleri ilgilendirir. Dukan Diyeti'ni, dönüşümlü protein evresini etkileyen bu bağışıklık tepkisi dışında, diyetin performansında düşme riski olmadan, daha ileride de istediğiniz zaman uygulayabileceğinizden emin olun.

- Sırada menopoza yaklaşmış kadınlar var. Bu durumda, kadın, önce menopoz öncesi ve ardından menopoz dönemlerine girecek ve yaşamı boyunca fazla kilo alma tehdidine en çok maruz kalacağı süreci yaşayacaktır. Hele bu döneme zaten fazla kilolarla girerse, tablo daha da iç karartıcı olur. Bu uzun tünelden geçmek bazen on yıl sürebilir ve bu sırada hormon seviyelerinde iniş çıkışlar görülür.

Ancak ne kadar aykırı görünse de, mücadeleye en kararlı olanlar, başladığı işi bitireceğinden emin olduklarımız, bu fizyolojik fırtınanın hırpaladığı kadınlar arasından çıkmaktadır.

Bu kadınlarda diyete direnç çok yüksektir. Diğer bütün zor vaka kategorilerindekilerin kolayca indiği kilolara ulaşmak bu kadınlar için çok zor olabilir.

Bu nedenle, bu kadınların zayıflama planını uygulamaya başlamadan önce hormon dengelerini sağlamaları gerekmektedir. Bunu jinekologlarının ya da dahiliye uzmanlarının yardımıyla yapabilirler. Öte yandan, bu dönemde aldıkları kiloların kalıcı olması gerekmediğini ve altı ay ile bir yıl kadar bir sürede bu süreci aşmanın mümkün olabileceğini bilmelidirler. Uygun hormon tedavisi kimi zaman etkin biçimde kilo vermeyi sağlayacak en iyi yöntem olabilir.

Sonuç: Hormonal dengeyi sağlamadan 20 kilonun verilmesi bir yılı bulabilir, ancak bunu yapabilen kadınlar vardır. İyi bir uzmanın yardımıyla ve doğal hormonların seçilmesiyle, gerektiğinde boşaltımı kolaylaştırıp ödemleri azaltan antialdosteronlara da başvurularak, altı veya yedi ay dönüşümlü diyet uygulanarak 20 kilo hedefine ulaşılabilir.

Seyir rejiminin kısa özeti

Atak rejiminde izin verilen bütün gıdalara devam ederken, bunların yanına, şimdi sayacağımız çiğ ya da pişmiş sebzeleri de ekleyin. Her zamanki gibi bu listedekilerin yeneceği miktara, yenebileceği saatlere ya da listedeki diğer gıdalarla karıştırılmalarına herhangi bir kısıtlama getirilmemiştir: Domates, salatalık, turp, ıspanak, kuşkonmaz, pırasa, yeşil fasulye, lahana, mantar, kerviz, rezene, hindiba dahil bütün salata cinsleri, patlıcan, kabak, dolmalık biber ve hatta her öğünde tüketilmemek kaydıyla havuç ve pancar türleri. Bütün seyir rejimi süresince, hedeflemiş olduğunuz kiloya gelene kadar sebzeli ve sebzesiz protein dönemlerini dönüşümlü olarak peşpeşe uygulayın.

Dikkat!

Eğer zayıflama programımı uyguladıysanız ve bu yol haritasının sizi götürdüğü yolun sonundaki hedeflenen kiloya ulaştıysanız, tebrikler. Artık dönüşü olmayan bir yolun eşiğinde durduğunuzu bilin.

İstatistiklerime dayanarak, size aşağıdaki bilgileri vermek benim görevim:

- Okurlarımın %50'si burada duruyor, kendilerini düzelmiş kabul ediyorlar. Ancak önlerinde ulaştıkları kiloyu korumanın, hem de çok uzun süre korumanın tek garantisi olan iki aşama daha olduğunu unutuyorlar. Bu şekilde sabırsızlık gösterenler, hiç istisnasız, yeniden kilo alırlar ve düzensiz yeme alışkanlıkları nedeniyle kilolarını korumada başarısız olurlar. Bu yüzden dikkatli olun.

- Okurlarımın diğer yarısı burada durmuyor ve onlara önerdiğim planın üçüncü aşaması olan güçlendirme evresine geçiyorlar. Bunların %85'i sonuna kadar gidiyor ve yeni kilolarında kalabiliyorlar. Bu daha iyi, ama yeterli değil.

Yalnızca dördüncü ve son aşama olan kesin koruma evresine girmiş ve bunu uygulamış olanlar istedikleri hedefe ulaşıyor: "Aşırı kilo sorunundan kurtulmak".

Umarım, değerli okurum, siz burada durmazsınız ve diyete devam edersiniz. Yoksa geçtiğimiz 60 yıl süresince başka diyetleri ortaya atanların yaptığını yapmış olurum: Sizi peşimden bir çöle sokmuş ve vahaya varmak üzereyken sizi terk etmiş sayılırım.

Verilen kiloyu geri aldırmayan güçlendirme diyeti: Vazgeçilmez geçiş dönemi

İster ideal kilodayken olsun, ister diyetin başında belirlenmiş kiloda olsun, ister kilo vermenin durduğu dönemde olsun, yarım bir zaferin bize pahalıya patlayan ve önceki bütün emeklerimizi de boşa çıkarabilecek bir durum olduğunu biliyoruz.

Artık zor zamanlar geride kaldığına göre, düzlüğe çıktınız demektir. Vücudunuz artık rejimin düzenine alıştı, siz de çaba harcıyorsunuz, ancak bu kez karşınızdaki büyük tehlike erkenden zafer duygusuna kapılmak olacaktır. Güzel bir kiloya ulaştınız, ama henüz istediğiniz kiloda değilsiniz. Bir tren istasyonunda, bilmediği bir yere doğru yola çıkan bir treni bekleyen bir yolcu gibisiniz. Hiçbir şey kesin değil, tren her an kalkabilir. Siz de, eğer binmeye karar verirseniz, valizlerinizi toplayıp kendinize kalacak yer, iş ve arkadaşlar bulmak zorundasınız. Tren sizin henüz ulaştığınız kilodan yola çıkıyor; eğer onu ehlileştirmek için kendinize zaman tanırsanız ve onu elinizde tutmak için gereken asgari çabayı gösterirseniz, bu kilo gerçekten sizin olacak.

O halde, nihayet kilo sorununuzdan kurtulduğunuzu ve şu andan itibaren tekrar eski alışkanlıklarınıza dönebileceğinizi sanmanıza neden olacak bu yanılsamadan kurtulun.

Bu bir felaket olur çünkü aynı nedenler aynı sonuçları doğurduğundan, kısa sürede kendinizi yine başlangıçtaki kilonuzda bulursunuz. Size şimdiye dek uygulamış olduğunuz saldırgan nitelikteki diyeti sonsuza kadar sürdürmeniz gerektiğini söylemiyorum. Zaten bunu kim kabul eder?

Yine de sizi bu diyeti uygulamaya iten kilo alma sorunu, özellikle alınan kilo önemli miktardaysa ya da daha kötüsü, sorununuz tekrarlayan cinstense, kesinlikle tesadüf eseri değildir. İster aileden gelme, ister sonradan edinilmiş olsun, bu bilgi sizin vücudunuzdaki bilgisayarda kayıtlıdır, sabit diskinize yazılmıştır ve bir daha oradan çıkmayacaktır. Bu nedenle, gelecekte, bu eğiliminize ve yeniden kilo alma sorununuza karşı verdiğiniz mücadeleyi yaşam tarzınıza katmanın bir yolunu bulmanız gerekecek.

Böyle bir yol var ve o da Dukan Diyeti'nin dördüncü evresinin konusu olarak işlenecek olan koruma diyeti.

Ancak siz henüz oraya varmış değilsiniz, çünkü vücudunuz bu diyetin son aylarda uyguladığı ilk evrelerinin neden olduğu baskının etkisi altında. Ayrıca her zaman kilo alma tehlikesiyle karşı karşıya olan bir zayıflama adayısınız. Çünkü vücudunuz kendi kaynaklarının kullanılmakta olduğunu fark ettiği andan itibaren, bu durumun önüne geçmek için daha çok çaba sarf edecektir.

O halde, yeniden depolama fırsatı kollayan vücudunuzla barış yaparak işe başlamanız gerekiyor. Birazdan size anlatacağım diyet evresinin amacı da bu kiloyu korumak. Bu dönemi tamamladığınızda, bütün zayıflama adayların hayalini kurduğu noktaya ulaşacaksınız: İndiğiniz kiloyu kesin olarak koruyabileceğiniz Dukan Diyeti'nin dördüncü ve en son evresinde haftada bir günlük güvence diyeti uygulanır.

Birazdan size önereceğim güçlendirme evresini uygulayabilmek için, öncelikle neden son dönemde çok hassas olduğunuzu ve vücudunuzun yeniden kilo almaya yatkın olduğunu anlamalısınız.

Bu kısa ve zorunlu teorik açıklamanın ardından, güçlendirme basamağının nasıl, hangi besinleri alarak ve ne kadar sürdürüleceğini ayrıntılarıyla açıklayacağım.

Geriye dönüş olgusu

Etkili bir rejimin zoruyla bir hayli kilo kaybeden bir vücut, o kiloları geri almak için epeyce tepki gösterir.

Bu tepkiler nasıl açıklanır? Bunu anlamak için, öncelikle normal bir organizma için yağ depolamanın ne demek olduğunu anlamamız gerek. Normal bir beslenme sırasında yağ depolamak; organizmanın aldığı besinin harcadığından fazla olduğu ve kendisine gerekeni kullandıktan sonra kalanı daha ileride, gerekli olduğunda kullanmak üzere yedekte bulundurması, ama kullanmaması anlamına geliyor.

Bu yöntem, doğanın, enerjiyi en yoğunlaştırılmış biçimde (1 gram yağ = 9 kalori) depolamak ve saklamak üzere hayvanlar âleminde uyguladığı çözümdür.

Yiyeceklere ulaşmanın çok kolay olduğu günümüzde bu tür mekanizmaların varlık nedenleri sorgulanabilir.

Ancak yine de biyolojik yapılarımızın her zaman böyle bir ortamda bulunmadığını, geçmişte yiyeceklere ulaşmanın tesadüflere bağlı ya da her zaman büyük bir mücadelenin sonunda olduğu dönemlerden geçildiğini unutmayalım.

Bugün sahip olduğumuz ve canımızı sıkan yağlar, ilk insanlar açısından bakacak olursak, değerli bir hayatta kalma aracıdırlar.

Bu durum, organizmanın ilk zamanlarından sonra biyolojik programlanmasının hiç evrimleşmediği, güvence amaçlı depoladığı yağlara hâlâ aynı önemi verdiği ve bunların tüketilmesine bir ölçüde direnç gösterdiği anlamına gelir.

Zayıflayan bir organizma kendini alışık olduğundan farklı bir beslenme şekline yönelttiğinde risk alır. Bu nedenle kendini biyolojik anlamda tehdit altında hisseder. Vücudun verdiği bütün tepkilerin amacı tek ve aynıdır: Verilen yağların büyük bölümünü olabildiğince hızla geri kazanmak. Bunu yapmak için, vücut çok etkili üç yola başvurur:

- İlki, besinlere yönelik iştah duygusunu uyandırarak açlık hissi yaratmaktır. Vücudun bu tepkisi, sürdürülen rejimin zorluğu ölçüsünde güçlü olacaktır. Biyolojik ve içgüdüsel düzlemde, en büyük hayal kırıklığını yaratan protein tozu diyetleridir. Bunlar çok uzun süreyle uygulandıklarında, bulimik dönemlere ve daha başka beslenme bozukluklarına neden olabilirler.

- İkinci yol, organizmanın daha az enerji harcamaya başlamasıdır. Kişinin maaşının azalması halinde daha az para harcaması gibi, biyolojik organizmalar da aynı şekilde davranır.

İşte bu nedenle, zayıflama rejimi sürdürenler daha çok üşürler. Bu, vücudun ısıtma sistemlerine daha az enerji aktarmasının sonucudur. Yorulmaya da çok sık rastlanır ve bu hissin nedeni de, vücudun kişide her türlü gereksiz çabadan kaçınma arzusu uyandırmak istemesidir. Bütün etkinliklerin fazlası çok yorucu gelir, hareketler giderek yavaşlar. Büyük birer enerji tüketicisi olan hafıza ve zihinsel faaliyet de bu durumdan payını alır. Tasarruf kaynakları olan dinlenme ve uykuya duyulan istek artar. Saçlar ve tırnaklar daha yavaş uzar. Kısacası rejim uzadıkça, vücut yeni duruma uyum sağlayabilmek için kendi ritmini yavaşlatmaya çalışır.

- Son olarak, organizmanın yararlandığı üçüncü yolsa, özellikle koruma dönemindeki biri için vücudun en etkili ve tehlikeli tepkisi olan, tüketilmiş besinlerin kalorilerinden en yüksek oranda yararlanılmasıdır.

Vücut, normal koşullarda 100 kalori çekeceği bir yiyecekten, bir rejim sonrasında 120–130 kalori çekmeyi başarabilir durumda olacaktır. Her besin süzgeçten geçirilecek ve "özü"ne ulaşılacaktır. Kalori emilimindeki bu performans artışı, besinlerin dış ortamla kan arasındaki arayüz olan ince bağırsaklardan geçişi sırasında gerçekleşir.

İştahın artması, kalori tüketiminin azalması ve alınan besinlerden sonuna kadar faydalanılması zayıflamış kişinin bir kalori süngeri haline gelmesine neden olur.

Bu durum, genellikle hastanın ulaştığı kilodan memnun olması ve silahlarını indirip eski alışkanlıklarına dönmesiyle birlikte gerçekleşir. Verilmiş kiloların büyük bir hızla geri alınmasının en doğal ve en sık görülen nedeni budur.

Bu nedenle, iyi takip edilmiş bir rejimin ardından, istenilen kiloya ulaştığınız dönem, aslında en dikkatli olmanız gereken dönemdir. Bu döneme geri dönüş denir, çünkü yere çarpıp seken bir top gibi, kilolar da geri gelme eğiliminde olurlar.

Bu geri dönme tepkisi ne kadar sürer?

Geri dönme dönemini atlatmak için günümüzde hiçbir doğal yöntem ya da tedavi yoktur. Bunu önlemenin en iyi yolu, bu süre zarfında iyi bir beslenme stratejisi izlemektir.

Çok uzun süre boyunca ve çok sayıda hasta üzerinde kiloların geri geldiği bu dönemin etkilerini inceledim. Sonuç olarak, yeniden kilo alma riskinin en yüksek olduğu dönemin verilmiş her kilo için yaklaşık 10 gün sürdüğünü, yani 3 kg için 30 gün yani bir ay, 10 kg içinse 100 gün olduğunu gördüm.

Bu kurala büyük önem veriyorum, çünkü rejimini tamamlayan kilolu kimsenin hakkındaki bilgisinin en eksik olduğu dönem, rejim sonrası dönemidir. Bu, kilo sorunu yaşamış kişinin tehlikelerine tamamen yabancı olduğu ve tüm çabalarını boşa çıkaracak şekilde yeniden kilo alma olasılığının yüksek olduğu bir geçiş dönemidir. Tehlikelerini ve ne kadar süreceğini bilmek bu dönemin aşılmasında büyük kolaylık sağlar. Öte yandan, bu sürecin normal olduğunu bilen kişi gereksiz yere moral bozukluğu yaşamayacak, bu dönemdeyken boş yere daha fazla kilo vermeye çalışmayacaktır.

Organizma tepki vermektedir, korumacı davranmakta ve alarm durumunda beklemektedir, ancak zaman geçtikçe yatışacaktır. Tünelin ucundaysa, onu sakin bir deniz ve gelinen kiloyu kesin olarak korumayı hedefleyen koruma programım beklemektedir. Yalnızca üç basit, somut ve acısız önlemle gelinen kiloyu bir ömür boyu korumak mümkündür.

Ancak o arada, vücudun yeni bir rejime uyması gerekmektedir. Bu yeni rejimin amacı zayıflamak değildir, çünkü artık zayıflama gereği söz konusu değildir. Ancak henüz sınırların tamamen kalktığı bir diyet de söz konusu olamaz. Bu noktada, organizmanın aşırı tepkilerini kontrol altında tutmayı ve kiloların geri alınmasını engellemeyi hedefleyen, serbest ancak gözetim altındaki bir diyet uygulanacaktır.

Kilo hedefi nasıl belirlenir?

Belirli bir kiloda kalmaya çalışmak kolay değildir. Özellikle de, onca zorlukla verdiğiniz kiloları asla yeniden almayı istemiyorsanız, ancak kendinize kesin bir kilo hedefi koymamışsanız ve gelecekte yeni kilonuzu nasıl koruyacağınızı belirlememişseniz işiniz zor olacaktır. Birazdan size kendi deneyimlerim doğrultusunda, gerçekçi olmayan hedefler belirlemenin nasıl başarısızlıkların en büyük nedeni haline geldiğinden bahsedeceğim.

İdeal kiloyu tanımlamak üzere ortaya konmuş, boya, yaşa, cinsiyete ve kemik yapısına dayalı hesapların yapıldığı çok sayıda anlaşılması güç formül var. Teorik olarak bu formüllerin hepsi uygulanabilir, ancak gerçekte var olan kişilere değil, istatistik sonuçlarına dayandıklarından genelde bu hesaplamalardan sakındığımı söylemeliyim. Ayrıca bu formüller bir obezin özel durumunu, yani her zaman kilo almaya yatkın oluşunu göz önüne almazlar.

Bu nedenle, ben bu teorik kilo hesabının yerine, korunabilecek bir kilo saptama eğilimindeyim. Her şeyden önce, herhangi bir kişinin belirlenmiş herhangi bir kiloyu korumasının mümkün olmadığını bilin.

Korumayı isteyeceğiniz kiloyu hesaplamanın en iyi yolu, kilo sorunu çeken kişiden, kendisi için ulaşabilmesi en mümkün olan ve ona kendisini "en iyi hissettirecek" kiloyu tanımlamasını istemektir. Bunun iki nedeni var.

Her şeyden önce, her obez en kolay ulaşabileceği kiloyu, ulaşmasının daha zor olacağı kiloyu ve hatta ne kadar çabalarsa çabalasın, kilo vermesinin gizemli bir biçimde duracağı noktayı bilir. Kendi deneyimlerinden, aşmasının zor olduğu "zirve" kavramının neresi olduğunu anlamıştır.

Bu son bölgede kilosunu sabitlemeye çalışmak akıllıca değildir; çünkü bu hedefe ulaşmak için harcanacak bütün çabalar elde edilecek sonuca kıyasla çok fazla olacaktır. Böyle bir kiloya ulaşmaya çalışmak uzun sürecek ve orada kalmak da aşırı çaba gerektirecektir.

Ayrıca, kronik fazla kilolularda psikolojik sağlığın özellikle korunması gerekiyor. Fazla kilo almaya eğilimli olmak normal bir durum değildir. Aşağılanacak bir durum da değildir, ama böyle birine ulaşması imkânsız bir hedef koymak da doğru değildir. Yapılması gereken kişinin kendisini iyi hissettiği kiloda yaşamasıdır. Bu zaten yakalanması güç ve elde edildiğinde de korunması gereken bir durumdur.

Kısacası, kilolu kimse kilo değişimleri sırasında ulaştığı en yüksek ve en düşük rakamları aklında tutmalıdır. Çünkü ulaşılan en yüksek kilo, daima vücudun hafızasında kalır. İşte size somut bir örnek:

Hayatının bir döneminde 100 kg olmuş, boyu 160 cm olan bir kadın düşünün. Bu kadına çeşitli teorik hesaplama yöntemlerinin önereceği gibi, onun için ideal olan 52 kiloyu önermek imkânsızı istemek gibi olacaktır. Vücudunun biyolojik hafızası daha önce ulaşmış olduğu kiloyu hep hatırlayacak, o kaydı asla silmeyecektir. Öyleyse, eğer kendisini memnun edebilecek bir ağırlıksa, ona 70 kg hedefini önermek çok daha mantıklı olacaktır.

Çok sık yapılan bir başka hata daha vardır. O da, kilolu kişilerin koruyacakları kiloyu seçerken kasıtlı olarak güvence payı koymaları ve birkaç kilo daha aşağıyı hedeflemeleridir. Böylece yeniden kilo almaya başlamaları halinde tepki vermeye zamanları olacağını sanırlar.

Örneğin, kilosunu 70'te sabitlemek isterken 60 kiloyu hedeflemek hatadır, çünkü kiloyu koruma isteğinin de boşa harcanmasına neden olur. Her şeyden önce, siz onun ağırlığını düşürmek istedikçe, vücudunuz daha çok tepki verecek ve direnç gösterecektir.

Sonuç olarak, kolayca ulaşabileceğiniz kadar yüksek, ancak sizi mutlu edecek ve sağlığınıza olumlu katkısı olacak kadar düşük, daha sonra korumakta güçlük çekmeyeceğiniz, "ulaşılabilir VE korunabilir" bir kilo hedeflemelisiniz.

Buna Doğru Kilo adını verdim. Sözünü ettiğimiz bu kilo, 237. sayfadaki Beden Kütle Endeksi (BKE – Body Mass Index) ile aynı şey değildir. BKE, kilo bakımından sağlık riski olan kişileri tespit etmekte faydalı olmakla birlikte, bireysel kilonun saptanması ve stratejik bir hedef konmasında yarar sağlamayacaktır.

Doğru Kiloyu Nasıl Hesaplarız?

Tanımı bakımından bu ağırlık, kişiseldir. Uygun ve etkili olabilmesi için kişinin yaşı ve cinsiyeti dikkate alınmalıdır çünkü kadın ve erkeklerin zayıflama ile ilgili beklentileri farklıdır. Aynı şekilde, yaş bakımından da, yaşanan her on yılın kadınların sabit ağırlığını 800 gram, erkeklerinkiniyse 1.200 gram artırdığını biliyoruz. Üstelik 20 ya da 50 yaşındakilerin belli bir kiloya ulaşma olasılık ve ihtiyaçlarında fark olmaması beklenemez.

Doğru Kiloyu hesaplarken, kalıtsal özellikler de hesaba katılmalıdır. Burada da, ailesinde obezite olan bir kadından, ailesi zayıf yapıdaki bir kadınla aynı sabit kiloyu hedeflemesini bekleyemeyiz. Dahası, kişinin kilo sorunlarıyla ilgili geçmişini de hesaba katmak gerekir; özellikle de, kilosunun ilk kez ne zaman –çocukluğunda mı, gençliğinde mi, ilk doğum kontrol hapıyla mı, doğumlarla mı, menopoz öncesi dönemde mi, büyük bir stres nedeniyle mi, depresyon veya bir tedavi yüzünden mi?– kontrolden çıktığını öğrenmek gerekir. Her durum bir diğerinden farklıdır ve bunlar göz önüne alınmalıdır. Ayrıca kilo aralığı da hesaba katılmalıdır: Kişinin 20 yaş sonrasındaki en düşük kilosuyla, hamileliği süresince alınmış kilolar hariç, en yüksek kilosu arasındaki fark. Bu fark bize kişinin biyolojik hafızasına neyin kayıtlı olduğunu söyleyecektir. Ayrıca bu zamana kadar kaç tane başarısız diyet girişiminin olduğu da göz önüne alınmalıdır çünkü vücudun bir türlü etkisinden kurtulamadığı bazı diyetler vardır ve bunlar bedenin endişelerini arttırır. Bunlardan en çok bilinenler, paket ya da toz şeklindeki yapay yiyecek alternatifleridir. Bunlar doğal değildir. İnsan tozlarla beslenmeye programlanmamıştır. Kısa bir süre kullanabilir ama özellikle bu tozlarla beslenerek kilo kaybediyorsa, onu diğer doğal yöntemlere karşı dirençli kılan bazı yan etkilere maruz kalmış olabilir. Sudan başka bir şey tüketilmeyen oruç kaslarımız için bir felakettir. Bu durumda, vücut hayatta kalabilmek için ihtiyaç duyduğu önemli proteinleri almak için kas yığınlarındaki depolarını kullanır. Ancak oruç tozlara kıyasla daha doğaldır: Gerçekten de, yırtıcı bir hayvan bile av bulamadığında birkaç gün hiçbir şey yemeden durmak zorunda kalabilir.

Gördüğünüz gibi, Doğru Kiloyu hesaplamakta dikkate alınması gereken çeşitli parametreler var ve bunları bilmek bir yol haritası çizmek için çok önemli. Bu nedenle, yalnızca kalem ve kâğıtla bu hesabı yapmak mümkün değil.

Bu yüzden sizlere www.regimedukan.com ya da www.livredemonpoids.com sitelerini ziyaret etmenizi öneririm. Bu sitelerde 11 soruluk bir anket bulacaksınız. Bu sorulara verdiğiniz yanıtlar sonucunda Doğru Kilonuz hemen anlaşılacaktır. Artık hedefin nerede durduğunu biliyorsunuz, aradaki mesafeyi biliyorsunuz, elinize ok ve yayı veriyorum, hedefi tutturmak sizin elinizde.

Geçiş diyetinin günlük uygulanışı

Alternatif protein rejiminden çıktınız ve tartıldığınız sırada ibre büyük uğraşlar sonucu verdiğiniz kiloyu, ulaşmış olduğunuzu umduğum Doğru Kilonuzu göstereli henüz çok kısa bir süre oldu. Öyle olmasa bile, diyete başlarken belirlediğiniz hedef kilonuzda olmanızı dilerim.

Sizden öncekilerin çoğunun yaptığı gibi, belli bir güvence payınız olması için diyete devam etme eğilimindesiniz. Böyle bir şey yapmayın, zarlar çoktan atıldı, bu kiloyu istediniz ve elde ettiniz. O halde, tüm gücünüzü onu korumak için kullanmalısınız. Bu bir formalite değil, unutmayın ki *her iki başarısızlıktan biri, istenilen kiloya ulaşılmasını takip eden ilk aylarda gelir.*

Rejimin süresi

Bu geçiş rejiminin süresi, verilen kiloya bağlı olarak hesaplanır. Vermiş olduğunuz her kilo için 10 gün diyeti temel alarak diyeti ne kadar sürdürmeniz gerektiğini belirlersiniz. Eğer 20 kg verdiyseniz, on defa 20, yani 200 gün, yani 6 ay ve 20 gün boyunca; 10 kg verdiyseniz, 100 gün diyeti sürdürmeniz gerekir.

Herkes bu formülle kiloyu korumaya yönelik rejimi ne kadar süreyle yapması gerektiğini kolayca hesaplayabilir.

Hemen koruma rejimini anlatmaya başlamalı mıyım? Hayır, artık biliyorsunuz, son derece hassas olduğunuz bir dönemden geçmektesiniz. Suyun derinliklerine dalıp yenilikler keşfeden bir dalgıç gibisiniz ve güven duygusuna ihtiyacınız var, işte birazdan size tanıtacağım rejimin görevi de bu.

Kilonuzu korumaya çalıştığınız bütün bu güçlendirme dönemi boyunca, diyetinize olabildiğince sadık kalarak istediğiniz gibi tüketebileceğiniz besinler şunlar:

Proteinler ve sebzeler

Şimdiye kadar, seyir evresi süresince proteinlerle ve protein + sebzelerle dönüşümlü diyet uygulayarak beslendiniz, yani bu iki besin grubunu iyi tanıyorsunuz. Artık dönüşüm kuralına uymak zorunda değilsiniz, proteinler ve sebzeleri istediğiniz şekilde tüketebilirsiniz, hatta iki besin grubunu bir arada tüketebilirsiniz.

Proteinler ve sebzeler, her zaman rahatlıkla tüketebileceğiniz ve koruma evresi süresince de kullanacağınız sabit besin gruplarını oluşturuyor. Yani bu iki besin kategorisini de hayatınızın geri kalanında, canınızın istediği saatte, istediğiniz miktarda ve birbirleriyle karıştırarak tüketebilirsiniz.

Herhalde bütün maddeleri anımsıyorsunuzdur, ama yine de her türlü yanlış anlama olasılığını ortadan kaldırmak için kısaca tekrar etmek istiyorum. Daha ayrıntılı bilgi için, atak ve seyir evrelerine ayrılmış bölümlere tekrar bakabilirsiniz. Bu yiyecek grupları şunlardır:

- Az yağlı etler, sığır etinin az yağlı kısımları, dana;
- Balıklar ve deniz ürünleri;
- Ördek ve kaz dışında, derisiz olmak kaydıyla kümes hayvanları;

- Yumurtalar;
- Yağsız süt ürünleri;
- 1,5 litre su;
- Taze ve çiğ tüketilen sebzeler.

Dukan Diyeti'nin bu dönemindeyse, zaten iyi tanıdığınız bu temel gıdalar üzerine, bundan böyle günlük ritminizi değiştirmek üzere yeni besinler ekleniyor. Bunları şimdi açıklayacağımız miktar ve oranlarda tüketmelisiniz.

Günde bir porsiyon meyve

İşte her zaman sağlıklı gıdalar arasında sayılan bu besinden söz etme zamanı geldi.

Meyvenin tamamen doğal ve toksinlerden arınmış bir besin olduğu bir gerçek. Ayrıca C vitamini ve karoten bakımından da bilinen en iyi kaynaktır.

Ama bu son derece yararlı besin Batı kültürünün son yıllardaki büyük kozlarından biri: Doğal ürünlerin ve vitaminlerin erdemlerinden yararlanma modası.

Oysa doğal olan her zaman yararlı değildir ve vitaminler, çoğunu ihraç eden ülke olan ABD'nin belirttiği gibi vazgeçilmez de değildir.

Sonuç olarak, meyveler, diyabetiklerin hızlı şeker diye tanımladığı kana çabuk karışan şekerin tek doğal kaynağıdır. Diğer tüm şekerli gıdalar sonradan insan eliyle yapılmış ürünlerdir.

Örneğin bal, gizli kalmış bir gıdadır. Yalnızca genç arılar için üretilmiş bir süt, bizimse sırf zevkimiz için faydalandığımız hayvansal bir salgıdır.

Rafine edilmiş şeker, yani beyaz şeker ise, doğada bu şekilde bulunmaz. Şeker pancarı veya şeker kamışından kimyasal olarak yeniden işlenerek üretilen yapay bir gıdadır.

Meyve ise insanlara doğanın benzersiz bir hediyesidir. Yalnızca meyve böyle yoğun ve lezzetli bir tat ve besin sunabilir. Muz, portakal, mango gibi çok şekerli meyvelerin uzak ve tropik bölgelerden taşımacılıktaki ilerlemeler sayesinde besin zincirimize eklenmesi bu meyvelerin (kivi ya da yerfıstığı gibi) bazen yaratabildikleri güçlü, hatta kimi zaman ölümcül alerjik reaksiyonları açıklar.

Aslında meyve doğal ve sağlıklı gıdalara bir örnek değildir. Yüksek miktarlarda tüketilmesi, özellikle diyabet hastaları ve meyveyi öğünler dışında sürekli atıştırma eğiliminde olan kilolular için tehlikeli olabilir.

Günde bir porsiyon meyve ölçüsünü aşmamak kaydıyla; muz, üzüm, kiraz ve kuruyemişler (ceviz, fındık, şamfıstığı, badem, yerfıstığı, kaju fıstığı, vb.) dışında bütün meyveleri tüketebilirsiniz.

Miktarlara gelince; elma, armut, portakal, greyfurt, nektarin, şeftali gibi meyvelerden bir tane diyebiliriz. Daha küçük ya da daha büyük meyveler içinse, normal boyutta bir kâse çilek ya da frambuaz veya bir dilim kavun ya da karpuz, iki küçük kivi veya iki kayısı ya da bir küçük dilim mango bir porsiyona denk olabilir.

Bütün bu meyveleri yiyebilirsiniz. Tek koşul, her gün ve her öğünde tüketmemek.

Ancak eğer seçme şansınız varsa, damak zevkinize de uygunsa, şu meyveleri zayıflama rejimi sırasında tüketmeyi tercih etmeniz iyi olur: Lifli olması açısından yararlı olan elma, az kalorili ama güzel renkli ve görüntülü çilek ve frambuaz, çok su içermesi bakımından kavun ve karpuz, çok enerji veren greyfurt, kivi, şeftali, armut ve mango.

Günde iki dilim tam tahıllı ekmek

Fazla kilolarınızdan kurtulmak istiyorsanız, kesinlikle beyaz undan vazgeçmelisiniz. Sonradan işlenen yapay bir besindir, içerisindeki kepekten ayrılmıştır. Bu ayrılma sanayi ununun elde edilmesini kolaylaştırır, ancak içinde bu un bulunan beyaz ekmek canlandırıcı ve kolay kabul gören bir besindir.

Ayrılmamış ya da entegral ekmek belli oranda normal kepek içerir ve yine de tadı güzeldir. Bu kepek sizi kanserden, fazla kolesterolden, diyabetten, kabızlıktan koruyan bir maddedir, ayrıca ince bağırsağınızdaki fazla tuzları da toplayarak sindirim sisteminize de yardım eder.

Şu anda içinden geçtiğiniz dönemde hâlâ tehlike altındasınız ve dikkatli olmalısınız ama kesin koruma dönemine geçtiğinizde, ekmek tüketme özgürlüğüne sahip olacaksınız. Ancak yine de normal değil kepekli ekmeği tercih etmenizin daha iyi olduğunu belirtmekte fayda var.

Şu andan itibaren, eğer kahvaltıda ekmek üzerine tereyağını sevenlerdenseniz, bu hafif tereyağlı tüketebileceğiniz ekmeği günün diğer saatlerinde de yiyebilirsiniz. Örneğin, öğlen ekmek arası soğuk et ya da akşam birazdan listenize girecek peynirle birlikte.

Günde bir porsiyon peynir

Sözü edilen peynir hangi cins ve ne miktarda tüketilmesine izin var?

Hamuru pişmiş cinsten her türlü peyniri yemekte özgürsünüz: Örneğin, eski ve taze kaşar, Gouda cinsleri, Hollanda peyniri. Ancak mayalanmış peynirlerden kaçınmanızı öneririm. Camembert, rokfor, keçi peyniri gibi peynirler bu gruptandır.

Miktar olarak ise 40 gramı öneriyorum. Besinleri tartma taraftarı değilim, ama şu anda istisnaların söz konusu olduğu bir geçiş dönemindeyiz ve 40 gram farklı iştahlar için de standart bir miktardır.

Öğle veya akşam, size uygun öğünü seçin, ama verilen miktarı yalnızca bir porsiyon tüketmelisiniz.

Haftada iki porsiyon nişastalı gıda

Koruma döneminde, aşırıya kaçmamak şartıyla aşağıda sayacağım nişastalı ürünleri tüketebilirsiniz.

◎ Hamur işleri

Rejimin bu dönemine en uygunu hamur işi ürünleridir, çünkü molekül bağları sıkı olan bir buğday türevidir ve bu fiziksel yapı sindirimini ve şeker tutmasını engeller. Ayrıca hamur işlerinin tatları herkesin hoşuna gider ve rejim sözcüğüyle pek bağdaştırılmaz, bu nedenle sıkı bir rejim ve kısıtlama döneminden geçen obez için ödüldür. Her şeyden önce, hamur işleri besleyici ve tok tutucu gıdalardır. Yalnızca tereyağı, diğer yağlar, krem peynir gibi ağır ürünlerle hazırlandığında tehlikelidirler.

Örneğin, 200 gramlık bir hamur işini alın, yağlamadan, domates ve soğan soslu bir sos hazırlayın. Hatta fazla yağlı ve ağır olmayan bir peynirle birlikte de tüketebilirsiniz.

◎ Mısır unu, kuskus, yoğurt veya tam buğday

Haftada iki defa 200 gramlık porsiyonlar şeklinde tüketebilirsiniz. Bunlar da sert buğdaydan elde edilirler ve hamur işleriyle aynı özelliktedirler.

Kuskus, mısır unu ve irmikle, tereyağı gibi ağır yağları eklemeden ve kısa sürede hazırlayacağınız tarifler koruma dönemi için son derece yararlı ve değerli besinlerdir.

◎ Mercimek

Mercimek de şeker içeren diğer bir nişastalı üründür. Maalesef hazırlanması için diğerlerine nazaran biraz daha fazla zaman gerektirir, ayrıca tadı herkesin hoşuna giden bir besin değildir ve gaz yapmasıyla bilinir. Ancak sevenler ve yiyebilenler için, koruma dönemine uygun, doyurucu bir besindir. Yağlarla değil, domates, soğan ve hoş kokulu otlarla hazırlayacağınız ve miktarı 220 gramı geçmeyen bir mercimek yemeği idealdir.

Son derece yararlı ve koruma dönemi için önerilen diğer baklagilleri de; aynı şekilde ve miktarda hazırlayıp tüketmenizde sakınca yoktur.

◎ Pirinç ve patates

Pirinç ve patates de tüketebileceğiniz besinler arasında, ancak fark ettiğiniz gibi listenin sonunda. Yani yukarıda yer alan diğer besinlerin öncelikli olduğunu unutmamanız gerek.

Beyaz pirinci yağlarla karıştırmamak şartıyla yiyebilir veya lif içeren kepekli pirinç tüketebilirsiniz. Ancak hiçbir porsiyon çiğ olarak 150 gram pirinci, ya da pişmiş olarak 220 gramı geçmemeli.

Patates ise ancak alüminyum kâğıda sararak ve ızgarada

pişirerek tüketebileceğiniz bir ürün. Kızarmış patates, daha kötüsü cips, hem fazla yağ çekmesi hem de kalp ve damar hastalıklarıyla kanseri önleme bakımından da tehlikeli olduğu için tamamen yasaklayacağım ender birkaç yiyecekten biridir.

Yeni etler

Şimdiye kadar sığır ve dana etinin az yağlı bölümlerini yiyebiliyordunuz. Artık kuzu budunu da istediğiniz zaman yemek üzere listeye ekleyebilirsiniz, tabii haftada iki defayı geçmemek üzere.

◎ Kuzu budu

Kuzu budu kuzunun en az yağlı bölgesidir. Ancak iki nedenden dolayı derisini yemekten kaçınmalısınız. Birincisi budun derisi en yağlı ve ağır bölümüdür; ikincisi, pişirirken derisi daha çok yandığı için kanserojen özelliği vardır. Eğer pişmiş bölümleri seviyorsanız, ikinci dilimi alın daha iyi.

Hepsi bu kadar değil! Geçiş dönemini anlatmayı bitirmeden önce iki şeyden daha bahsetmeliyim: Bir iyi ve bir gerekli şeyden. Güzel haberden başlayalım.

Haftada iki kez "ödül yemeği"

Güçlendirme evresinin ilk yarısında haftada 1 kez istediğiniz gibi bir öğün hazırlama izniniz var. Bu evrenin ikinci yarısındaysa, haftada 2 kez ödül yemeğine hak kazanıyorsunuz. Yanılmanızı önlemek için şöyle açıklayayım: 10 kilo kaybettiniz, güçlendirme evreniz 100 gün sürmeli. Bu 100 günü iki eşit parçaya bölünce her biri 50 gün eder. İlk 50 gün boyunca haftada 1 ödül yemeği ve bir nişastalı besin hakkınız var. Son 50 gündeyse, haftada 2 ödül yemeği ve 2 nişastalı besin tüketebilirsiniz.

Özellikle, haftada "iki öğün" olduğunu altını çizerek belirtmek istiyorum, çünkü konuştuğum hastalardan öğrendiğime göre, genellikle bunun "iki gün" olduğu sanılıyormuş.

Ödül yemeği nelerden oluşur?

İki özgür yemek hakkınızı günün istediğiniz öğününde kullanabilirsiniz, bense ondan tamamen yararlanmanız için akşam yemeğinde tercih etmenizi öneriyorum.

Bu iki ödül yemeğini, özellikle uzun ve yorucu zayıflama rejimi süresince unutmuş olduğunuz besinlerle değerlendirebilirsiniz.

Ancak iki şartla: Asla bu iki ödül yemeğini arka arkaya günlerde yememek ve üst üste iki tabak yememek. Her şeyden ama sırayla yiyin: Bir başlangıç, bir ana yemek, bir tatlı, peynir veya aperatif, bir bardak şarap, hepsi de iyi kalite ama yalnızca bir defaya özgü olmak üzere.

Bu öğün için midenizde yer bıraktığınız bir zamanı seçin. Örneğin ödül yemeğini yemek için salı günkü öğle yemeğini seçtiyseniz, akşam yemeğinde de aynısını yapmayın. Bu iki güzel yemek arasında en az bir öğün dinlenme zamanı bırakın. Hafta sonunu ya da davet günlerini seçmeye çalışın.

Güzel ve gerçek bir yemeğin hayalini kuranlar için, işte şimdi tam zamanı. Uzun zamandır lezzetli bir tatlı yemeyi bekleyenler için de, artık pasta ve çikolata yemek mümkün.

Siz, güzel bir şarap ya da şampanya içmek isteyenler, artık özgürsünüz!

Artık haftada iki gün yemek davetlerini de kabul edebilirsiniz, tabii aralarında en az bir öğünlük bir zaman bırakmak üzere.

Rejim ve koruma döneminden sonra birçokları böyle açık ve sınırsız bir öğün özgürlüğüne biraz şüpheli yaklaşacaktır.

Emin olun ki bu, dengeli bir beslenme için akıllıca ve üzerinde düşünülmüş bir planın parçasıdır.

Ayrıca bu ödül yemekleri basit bir öneri değildir, mutlaka uygulamanız gerekenler arasındadır. Dukan Diyeti etkili olabilmesi için parçaları birbirinden asla ayrılmaması gereken bir programdır. Belki önceleri bu özgürlüklerin anlamını ve faydasını anlamanız güç olabilir, ama işte şimdi gerçekten zevk alarak yemenizin zamanı geldi.

Beslenmek, yalnızca hayatta kalmak için kalori almak demek değildir, aynı zamanda zevk veren bir şeydir. Bu biyolojik zevk, size zayıflama rejimi sırasında yasaklanmıştı, artık ona yeniden kavuşmanın zamanı!

Madem damak zevklerimizden bahsediyoruz, size her türlü kilo koruma programında işinize yarayacak bir öneride bulunacağım. Hafife almayın!

Yemek yerken, özellikle yedikleriniz zengin ve lezzetli ise, YEDİĞİNİZ ŞEYİ DÜŞÜNÜN, *ağzınızdaki şeye odaklanın ve onun her anından tat almaya bakın.*

Birçok araştırma ve beslenme uzmanı doygunluk hissinin ağızdan alınan tatla ilişkisi olduğuna işaret ediyor. Damak, dil, çiğneme, tat alma ile ilgili merkezler beynin hipotalamus bölgesinde bulunu-

yor ve açlık, tokluk hissetmemizi sağlıyor. Bu hislerin toplamı yediklerimizden zevk almamıza ve doymamıza yarıyor.

BU YÜZDEN, YAVAŞ VE AKLINIZI AĞZINIZA ATTIĞINIZ YİYECEKLERE VEREREK YEMEK YİYİN. Televizyonun karşısındayken ya da bir şey okurken yemek yemeyin. Bunu yapmakla, beyninize giden duyuları yarıya indirirsiniz. ABD'de yoğun görülen obezitenin nedenlerini araştıran araştırmacılar küçükken televizyonun karşısında yemek yemeye alışan çocukların büyüyünce de günün her saatinde yemeye devam ettiklerini belirtiyor.

Yani başka hiçbir şey düşünmeden, bu güzel anları yediklerinizin tadına vararak geçirin. İnanın bana, pişman olmayacaksınız.

Yine de iki koşul var.

◉ **İlki önemlidir.** Beslenme özgürlüğüne sahip olduğunuz ilk an bu ödül yemekleridir. Sınırlarınızı bilmemenizse ilerlediğiniz yoldan şaşmanıza neden olur ve bu da küçümsenmemesi gereken bir tehlikedir. Eğer ödül yemeği için salı akşamını seçtiyseniz, kilonuzu korumak için dikkat etmeniz gereken çarşamba sabahı önemlidir.

Açmış olduğunuz bir kapıyı yeniden kapatmak için cesaretiniz olacak mı, yoksa sabah kahvaltısında yeniden ekmeğinizi kalın bir tereyağı tabakası ve reçelle mi süsleyeceksiniz?

Bu iki ödül yemeği beslenme düzeninizde vücudunuz yeni kilosunu kabul edene kadar ufak bir gün ışığıdır. Size önerdiğim beslenme düzeninin bir parçası olduğunu ve sınırları aşmanın şimdiye kadar sabırla yürüdüğünüz yoldan çıkmak anlamına geldiğini unutmayın.

◎ **İkinci koşul sağduyulu olmaktır.** Bu ödül öğünleri sizin için besinlerden zevk alma dürtünüzün belli oranda giderilmesi içindir, asla abartmak için değildir. Bu özgürlüğü yanlış değerlendirip oburluk etmenin beslenme mekanizmanızı hırpalayacağını bilin.

Bu iki öğünün amacı size belli bir denge kazandırmaktır. Öyleyse tıka basa yiyip deyim yerindeyse pisboğazlık etmek size denge değil, dengesizlik getirecektir, öyle değil mi?

Eğer eskisi gibi beslenmeye geri dönerseniz, iç sesiniz kısılacak, motivasyonunuz azalacak ve istediğiniz kiloda kalacağınıza dair umudunuz kalmayacaktır.

Basit bir tavsiye isterseniz, istediğiniz kadar yiyin, ama asla aynı tabaktan iki tane yemeyin. Evinizde değil restoranda ya da bir arkadaşınızın davetinde yemeyi de tercih edebilirsiniz, böylece bir tabak daha istememiş olursunuz.

Haftada bir gün saf protein: PERŞEMBE

İşte böylece güçlendirme evresinin bütün bölümlerini anlatmış olduk. Artık nasıl besleneceğinizi ve vücudunuzun yeni kilosuna nasıl uyum sağlayacağını biliyorsunuz.

Yine de koruma rejiminin anahtarı olan önemli bir parçasından henüz bahsetmedik. İçerisinde iki de ödül yemeğini bulunduran böyle bir beslenme şekli, vücudun böylesine tepki vermeye hazır olduğu bir dönemde kiloların korunacağını tek başına garanti edemez. Bu nedenle rejimin daha etkili olması için bu bölüme haftada bir gün olmak üzere saf protein rejimine devam etme şartını ekledim.

Bugün zaten bildiğiniz ve uzun zaman uyguladığınız saf protein diyetindeki protein bakımından zengin ve sınırsız tüketme hakkınız olan besin gruplarını bir daha hatırlayalım: Az yağlı et, bütün balıklar, deniz ürünleri, derisiz olmak şartıyla kümes hayvanları, yumurta, yağsız jambon, süt ürünleri ve iki litre su. Bu yedi protein kategorisinde istediğinizden istediğiniz kadar, istediğiniz sıklıkta ve birbirleriyle dilediğiniz gibi karıştırarak tüketebilirsiniz.

Bu bir günlük saf protein rejimine devam etmeniz güçlendirme dönemi için bir motor görevi görecektir. Haftanızın tek kısıtlayıcı günü bu olacaktır, ama fırtına dinene kadar durumu kontrol altında tutmanızın bedeli budur. Yineliyorum, bu bedeli tartışmasız kabul etmelisiniz. Bugünü mükemmel bir şekilde uygulayın, ya da uygulamayın, tercih sizin ve uyarıları dikkate almazsanız yine siz kaybedersiniz.

Ayrıca, mümkün olduğunca bu günün perşembe olmasına dikkat edin. Bu haftalık ritmin etkili olmasının önemli yollarından biridir. Eğer sizin için bunu perşembe günü uygulamak iş ya da sosyal hayatınız açısından mümkün değilse, öyleyse çarşamba veya cumayı seçin ve değiştirmeyin.

Eğer bir hafta bu rejimi perşembe dışında bir günde uyguladıysanız, mümkünse bir sonraki hafta yine perşembeye dönün. Ama böyle bir değişikliği sık yapmaktan yine de kaçının. Protein rejiminizi beni mutlu etmek için değil, obezite ve aşırı kilo alma eğiliminizden kurtulmak için uyguluyorsunuz. Öyleyse rejimin etkin olmasının tek yolu sizden geçiyor, bunu unutmayın.

Tatilde ya da yolculukta olsanız da, rejimi sürdürün. Proteinlere ulaşmanızın kolay olmadığı bir yerde olsanız da, toz proteinlere her an erişebilirsiniz. İleride bundan bahsedeceğim. Bu basit ama gününüzün etkin olması için çok yerinde bir yoldur.

Yulaf kepeği

Güçlendirme evresi boyunca yulaf kepeği günde 2 çorba kaşığı dozunda alınmalıdır. Bu iki kaşığın yanına iki dilim ekmek ekleyebilirsiniz ve eğer yulaf kepeği galetası yemeyi alışkanlık edindiyseniz, ekmeğinizi akşam yemeğinde, peynirinizin yanında yemek üzere saklayabilirsiniz.

Egzersiz

Güçlendirme evresinde, günde 25 dakika yürüyüş yapın. Tabii ki bu önerilen en az yürüyüş süresidir ve eğer zamanınız uygunsa istediğiniz kadar uzun süre yürüyebilirsiniz. Yürüyüş, kilo verme ve kalori yakma açısından çok etkili bir faaliyettir. En doğal etkinlik olmakla birlikte, keyif, neşe ve mutluluk sağlayan serotonin ve endorfin salgıları da en fazla yürüyüş sırasında üretilir.

Stres ve anlaşmazlıklardan bunaldıysanız, depresyondaysanız, sinirleriniz bozuksa, biri size bir kötülük ettiyse, kendinizi yalnız hissediyorsanız, yürüyüşe çıkın. Gördüğünüz, hissettiğiniz, karşınıza çıkan şeylerle ruhunuzu besleyin. Emin olun, yola çıktığınızdan daha iyi durumda geri döneceksiniz.

Atlanmaması gereken bir evre

Sıra kilonun nasıl kesin olarak sabitlendiğinden söz etmeye geldi. Dukan Diyeti'nin bu çok önemli döneminin asla atlanmaması gerektiğini aşağıdaki anlatacağım dört önemli konu nedeniyle yeniden belirtmeliyim.

Vazgeçilmez bir dönem

Dukan Diyeti'nin üçüncü evresi süresince, moralinizi devamlı yüksek tutmak, kendinizi kilo vermeye teşvik etmek ve tartıda aşağı inen rakamları görmek zorunda değilsiniz; ancak ne tamamen özgürsünüz, ne de sıkı bir rejim sürdürüyorsunuz, yalnızca önerilere hâlâ uymanız gereken bir dönemdesiniz.

Şunu bilin ki, koruma dönemini hiçe sayarsanız, onca zorlukla verdiğiniz kilolar kolaylıkla geri gelir. Hatta önceki kilonuzun üzerine bile çıkmanız mümkündür.

Rejime devamlı direnç

Bunun yanında, yeniden kilo almanın getirdiği bıkkınlık ve başarısızlık hissinin özellikle daha önce de birçok rejim uygulayanlar için çok daha tehlikeli bir sonucu vardır: Rejime direnç.

Hayatında sık sık kilo alıp verenlerin zayıflamaya karşı aşıya benzer bir dirençleri oluşur, yani verdikleri kiloları geri alanların yeniden kilo vermesi öncekinden daha zorlaşır. Organizması önceki deneyimlerini adeta hafızasına kaydeder ve yeni girişimlere daha büyük tepkiler verir. Her başarısızlık yeni bir başarısızlığın kapısını açar. Öyleyse şimdiye kadar birçok rejim uyguladıysanız, bir yenisine daha başladığınızda ilki kadar kolay kilo vermeyi beklemeyin. Önceden de belirttiğim gibi, Dukan Diyeti ile saf ve alternatifli protein rejimleri, önceden edindiğiniz rejim "aşılarına" karşı en az direnç oluşturan programlardan biridir.

Eski deneyimlerin hatırası

Diğer yandan, her yeniden kilo alışınızda psikolojinizi yöneten mekanizmalar ulaştığınız en yüksek kiloyu ona yeniden ulaşabilmek üzere hafızasına alacaktır.

Zayıflamak yağlarla ve kolesterolle beslenmek demektir

Son sırada, sonuçların en ciddilerinden biri var. Her kilo kaybedişte aranızdan çok azının bilincinde olduğu bir şekilde vücudunuz belli bir savaş verir. Kaybettiğiniz her kilo, depoladıklarınızdan gider; verdiğiniz 10 ya da 20 kg demek, o kadar saf yağ tüketmişsiniz demektir.

Bütün zayıflama sürecinizde kanınızdaki kolesterol ve yağ oranı ciddi oranda yükselir. Böylece kalbinizin her çalışmasında yağ ve toksin zengini bu kan damarlarınıza hücum edecek ve yüzeylerini kaplayacaktır.

Zayıflamak psikolojik sağlığınız ve yağ ile toksinden arınmanız açısından yararlıdır. Ama bu ciddi operasyonu hayatınız boyunca bir ya da iki kez uygulamaya dikkat edin. Bir ya da ikiden fazla sayıda başarısız olarak rejim uygularsanız, kanınızdaki kolesterol oranının da artması tehlikesiyle karşı karşıya kalırsınız.

Bununla sizi korkutmaya çalışmıyorum, varolan ve çok az bilinen bir tehlikeye karşı hem hastaları hem de doktorları uyarmak istiyorum.

Bütün bu saydığım nedenlerden dolayı, hazır elinizde zayıflama şansı varken, tek mantıklı davranış biçimini seçmeli ve güçlükle eriştiğiniz yeni kiloyu korumalı, önerilen zamanda da son aşamaya geçerek bunu kesin olarak sabitlemelisiniz.

Güçlendirme rejimi özeti

Bu geçiş döneminin süresi verilen kiloyla bağlantılı olarak hesaplanır: Verilen her kilo için on günlük yeni rejim yapılmalıdır.

Eğer 20 kilo verdiyseniz, öyleyse bu dönemi 20 kere 10, yani 200 gün boyunca sürdürmelisiniz. Herkes bu formülle kolayca kendisi için uygun süreyi hesaplayabilir.

Yeni kilonuzu korumayı hedeflediğimiz bu güçlendirme evresi boyunca, aşağıdaki besinleri tüketmekte özgürsünüz ve sürdürmekte olduğunuz rejime mümkün olduğunca sadık kalmalısınız:

- Atak rejiminin proteinli besinleri,
- Seyir döneminin sebzeleri,
- Muz, üzüm ve kiraz dışında, her gün bir porsiyon meyve,
- Günde iki dilim tam tahıllı ekmek,
- 40 gram çok yağlı olmayan peynir,
- Haftada iki porsiyon nişastalı gıda,
- Kuzu budu,
- 2 çorba kaşığı yulaf kepeği,
- 25 dakika yürüyüş.

Ve bütün bunları tamamlamak üzere:

- Haftada 2 kez "ödül" yemeği.
- Haftada 1 gün mutlaka atak rejimindeki gibi saf protein diyeti.

Son koruma evresinin uygulanışı

Dukan Diyeti'ni istediğiniz kiloya ulaşarak tamamladınız; vurucu bir atak rejimiyle yola çıktınız, seyir rejimiyle hedeflemiş olduğunuz kiloya geldiniz ve güçlendirme döneminde o ana kadar vermiş olduğunuz her kilo için on gün formülüyle kilonuzu kontrol altına aldınız.

Böylece yalnızca fazla kilolarınızdan kurtulmuş olmadınız, vücudunuz yine kilo alma eğilimi geliştirdiği bir dönemden de başarıyla geçmiş oldu.

Metabolizmanız yediklerinden olabildiğince çok kalori emme tepkisini artık vermiyor, ama yine de kendinizi artık eski bir obezin kilo almaya eğilimli yapısı ve önceki rejim deneyimlerden kalma kiloları geri almaya uygun doğasıyla baş başa buldunuz.

Bu noktada, aynı nedenlerin aynı sonuçları doğuracağını dikkate alarak hayatınızda her zaman uymanız gerekecek bazı önlemler olmazsa yeniden kilo alacağınızı unutmamalısınız.

İşte tehlike de burada başlıyor, çünkü artık kurallar ve önerilerle sınırlı bir dönemde değil, normal hayatınıza dönmüş durumdasınız. Bu son koruma dönemiyle edineceğiniz düzeni bütün hayatınız boyunca sürdüreceksiniz. Yani yeniden ağır kurallar koyarak yeni bir yola girmenizi beklemek pek de gerçekçi olmaz.

Ayrıca şimdiye kadar birtakım öneriler size yol gösterdi. Doğaçlama hareket etmenize fırsat vermeyen belirli seçenekleriniz vardı. Ama artık kıyıdan ilerlemeyi bırakıp açık denizlere yöneleceksiniz, yani özerkliğinizi yeniden elde ettiniz, ancak bu kez önünüzde büyük fırtınalar ve dolayısıyla, batma riski var.

Yani şimdi size yaşam tarzınıza kolayca katabileceğiniz, basit, somut ve acı vermeyecek talimatlar gerekiyor.

Bu nedenle, son koruma evresi, eski obezin rejimi biter bitmez yeniden kilo alma olasılığını azaltmak amacıyla, ona, içinden geldiği gibi beslenme özgürlüğüne tekrar kavuşmasına karşılık, dört basit ve uyması kolay önlem sunuyor.

Bu önlemlerin ilki çok basit, tek yapılması gereken güçlendirme evresinin yiyecek temelinden güvenlik platformu olarak faydalanmak yeterli. Bütün proteinlerden ve sebzelerden istendiği kadar, meyve, 2 dilim tam tahıllı ekmek, 40 gram peynir, 2 porsiyon nişastalı besin ve 2 ödül yemeği. Bu besinler sağlıklı, lezzetli ve yeterince çeşitli bir temel oluşturacaktır. Herhangi bir tehlike hissettiğinizde, ya da yeniden kilo almaya başladığınızda, hemen bu besinlere geri dönün.

İkinci önlemi zaten biliyorsunuz; güçlendirme evresinden tanıdığınız protein perşembeleri.

Üçüncüsüyse, sizinle benim aramda yapılacak bir sözleşme. Buna göre, asansöre binmeyi bırakacağınız ve günde 20 dakika yürüyüş yapacağınıza dair bana söz vereceksiniz.

Son önlemse ağzınıza layık... Tek yapmanız gereken, hayatınız boyunca üç çorba kaşığı yulaf kepeğinizden asla vazgeçmemek.

Bir obezden onu zorlamayacak bir şeye hayatı boyunca haftada yalnızca bir gün uymasını beklemenin fazla olmadığını düşünüyorum. Ayrıca deneyimlerim de bunun işe yaradığını gösteriyor.

Üstelik bu önlemler alındığı takdirde, Dukan Diyeti daha etkili hale gelecektir. Adeta bir silah daha kazanacak, kilo verdirmek ve bunun korunmasını sağlamak için küçük ama belirleyici bir koz elde edeceksiniz.

Dukan Diyeti ile 5, 10, 20 hatta 30 kg veren birçok hastamdan edindiğim izlenim ve deneyimlere göre, obezler dört aşamalı bu programla kısa sürede onları zayıflatacak besinleri iyice tanıyor ve kendi diyet ritimlerini oluşturup hayatları boyunca bunu sürdürmekte zorluk çekmiyorlar.

Planın ilk evresi olan saf protein döneminde diğer iki ana besin maddesini içermeyen proteinli yiyeceklerin seçilmesiyle bu yaşamsal gıdaların gücünü keşfediyorlar. Bu noktadan itibaren, artık tek yapmaları gereken, yiyecekleri zayıflatıcı bir silah gibi kullanmayı öğrenmek ve hayatları boyunca bundan yararlanmak.

Alternatif proteinler rejimi süresince de, sebze tüketmeye başladıkça kilo vermenin yavaşladığını ama bu vazgeçilmez besinin zayıflamayı engellemediğini, kilolu bir vücudun asıl düşmanının onlar olmadığını görüyorlar.

Kilo korumayı hedefleyen güçlendirme dönemine geçildiğindeyse, meyve, peynir, ekmek, bazı nişastalı besinler gibi gerekli bazı başka gıdaların tadını çıkarıyor, hatta iki "ödül" yemeğiyle de hiçbir suçluluk hissetmeden, yemeklerden daha çok zevk alabilecekleri şekilde beslenme olanağı buluyorlar. Böyle yapmakla, zihinlerinde besinleri değer sırasına koyarak daha iyi sınıflandırabiliyorlar.

Sonuç olarak, Dukan Diyeti'nden öğrendikleriniz sayesinde besinleri birbirinden ayırt etmeyi ve değer sırasına göre derecelendirmeyi, bunların bedeninize yapacağı etkileri bilirsiniz. Böylece hem önlemlerinizi alır, hem de kilonuzu gerçekten sabitler, verdiğiniz kiloyu bir daha almamak üzere vermiş olursunuz.

Protein Perşembesi

Neden perşembe?

Hayatımın, sizin şu anda elinizde tuttuğunuz zayıflama programı haline gelecek farklı bölümleri bir araya getirmekte olduğum döneminde, verilmiş kiloların geri alınmamasını sağlamak üzere son bir ek yapma gereği duydum; bu aynı zamanda hastalarıma ya da okurlarıma zayıflamak için vermiş oldukları mücadeleyi de anımsatacak bir önlemdi.

Aslında bunu aklıma getiren hastalarımdan biri olmuştu. Tahmin ettiği kadar acı çekmeden epeyce kilo vermeyi başarmış bir kadın hastam "normal hayata" dönüşe kuşkuyla bakıyordu. Yapmış olduğu hataları düzelten atak rejimini tamamen bırakmayı hiç istemiyordu. Bu konuda benimle pazarlık edebilmek için şu basit ve akıllıca öneriyi getirmişti: "Haftada bir gün olsun!" Fikir böyle çıkmıştı ve ben de birkaç hafta sonra resmen hastalarıma yazdığım reçetelere, "Haftada bir gün saf protein rejimini sürdürmeli!" diye yazmaya başladım.

Bu açık ve basit talimata genellikle bir süre başarıyla uyulduğunu, ancak bir süre sonra bu davranışın terk edildiğini fark ettim. Hastalarımın çoğu bunun nedeni olarak günlük hayatın alışkanlıklarını ve dışarıda yenen yemeklerin çekiciliğini gösteriyorlar.

Ben de rejimin kesin olarak uygulanması için, rasgele seçtiğim perşembe gününü belirledim. Bu da hastalarımın işini kolaylaştırdı, çünkü eskiden fazla kiloları olmuş birinin zayıfladıktan sonra kendiliğinden bir rejim günü belirlemesi dışarıdan talimat verilmesine kıyasla tabii ki daha zor. Öyleyse hafta boyunca yapılan hataları gidermek, yeniden kilo alma eğilimini ortadan kaldırmak için perşembeyi seçelim.

Perşembe günü proteinlerinin özelliği: Neden bu proteinler diğerlerinden farklıdır?

Sizlere atak rejiminde vücudunuzu harekete geçirmek için, seyir rejiminde sebzelerle yeniden zenginleştirmek için nasıl beslenmeniz gerektiğinden bahsetmiştik. Şimdi de perşembe günüyle kilolarımız sabitleştirme dönemine geldik. Buraya kadar size çok az alan bırakan, kuralları belli, sıkı bir rejim sürdürdük.

Şu andan itibaren daha rahat davranabileceksiniz.

Haftanın yedi gününün altısında istediğiniz gibi beslenebilirsiniz, ama yalnızca perşembe günü şişmanlama eğiliminizi kontrol altında tutacak olan proteinleri yiyeceksiniz.

Yani bu saf protein rejimini bir gün boyunca mükemmel bir şekilde sürdürmeniz gerek, aksi takdirde yaptığınız her hata rejimin etkinliğini bozacaktır.

Perşembe günleri aldığınız bütün gıdalar mümkün olduğunca saf proteinden oluşmak zorundadır. Kesin kilo koruma amacıyla yola çıktığınız bugün için, mümkün olduğu kadar protein içeren gıdaları seçmelisiniz. Yağ ve karbonhidrattan kaçınırsanız daha etkili ve vurucu sonuçlar alırsınız.

Protein perşembesi uygulaması: Besinlerin seçimi

◉ Az yağlı etler

Kuzu etinin saf proteinler arasında yer almak için fazla yağlı bir et olduğunu biliyorsunuz. Protein perşembesi için aslında en uygun, en az yağ içeren ve en sağlıklı olan et, sığır etidir.

Ayrıca dana etini de ızgarada pişirerek yiyebilirsiniz. Protein perşembelerine en uygun kısmı dana şinitzeldir. Dana pirzolasını ise haftanın diğer günleri tüketmeniz daha uygun olur.

Sığır etinin de yağsız kısımlarını yiyebilirsiniz. Örneğin, pirzola saf protein rejimi için uygun değildir, yağsız bölümlerini tercih edin.

Fileto ve biftek ise hayvanın herhalde en yağsız bölümleridir. Yalnızca %5 yağ içeren biftekler vardır; korkmadan tüketebilirsiniz.

Öte yandan, bonfile, kontrfile gibi bölümlerin biraz daha yağlı olduğunu unutmayın. Bu nedenle, normal rejim sırasında yiyebilseniz de, bu özel perşembe diyetlerinde bunlardan kaçının.

Hatırlamanız gereken diğer bir nokta da, bu özel günde etleri sağlıklı pişirerek tüketmeniz gerektiği, tabii yağlarını da ayırarak.

◉ Balık ve deniz ürünleri

Şimdiye kadar sizi her türlü balık ve deniz ürününü, en yağsızından en yağlısına kadar yemekte özgür bırakmıştım. Bu özel perşembe günlerindeyse somon, ton, sardalye, soğuk deniz balıkları yerine beyaz balıklar dostunuz olmalı.

Somon yiyecek olursanız tazeyse 200 g., tütsülenmiş ise 150 g.'dan fazlasını aynı öğünde yemeyin.

Ayrıca fazla yağlı hazırlama şekillerini de tercih etmemelisiniz. Izgara, marine ya da limonda bekletme gibi pişirme yollarını deneyin. Unutmayın ki, balık ve deniz ürünleri dışarıdaki davetler için de uygun bir seçenektir.

Balıkların buğulama, yağlı kâğıtta pişirme, fırında pişirme, ızgara ya da tava gibi klasik pişirilme usulleri dışında, basit ve özgün bir tarif doğrultusunda çiğ yenmeleri de mümkündür. Orfoz, gelincik balığı, çipura gibi balıklar bu hazırlama şekline çok uygundur. İnce dilimler ya da küçük küpler halinde kesilip birkaç dakika limonda bekletildikten sonra, tuzu ve karabiberi atılıp tercihe göre baharlı otlarla hoş kokması sağlandıktan sonra, özgün ve lezzetli bir başlangıç tabağı olarak servis edilirler.

Kalkan, barbunya ve kedibalığı en yağlı beyaz etli balıklar olsalar da, en yağsız kırmızı etten bile daha az yağlıdırlar. Yani beyaz etli balıkları hiç tereddüt etmeden kullanabilirsiniz.

Yengeç, karides, midye, istiridye, dev taraklardaki yağ balıktakinden daha da azdır. Yine de deniz ürünleri konusunda fazla bilginiz yoksa bazı cinsleri çok yağlı olan istiridyelerden kaçının.

⊙ Kümes hayvanları

Ördek ve kaz dışındaki bütün kümes hayvanlarının etleri, derisiz yenmek kaydıyla, protein rejiminin temellerinden birini oluşturur. Protein perşembesindeyse bazı konulara dikkat edilmelidir.

Tavuk yerken derisinden başka kanat, kalçanın kısmı ve kuyruksokumu etlerini de yememeye özen gösterin, bu bölümleri diğer günlere saklayın.

Hindi ve beçtavuğu en az yağlı kümes hayvanlarıdır, istediğiniz kadar tüketebilirsiniz. Tavşan da eşsiz bir saf protein kaynağıdır. Ayrıca bıldırcın ve güvercin de protein perşembelerinize renk katar.

Bu kümes hayvanlarının hepsi farklı biçimlerde hazırlanır.

Tavuğu kızarmış ya da şişte tercih edin. Perşembeleri şişe ağırlık vermeye bakın ve etleri süzülen suyunda tutmayın.

Hindi ve beçtavuğu, yağlarından ayrılmaları için sık sık üzerlerinde limonlu su gezdirilerek fırında pişirilir.

Perşembe günleri bıldırcın, güvercin ve tavşan gibi av hayvanlarının yağları süzülecek şekilde fırında pişirilmesi uygun olur. Yine o güne özgü olarak, tavşanın daha önce atak diyeti tariflerinde önerildiği gibi hardal sosuyla değil, yağsız beyaz peynir ve hoş kokulu otlarla servis edilmesini öneriyoruz.

◎ Yumurtalar

Yumurtanın beyazı tamamen saf protein içeren tek besindir, sarısı ise olası civcivin kompleks yağlarını da içerdiğinden kolesterolü yükselten bölümüdür.

Yine de yumurta bir bütün olarak protein perşembesi için iyi bir besindir, ancak sarısını çıkararak yerseniz daha etkili olabilir.

Diğer bir çözüm de tek sarı ve iki yumurta beyazıyla omlet hazırlamak olabilir; isterseniz süt de ekleyebilirsiniz. Ama şunu unutmayın ki, eğer yumurtanızı yağda ya da tereyağıyla hazırlarsanız bütün çabalarınız boşa gider. Bunun yerine, tavaya koymadan önce yapışmaması için birkaç damla su koyabilirsiniz.

◎ Yağsız süt ürünleri

Yağsız beyaz peynir ve yağsız yoğurtlar tercih edilmelidirler. Peki, her geçen yıl tüketimi artan bu besinlerde başka ne var? Biliyoruz ki süt proteinleri toz proteinlerin de kaynağıdırlar. Aynı zamanda laktoz ya da sütün şekeri de vardır.

5 gün aralıksız takip edilecek ve ardından haftalar ya da aylar boyunca dönüşümlü uygulanacak bir rejimde, söz konusu laktoz saf protein diyetinin etkisini hafifletmez. Yağsız süt ürünleri ister limitsiz, ya da günde 700-800 gramı geçmeyecek şekilde tüketilebilirler.

Haftada bir gün mutlaka yapılacak son koruma rejimindeyse, laktoz alımını sınırlamak için besinlerin seçimine dikkat edilmelidir. Örneğin, yağsız bir yoğurtla yağsız bir beyaz peyniri karşılaştırırsak, aynı miktarda kalori getirseler de, peynir daha çok protein ve daha az laktoz içerir. Öyleyse perşembe günleri yağsız beyaz peynir tüketmek daha avantajlıdır. Haftanın geri kalan altı gününde yoğurt tüketebilirsiniz.

◎ Su

Bu konuda da saf protein dönemi talimatlarını biraz değiştirmek iyi olur. Günde bir buçuk litre su tüketimi yağ yakmakta olan bir organizma için idealdir. Koruma perşembesi dışındaki günlerde, su tüketimini günde iki litreye çıkarmak daha yararlıdır, ince bağırsakları güzelce yıkayarak asitliliğini düşürür. Besinleri daha çok sulandırarak emilmelerini frenler ve bağırsaktan hızla geçmelerini sağlar.

Bu yoğun yıkanmaya bolca proteinin de eklenmesiyle oluşan şok dalgası, yalnızca perşembe gününde etkili olmakla kalmaz, haftanın geri kalan üç gününde de etkisini sürdürür.

◎ Tuz

Tuz hayatın devamı için vazgeçilmez bir maddedir. Organizmamız, kan ve lenf sıvısı gibi sıvılarla adeta yıkanmakta, tıpkı deniz suyunda olduğu gibi, bu bütün içinde tuz da yer almaktadır. Ancak tuz zayıflamanın düşmanıdır, çünkü suyu çeker ve yağların hücrelerde süzülmesini engeller.

Diğer yandan, tuzdan yoksun bir zayıflama rejimi uzun zaman sürdürüldüğünde damar basıncını düşürme eğilimi oluşur. Bu nedenle, tüm zayıflama ve koruma rejimleri süresince, Dukan Diyeti tuz alımının yalnızca biraz azaltılmasını önerir.

Koruma amaçlı perşembe diyetleri sırasındaysa, aynı talimat sertleşir ve tuzun daha az tüketilmesi gerekir.

Özellikle hormonal düzensizlikler yaşamakta olan kadınlar buna daha çok dikkat etmelidir.

Hardal da aynı nedenlerle perşembeleri sınırlamalısınız. Öte yandan, bu açığı telafi etmek için sirke, karabiber, baharlı otlar ve bütün baharatlar artırılabilir.

Toz halindeki proteinler

Şimdiye kadar bahsettiğimiz proteinler doğal gıdalar arasında en çok protein içeren besinlerdir. Yumurtanın beyazı dışında hiçbir gıda saf proteinden oluşmasa da, protein oranı en fazla olan gıdaları seçmeye dikkat etmelisiniz. Öte yandan son yıllarda besin sanayisinde saf toz proteinler üretilebiliyor.

Ancak yine de aşağıda açıklayacağım gibi yararlarının yanında sakıncaları da olduğundan bunları tüketirken seçici olmamız gerekiyor.

Toz proteinlerin avantaj ve sakıncaları nelerdir?

◉ Avantajları

Toz proteinlerin avantajı saf olmalarıdır. Zayıflamak isteyen biri için bu ilk bakışta bir avantaj gibi görünmese de, bildiğiniz gibi ince bağırsak, en iyi yağ, protein ve karbonhidratların iyi oranlardaki karışımını sindirir. Ama şunu bilmelisiniz ki bağırsak yalnızca proteinden oluşan bir besinle karşılaşırsa fonksiyonunu tam olarak yerine getiremez ve buraya gelen tüm besini sindiremez.

Dukan Diyeti'nin ilk iki evresinde, zayıflama süreci uzadıkça bu toz proteinler büyük avantaj sağlamazlar, ancak kesin koruma döneminde protein perşembesi için idealdirler ve rejimin geri kalanında da etkili olurlar. Ayrıca saf toz proteinler düzenli bir hayatı ve yeme düzeni olmayanlar için de temiz, taşıması kolay ve her koşulda kullanılabilir oluşları nedeniyle çok uygun ve avantajlıdır.

◉ Sakıncaları

Toz proteinlerin en büyük sakıncası şüphesiz yapay gıdalar olmalarıdır. İnsanlar toz proteinle beslenmediklerinden, böyle bir beslenme şekline göre programlanmamışlardır. Beş duyumuz ve beynimizi kullanarak, susadığımız veya acıktığımızda görünüşü, tadı, kokusu ya da diğer özelliklerini beğendiğimiz besin maddelerini tüketir ve zevk alırız. Toz gıdalar ne kadar renkli ve hoş kokulu olursa olsun, bizim tat alma zevkimizi tatmin etmezler.

Beslenme, özellikle modern dünyada stresli günlük hayatlarımız içinde duyu organlarımızla ve içgüdülerimizle karar vererek yaptığımız bir şey haline dönüştü. Bu nedenle yalnızca toz proteinlerden oluşan bir beslenme şekli, bulimia ve benzeri diğer beslenme sorunlarına yol açarak koruma dönemi umutlarını tamamen boşa çıkarabilir.

- Toz proteinlerin ilk sakıncası fiyatlarıdır. Toz gıda paketleriyle beslenmek pahalıya gelir.

- İkinci sakıncası: Eşit derecede saflığa ve kaliteye sahip olmamalarıdır. Paketlenmiş tüm sanayi ürünleri aynı kalitede değildir. Farkları moleküllerinin birbirine bağlanış ve ayrılış şeklinden kaynaklanır. Proteinler sekiz vazgeçilmez aminoasitten oluşan zincirle birbirlerine bağlıdırlar. Bu aminoasitlerden biri olmadığında sentezleme farklı olur ve kaslarda depolanan protein oranları değişir. Bu durum aminoasitleri eksik olan bitkisel proteinlerde meydana gelir.

  Öncelikle saf toz proteinleri yemeğe eşlik eden, yağ ve karbonhidrat da içeren diğer sıradan besinlerle karıştırmamak gerekir. Saf protein perşembesi için uygun bir besinin protein oranının en az %95 olması gerektiğiniz bilmelisiniz. Bitkisel proteinlerden kaçınmalı ve yumurta akı ya da süt proteinlerine yönelmelisiniz.

- Üçüncü sakıncası: Liften tamamen yoksun olmalarıdır. Bu da endişe verici bir kabızlığa neden olur.

Lif eksikliğinde sindirim yolu, fonksiyonunu yerine getirirken zorlanır ve proteinlerin aşırı tüketiminde vücutta şişkinlikler gözlenebilir.

Lif eksikliği damak tadında da bir sorun yaratabilir. Sıkı dokuya sahip olduklarından ve ağızdaki sindirimlerinde daha çok kas faaliyeti gerektirdiklerinden mideye hızlıca gönderilirler. Bu da hava yutuyormuş hissi yaratabilir.

Lif bakımından zayıf olan proteinleri tüketirken yulaf ve benzeri besinlerle karıştırarak sindirimlerine yardımcı olmalısınız.

Sonuç olarak, ister zayıflamak ister uzun vadeli tüketim için olsun, toz proteinler hatırı sayılır ve ciddi sakıncalar içerirler. Yine de, yüksek riskli bir yemeğin, atlanmış bir öğünün ya da bir hamburgerin yerine kullanılabilirler.

Asansör kullanımını bırakmak

Bu kiloyu sabitlemek üzere zayıflama programımı tamamlayan bir talimattır. Kilo vermiş olanlarınız bunun ne kadar büyük bir çaba gerektirdiğini ve sonucun ne büyük bir tatmin getirdiğini çok iyi bilirler. Çağımızda pahalı yürüyüş bantları satılmakta ve insanlar spor salonlarına abone olmak için yine para ödemektedirler. Bu durumda, bedava yapabileceğiniz bir egzersiz olan merdiven çıkmayı neden günlük alışkanlıklarınız arasına eklemeyesiniz?.. Artık bunu da hastalarıma yazdığım reçetelere ekleme alışkanlığı edindim.

Merdiven inmek ve çıkmak vücuttaki en büyük kasların kasılıp gevşemesini sağlar. Bu da epeyce kalori yakılmasına neden olur. Ayrıca, hareketsizliğe mahkûm olduğumuz kent yaşamında ara sıra da olsa kalp ritmimizi yükseltecek egzersizler yapmak kalp damarlarını korumak için harika bir yoldur. Bu önerinin aslında sadece kalori yakmaktan daha başka bir amacı da vardır. Bir daha asla kilo almak istemediğiniz yönündeki kararlılığınızı günde birkaç kez test etmenizi sağlar.

Asansörü seçerken işe geç kaldığınızı ya da alışveriş poşetlerinizin çok ağır olduğunu bahane ediyorsanız, bu sizin pes etmekte olduğunuzun göstergesidir ve daha yalnızca başlangıçtır. Ufacık bir katkıda bulunmayı istemediğiniz bir kilo sabitleme programı başarısız olmaya mahkûm demektir. Bu nedenle, daima merdivenleri seçin.

Yaşam boyu günde üç kaşık yulaf kepeği

Yulaf kepeği konusunu daha önce de ayrıntılı olarak ele almıştım. Söylenebilecek her şeyi söylediğimi sanıyorum. Ancak kişisel gözlemlerimi de aktarmayı uygun buldum.

Klinikteki hastalarımdan, okurlarımdan, Internet kullanıcılarından aldığım bilgiler doğrultusunda, uzun vadede en iyi sonuçları elde edenler ve kilolarını en rahat koruyanlar düzenli olarak, sabah ve akşamüstü günde iki kere yulaf kepeği tüketenlerdi.

Yulaf kepeğinin, asansör kullanmamak ve protein perşembeleri yanında, kilo sorunuyla mücadelemizde en önemli silahlarımızdan biri olduğuna inanıyorum.

Üç çorba kaşığı yulaf kepeğini mutlaka günlük alışkanlıklarınıza ekleyin. Hatta canınız istediği zamanlarda dördüncü kaşığı yiyemeyeceğinizi söyleyen yok.

Küçük bir kullanım uyarısı

Yulaf kepeği, yiyeceklerdeki besleyici maddelerin bağırsaktaki emilimini frenleyen bir madde olması nedeniyle, şu ana kadar çoğu kişi bana aynı şeyin vitaminler ve bazı ilaçlar için de geçerli olup olmadığını sordu. Yanıtım evet. Ancak bunun pek önemi yok çünkü besleyici maddeler de ilaçlar da bağırsak içeriği içerisinde çok az miktarda bulunuyor. 3 çorba kaşığı ölçüsünü aşmadığınız sürece endişelenmeniz yersiz. Öte yandan, tanık olduğuma göre bazıları rahatlıkla bu dozu aşabiliyor. Böyle durumlarda, bir vitamin kompleksine başvurmakta fayda var. Çok önemli ilaçlar kullanıyorsanız, o zaman da yulaf kepeği aldıktan 1 saat sonrasını beklemenizi öneririm. (Tabii bu uyarılar 3 çorba kaşığını aşmanız halinde geçerli.)

Son koruma rejiminin kısa özeti

1. Haftanın 6 gününde her istediğinizi yemeye geri dönebilirsiniz. Bu arada kilo koruma amaçlı önerilen gıda gruplarını da aklınızın bir köşesinde tutup gerektikçe bunlara başvurabileceğinizi unutmayın.
2. Bütün zayıflama programını sıkı sıkıya takip edin, öğrendiklerinizi uygulayın.
3. Yaşamınızın geri kalanı boyunca kendinizi güvenceye almak için protein perşembeleri uygulayın.
4. Yaşamınızı sanki asansörler hiç yokmuş gibi sürdürün.
5. Ayrıca yaşamınızın geri kalanında her gün 3 çorba kaşığı yulaf kepeği yiyin.

Bu beş önlemlerden herhangi birini atlayacak olursanız, kilo kontrolünüzü tehlikeye sokarsınız.

Hepsine boş verirseniz, er ya da geç vermiş olduğunuz bütün kiloları geri alırsınız.

KİŞİSELLEŞTİRME VE İZLEME

Zayıflama projesinin başarısı ve sürekliliğinde çok önemli iki etken

Kitabımın bu bölümünü 2008 baskısına ek olarak yazmıştım, bugün buraya sonraki iki yıl içerisinde olanları da ekliyorum. Bu bölümü kitaba almamın nedeni, okurlarımı kitabımın ilk baskısından bu yana zayıflama yöntemimle ilgili olarak gerçekleşmiş araştırmalardan ve gelişmelerden haberdar etmek istememdir.

Bu kitabı 2000 yılında yazdım. Paylaşacak bir mesajı olduğuna inanan her yazarın, benim bu kitabımla yaşadıklarımı yaşamasını bütün kalbimle diliyorum. Bu benim on sekizinci kitabımdı ve benim için çılgın bir macera oldu. Birkaç yıl içinde, rotasını kendi başına çizip bu yolda ilerledi ve kilo verme konusunda bir başvuru kaynağı haline gelerek gurur ve mutluluk duymamı sağladı. Sessiz sedasız piyasaya çıktığı ilk yılda, basın desteğiyle kitlelere duyurulmamış bütün kitaplarla aynı sona uğramıştı: Kimsenin kimseye hakkında tek söz etmediği, satışları düşük bir kitap olmuştu. İkinci ve üçüncü yılındaysa kendi kitlesini buldu ve onları fethetti. Ne benim, ne de yayıncımın anlayamadığı bir olaydı bu: Satışlar patlamış, bir Fransız yazarın çok ender olarak ulaşabildiği rakamlara çıkmıştı ve kitap 2007 yılını *Harry Potter*'in hemen ardında bitirdi.

Forumlar

Kitap, başarısını ondan yararlanmış olan okurlarının coşkusuna borçlu. Okurlar durmaksızın herkese bu kitaptan söz ettiler ve Internet üzerinden duyurulmasını sağladılar. 4 yıl içinde, çoğu kadın olan uygulayıcılar 144 sitede, forumlarda, blog sayfalarında yazdıkları yazılarla, beni hiç tanımadıkları halde yöntemimin gerçek anlamda birer eğitmeni haline geldiler. Bir hastam bana içinde kitabımın sözü geçtiğini söyleyene kadar varlığından haberim bile olmayan bir foruma merakla bakmıştım. O dönem için bu tip etkinlikler henüz çok yeniydi. Sözü edilen forumda zayıflama yöntemimi gündeme getiren kadın, elinizde tuttuğunuz kitabı okuduktan sonra 30 kilo vermişti ve o kadar mutlu olmuştu ki herkese bundan söz ediyordu. İki yıl sonra, çok fazla kullanıcısı ve ziyaretçisi olması nedeniyle forum çöktü. Bunun üzerine, büyük saygınlığı olan birçok sitede şubeleri açıldı. Ardından, becerikli kadınlar kendi sitelerini kurdular ve Dukan diyeti uygulayıcılarını bir araya getiren birçok site doğdu.

Uluslararası

Bu sırada, kitabım başka ülkelere ve kültürlere de girmişti. İtalya, Kore, Tayland, İspanya, Brezilya, Polonya ve İngiltere gibi çeşitli ülkelerden yayıncılar kitabımın yayın haklarını satın aldı.

Ortaya koyduğum ve kendi hastalarım için özenle geliştirdiğim, daha sonra kitabı sayesinde daha geniş kitlelere ulaşan yöntemimin kendi ülkem olan Fransa'da yakaladığı başarıyı anlıyor olsam da, Brezilya ve Kore gibi çok farklı kültürlerde basın ve forumlar aracılığıyla yaratmış olduğu hareketlilik beni çok şaşırttı.

Kitabın başka ülkelerde piyasaya çıkmasından sonra, çok sayıda uygulayıcıdan, gazetecilerden ve doktorlardan, yöntemimi ne kadar sevdiklerini ve bunu uygulayarak ne denli başarılı sonuçlar elde ettiklerini anlatan sayısız mektup aldım. Hepsi de, yöntem bir Fransız'a ait olduğu halde, uygularken yabancı gelmediğini söylediler.

Zayıflamanın gerçekleştiği iki evrede tüketilen 100 yiyeceğin tamamı da insanların mevcut zengin içerikli gıdalarındandır. 72 protein içeren yiyecek ile 28 sebze, protein avcısı ve sebze toplayıcısı insanın doğal beslenmesinin temelini oluşturmaktadır. Dünyada bu yiyeceklerin tüketilmediği herhangi bir ülke bilmiyorum.

Dahası, bunlara eşlik eden 'istediğiniz kadar' ifadesi, her canlının doğal bir içgüdüsel sürecine karşılık verir. Gereksinim kendini hissettirdiği zaman, sizi artık açlık ya da susuzluk hissetmeyinceye, bir başka deyişle, biyolojik denge sağlanıncaya kadar yemeye ya da içmeye zorlar. Ve bu gereksinim, arzuların ya da psikolojik veya duygusal güdülerin baskılanmasıyla birlikte, daha da fazlasını ister. Kalori hesaplamak ve baştan çıkarıcı bir yiyecek gördüğünde kendini frenlemek zorunda olmak doğaya aykırıdır; yapılabilir, ama düş kırıklığı yaratır.

Bulgar fenomeni

Bunlar olurken, benim 'Bulgar fenomeni' adını verdiğim şey gerçekleşti. Bir Bulgar yayıncı kitabın yayın haklarını satın almıştı. Tanıtımı için para olmadığından, kitap sessiz sedasız piyasaya çıktı. İlk yıl kazanç çok düşüktü; yayıncı vazgeçmenin eşiğine gelmişken, kitap, her zamanki yayılma biçimine uygun olarak –kulaktan kulağa– Bulgaristan'daki kariyerine başladı. Birkaç ay içinde ülkede en çok satan kitap oldu. Sofya'nın önde gelen günlük gazetelerinden birinde yayınlanan beş sayfalık özel sunum dinamitin fitilini ateşledi ve kendimi, bugün bile tam olarak anlayamadığım, ama hayatımın en güzel zamanlarından biri olan patlamanın ortasında buldum. Avrupa'nın en yoksul ülkelerinden biri olan, dokuz milyon insanın yaşadığı Bulgaristan*, benim yöntemime bayılmıştı!

Ne kadar heyecan verici olsa da, bu küçük öyküyü bir yana bırakırsak, artık yöntemimin bana ait olmadığını düşünmeye başladım. Tam anlamıyla beni aşmış ve kilo vermek için ona gereksinim duyanların malı haline gelmişti. Onu ortaya koyma şansına sahip olmuştum, ama artık kendi hayatını yaşaması gerekiyordu, çünkü önünde bir gelecek vardı ve bütün iyi niyetli çabaları, onun yayılmasını kolaylaştırmaya yönelik bütün yardımları memnuniyetle karşılıyordum.

Düşük kalorili diyetler için son sözüm

Bugün, 35 yıl boyunca her gününü fazla kilo ve obezite sorunu olanları tedavi etmeyi uğraş edinerek geçirmiş bir beslenme uzmanı olarak, kilo sorunuyla mücadelede dünya genelindeki başarısızlığın nedenlerinden birinin, düşük kalori diyetlerini destekleyenlerin bunları kullanmakta ısrar etmeleri olduğuna ikna olmuş durumdayım.

---

* 2008'den itibaren, Polonya, Bulgaristan'daki bu başarıyı aştı. Kitap bu ülkede bütün kategorilerin en çok satanları listesinin başında yer almıştır.

Bu yöntem, kuramsal olarak en mantıklısı olmasına karşın, uygulamada en kötüsüdür. Neden? Çünkü kilo alan kişinin zihniyetine ters bir mantıkla çalışır. Kalori hesaplamakla, yalnızca insanların katı mantığı hesaba katılır ve kilo almamızın temel nedenleri olan duygular, heyecanlar, hazlar ve duyusal tatmin görmezden gelinir.

Düşük kalori diyetleri size çok yediğinizi, ya da zararlı ve kalorisi bol yiyecekler yediğinizi söylerler. Bu doğrudur, ama bunu *neden* yaptığınızı açıklamazlar. Ve ayrıca çok fazla kalori aldığınız için şişmanladığınızı, kalori miktarını azaltırsanız, kilo vereceğinizi de söylerler.

Beslenme uzmanlarının sizin için belirlediği rejimler 1.800 ya da 1.500 veya 1.200 kaloriyi, hatta belki 600 kaloriyi aşmamanızı öngörür. Bu sayıyı aşmamak için devamlı hesap yaparak yemek yersiniz. Bir nükleer santralin enerji kayıtlarına benzeyen bu ayarlama biçimi, bu konuda literatürde bulabildiğim ilk tarih olan 1947'den beri yürürlüktedir.

Her şeyden, ama az miktarda yemek, izin verilen kalori miktarını aşmamak için bütün gün yediğiniz her besinin tek tek kalori hesabını yaparak yemek yemeniz anlamına gelir. Bu tür talimatlar, kilo alma eğilimindeki kişilerin aklından geçenlere tamamen aykırıdır. Böyle talimatları uygulayabilmeleri ya da böyle ince hesapları yapabilmeleri mümkün olsaydı, bu aşırı kilolu ya da obez kişiler, daha en başında aşırı kilolu ya da obez olmazlardı.

Rejim yapanların bazıları bu işin üstesinden gelebilmişse, bu onların olağanüstü azimli olduklarını ve zayıflamak uğruna, kimliklerini, karakterlerini değiştirmeyi kabullendiklerini gösterir.

İyi ama istediğiniz kiloya düşmeyi başardığınız zaman ne

olur? Her zaman hiç hesapsız yediği için kilo almış birinden, bir anda bir kalori hesap makinesine dönüşmesini isteyebilir misiniz?

Pratisyenlik yaşamımda ilgilenmem gerekenlerin neredeyse hepsi, yemekle ilişkileri "ya hep ya hiç", "ancak uç noktalardaysam iyiyim", ya da "hiçbir şeyi yarım yapmayı beceremiyorum" modeline uyan kadın ve erkeklerdi. Fazla kiloları sorulduğunda, bu harika insanlar, en sıkı diyetten sonra bile bir anda "ne olursa olsun" deyip kendilerini tamamen bırakma durumuna geçebildiklerini itiraf ettiler.

Bu doğaya aykırı diyeti savunmak isteyen destekçileri, ortaya 'DENGE' sözcüğünü atmışlardır: 'Dengeli beslenin' derler. Ama obezler dengeli beslenme becerisine sahip olsalardı, zaten asla fazla kiloları olmazdı. Siz yaşadığınız ülkenin herhangi bir yerinde iri yarı, kilolu ya da obez olmayı arzulayan bir tek kadın bulunduğuna inanıyor musunuz? 35 yıl içinde, benim karşıma bir tane bile çıkmadı. Bir kadın obez olduysa, yeme arzusuna karşı koyamadığı içindir. Böyle birinden günde yalnızca 900 kalori tüketmesini istemek, şaşkınlığını ve üzüntüsünü artırmaktan öteye gitmeyecektir.

Bu düşük kalori diyetleri ortaya çıkalı 60 yıldan uzun zaman oldu. Öğretildikleri her yerde başarısızlığa uğradıkları halde bu diyetleri uygulayanlar hâlâ bunların başarısızlığını kabul etmiyor. Dahası, alınan kalorileri hesaplamayı ve azaltmayı önermek, doğası gereği, ulaşılan kilonun kalıcı olması konusunda umut vermeyi olanaksız kılar. Bunun tek istisnası Weight Watchers (1963 yılında Amerika'da, Brooklyn'de kurulmuş, diyet ürünleri sunması yanında, kilo verme konusunda da hizmet veren bir şirket) yöntemidir. Bu yöntemde, puanlama sistemi aracılığıyla yiyecekleri hesaplamak önerilir. Ama yenilikçi ve etkili olan, diyetin kendisi değildir; asıl başarı, zamanında gerçek bir devrim kabul edilmiş toplantı düzenleme sisteminindir. Bana göre, Weight Watchers dünyadaki kilo artışı sorununun önüne geçtiğini iddia edebilecek tek kuruluştur.

Bununla birlikte, gerçek bir izleme olmadıktan sonra, uygulanan düşük kalori diyetlerinin neredeyse tamamı otomatikman başarısız olmaya mahkûmdur. Bunun yanı sıra, tıpkı protein tozu kullanılan diyetler gibi ama fakli nedenlerle, bu diyetler de yok olmaktalar. Çünkü bugün artık kullanıcılar, kendi deneyimlerinden edindikleri bilgileri, Internet siteleri, forumlar, bloglar ve Twitter aracılığıyla paylaşabiliyorlar. Bu devri kapanmış diyetleri ortadan kaldıracak olanın, yine bu diyetleri gerçekten uygulamış insanların baskısı olacağını umuyorum.

Kişiselleştirme: Kilo almanın kesin nedenlerine ulaşmak

20 milyon farklı vaka

Fransa'daki durum sorunu özetliyor: 20 milyon fazla kilolu insana karşılık birkaç yüz beslenme uzmanı var. Bu oran, fazla kilolara karşı savaşta mevcut tuzağı ortaya koymaktadır. Bu kişilerin sayısındaki artış konusunda söylenebilecek her şey söylendi ve bunlar yıllardır sayısız defalar tekrar da edildi, ama bunca zamandır hiçbir şey yapılmadığı için bu sıkıntı ve rahatsızlık kaynağında en ufak bir düzelme olmadı.

Kitabımın ve onun anlattığı yöntemin etkisini artırmanın yollarını ararken, zihnimde çılgınca bir fikir belirdi. Bu fikir, okurlarım her ne kadar azimli ve bu işe kendini vermiş olsalar da, hastalarımla yüz yüze olup, operasyonu bizzat yönetmemin genellikle daha etkili olduğu gerçeğine dayanıyordu. 'Genellikle,' diyorum, çünkü tek yol haritası ve pusula olarak kitabımdan yararlanıp kilo veren okurlarımdan sayısız mektuplar alıyorum. Ama yöntemin yazarıyla yüz yüze olmanın ve başka birine akıl danışmanın, 'uzun mesafe koşucusunun' yalnızlığının acısının azaltacağı, inilen kilonun korunmasına yönelik iki evreyi daha yüksek enerji ve motivasyonla atlatmasını sağlayacağı çok net.

Bunun gayet basit bir nedeni var: Hepimiz, öyle ya da böyle, fazla yemek yediğimiz için, ya da sık yemek yediğimiz için veya yanlış yiyecekleri tükettiğimiz için kilo alırız. Ama 'öyle ya da böyle' derken, her insanın kendi yolunu çizmesini ve nedenlerin ona has olmasını kastediyorum. Hem sıradan bir yöntemle kilo vermek mümkün olsa bile, kilo vermeye hazırlanan kişinin bireysel nedenlerinden ve kilosunun niteliğinden oluşan bu yapıyı bir bütün olarak göz önüne almamız daha etkili sonuç verecektir.

Gerçekte, sizin kim olduğunuza ve bireysel niteliklerinize göre kilo vermek, standart reçetelerle kilo vermekten daha kolaydır; ortada tekrar tekrar söylenmesinde fayda olan çok açık bazı gerçekler var!

Çılgınca bir fikir

Bir gün, dosyasına notlar aldığımı gören bir kadın hastam, muayene sırasında neden her söylediğini yazdığımı sordu. Ona her vakanın kendine özgü olduğunu ve karşımdaki hastanın kişiliğini gerçekten anlayabilmemin, kilo vermede ona daha iyi yardımcı olmamı ve hepsinden önemlisi, verdiği kiloları geri almasını önlemek için hayat tarzında, alışkanlık ve davranışlarında değiştirmesi gereken şeyleri öğrenmemi sağladığını söyledim.

"Güzel, ama eğer bu notlar benimle ilgiliyse, bende de bulunmalarını isterim," dedi. Biraz düşündükten sonra ekledi: "Daha da iyisini yapabilirsiniz. Gereken bütün notları alın ve benim hakkımda bir kitap yazın, tamamen benimle ve benim vakamla ilgili bir kitap."

Projenin şekillenmesi böyle oldu. Bunu, uzun zamandır kafamı kurcalayan şu delice fikrin gelişmesi izledi: İsteyen herkes için, eşsiz ve tamamen kişisel bir kitap yazmanın bir yolunu bulmak. Kendilerine özgü sebepleriyle birlikte, kilo durumları, bedenleri, yemekleri ile kişisel ilişkileri ve duyguları üzerine kapsamlı bir çalışma yapacaktım. Aşırı kilolu olmalarının tüm nedenlerini mercek altına alacak ve böylelikle onları düzeltebilmelerini sağlayacak bir kitap olacaktı bu. Ayrıca, kilo verme programını onların durumuna uyarlayıp kilo vermelerini sağlayacak ve tekrar kilo almalarını kalıcı olarak engelleyecekti.

Her birimizi, yemeği kendimizce kullanmaya iten nedenlerin izini sürmek için çok çaba sarf ettim ve buzdağının görünmeyen kısmıyla ilgili çok şey öğrendim. Burada yemek, temel fonksiyonu olan enerji sağlama amaçlı beslenme kaynağı olmaktan çıkmış, sınırları olmayan, daha değerli bir şeyin kaynağı olmuştu: Haz almanın ya da hoşnutsuzluğun giderilmesinin kaynağı. İnsanların yemekle olan ilişkilerinde birbirlerinden ayrıldıkları nokta burasıydı. Üç ay sonra, kadın hastamın kitabının bir taslağı elimdeydi ve ona daha fazlası için zamanım olmadığını söyleyip özür dileyerek elli sayfa kadar yolladım.

Birkaç ay sonra onu tekrar gördüğümde çok sevinçliydi ve beni hayretler içinde bırakarak, kilo verdiğini, gözlemlerimin onun davranışlarını yeniden düzene soktuğunu, bazı kötü alışkanlıklarını, yemek yeme alışkanlığını ve sonuç olarak da kilolarını terk ettiğini söyledi. İğne ipliğe dönmemişti ama sebebini bile bilmeden sihirli bir şekilde verdiği birkaç kilo, o birkaç sayfaya onun gözünde gizemli bir hava vermişti.

Devam etmemi istedi, ben de deneyeceğime söz verdim. Ve denedim de, ama yalnız onun için değil: Projeyi, onun kadar ihtiyacı olan herkese açtım.

Sonraki adım

Bilgisayar uzmanlarının, fazla kilolarla uğraşan doktor arkadaşlarımın ve binlerce vakanın analizinin yardımıyla, bir bireyin neden kilo aldığını açıklayabilecek faktörlerin ve parametrelerin bir toplamını oluşturabildim.

Dünyanın her yerinden, fazla kilolarla ilgili klinikler, üniversiteler ve araştırma merkezlerinden toplanan 27.000 sayfa verinin veri tabanlarına yüklenmesi gerekti. Sonra sıra araştırma anketimizi, yaş ve cinsiyetten başlayıp kişinin kendi görüntüsüyle devam eden ve tatlara, yemek tercihlerine, aile ve mesleki yaşantılarına dair sorulara uzanan, bireylerin denklemini kısım kısım oluşturmamızı sağlayan matrisi geliştirmeye geldi.

Kültür veya ülke ayrımı gözetmeksizin, her insanın kilo durumunu araştırabilecek, 154 evrensel soru çıkartmayı başardık. Yanıtları incelemek, bireyin kilo alma nedenlerini saptamamızı ve bu nedenleri sorumluluk derecelerine göre sınıflandırmamızı sağladı. Bu da, kişinin kilo problemine özgü bir çözüm üretilmesi için bir teşhis konması anlamına geliyordu. Bunlar, kişisel bir dosyada bir araya getirildi ve bir kitap olarak basıldı. Her bakımdan sıradan bir kitap gibi, ancak bir tek okur için, bir tek konu hakkında yazılmış bir kitap: Kişisel kilo sorunları.

İlk anketi bir kadın arkadaşım doldurdu. Sonra program çalıştırıldı ve kadının yanıtlarını bütün gece işlemden geçirdi. Ertesi gün ekranda ilk *'Benim Kilo Kitabım'*ı gördüğümüzde çok şaşırdık. Daha sonra Fransa'da *www.livredemonpoids.com* adlı site faaliyete geçti, onu İspanya'da kurulan *www.thebookofmyweight.com* sitesi takip etti (İngilizce versiyonu 2010 Temmuz ayından itibaren hizmete girecek).

Tek okur için yazılmış ilk kitabı hazırlamaktan gurur duymuştuk. Bu kitap, olabildiğince geniş okur kitlesine ulaşma amacıyla yola çıkan geleneksel modelden farklı olarak, tek kişiye ve tek bir konuya –onun kilo sorunu– odaklanıyordu. En iyi bildiğimiz konu bu olduğu için, bu konuyla başlamıştık.

Elde edilen sonuçlar

Program 2005 yılında ortaya çıktığından beri, kaydolan ilk 10.000 kişi üzerinde (Öncü Grup Çalışması) tek kişilik bir kitaba olan ilgiyi test etmek istedik ve her altı ayda bir onları gözlemledik. Son 18–24 aya ait kilo verme konusundaki istatistikler, doğru koşullarda ve tıbbi denetim altında uygulanan en iyi diyetlerle benzerlik gösteriyor. Ne var ki, mevcut diğer diyetlerden, kilo verildikten sonra alınan sonuçlar konusunda ayrılıyoruz: Alışılmış olan % 95'lik başarısızlık (ya da %5 başarı) oranının tersine, son iki yılın sonuçlarına göre, vakaların %63'ünde kilo sabitlendi.

Biz bu başarıyı, kilo problemi profesyoneller tarafından incelenen; her tartışma, her sayfa, her öneri ve hatta her tarifte kendini keşfeden; yemek ve kiloyla ilişkilerindeki zayıf yanlar kadar güçlü yanlarını da keşfeden; (bazı) kötü alışkanlıklarından neden kurtulmaları gerektiğini anlayan; güçlü ve zayıf yanları, kişilikleri, çocuklukları, yemekten başka bir tatmin kaynağı bulabilme kapasiteleri üzerine yönlendirilen ve Doğru Kilolarına doğru ilerleyen bu yol haritasını ellerine alan okurlara bağlıyoruz. Bu başarıyı, 'sizin için yazılmış bir kitap' gibi basit bir fikri oluşturmak için gereken karmaşıklık ve çok yönlülüğe bağlıyoruz.

Geniş ölçekte kişiselleştirme: Maliyeti ve geniş kitlelerce ulaşılabilirliği

Ne var ki, bunlara rağmen, *'Benim Kilo Kitabım'*ın yaygınlaşmasını sınırlayan bir fiyatı vardı. Tek bir kopyanın basım ve posta masrafları, internet sitesinin maliyeti ve en önemlisi finansörlerin geri ödemeleri eklenince, ekonomik anlamda hayatta kalabilmek için kitabın fiyatı 59 Euro olarak belirlendi. Bu da kitabın sunduklarının yanında düşük, ama sipariş veren bazı kişiler için yüksek bir fiyattı. Bugün finansörlerin tüm ödemeleri tamamlandı ve onlar artık yoklar. Artık kitabın dijital versiyonunu, bu fiyatın yarısından da düşük bir fiyata gönderebiliyoruz. Bu bizim için büyük bir zafer ve bunu daha da geliştirebilmemiz mümkün; özellikle de, bu kez operasyonu Avrupa Birliği ve Sağlık Komisyonu nezaretinde tekrar başlatacağımız için.

Kişiselleştirilmiş izleme: Bireye özel ilgi, sınırların belirlenmesiyle işini bilen bir uzmanın denetimi ve yardımı, her sabah açık ve kesin talimatlar, her akşam rapor vermek

2004 ile 2008 yılları arasında, artan servetlerine ve Batılı yaşam tarzımızı takip etmelerine bağlı olarak, Çin ve

Hindistan'ın da aramıza katılması sonucunda kilo fazlasıyla ilgili istatistikler önemli ölçüde kötüye gitti.

Avrupa'da ortalama sayı giderek yükselmekteydi ve artan bir oranda çocuk ve gençleri de kapsıyordu. Bu yaş grubunda, onu kullananlar tarafından desteklenen yöntemimle, bu eğilime karşı bir direnç sunabilmesi için etkisini artıracak bazı eklemeler yapma ihtiyacı hissettim. Bu eğilim, umursamazlığın sınırlarındaki bir kaderciliğe doğru son hızla giden çılgın bir makineydi. Gerçekten de, havlu atmış gibi görünen güçler, dinleyen herkese, şişmanlıktan kaçınmak için tek yapmaları gerekenin, daha az yemek, daha çok egzersiz yapmak, günde beş öğün sebze meyve yemek olduğunu tekrar tekrar söylemekte ısrarlıydılar.

Her yıl çocuklara yönelik TV program saatlerindeki abur cubur reklamlarının vergilendirilmesi ve anoreksinin açıkça teşvikinin yasaklanması hakkında konuşulurdu. Ama konuşulanlar her zaman lafta kalmıştı.

Bu arada, dünyanın her yerinde, yeni ürünler insan aktiviteleri için harcanan fiziksel çaba ve zamanı her saniye daha da azaltmaya devam ediyorlardı. Hareketi azaltmak ve hayatı hızlandırıp zamanı kısıtlayarak stresi artırmak, insanlara kilo aldırmak için sağlam bir yoldu.

Aynı zamanda, her biri bir öncekinden daha özendirici, yeni abur cubur ürünler piyasaya çıkıyordu. İtina ile hesaplanmış şeker, yağ ve tuz içeriğini, göz alıcı paketleri ve özenle hazırlanmış sözlerle, bellerini ölçerken, güzel yeşil elmalardan aldıkları ısırıklar sayesinde zayıf kalan insanların görüntüleriyle süslü reklamları doğrudan pazarlama teknikleri olarak kullanıyorlardı. Tüm bunlar bize kilo aldıran karbonhidrat ve yağları satabilmek için yapılıyordu.

Ve bütün bunlar olurken, yalnızca Fransa'da her yıl, 35-40 bin kişi diyabetten kaynaklanan kilo sorunları, aşırı yemeye bağlı kalp krizi, aşırı kiloyla bağlantılı felç, kanser –en çok göğüs kanseri– gibi nedenlerle ölüyordu.

Yani tepki verilmeliydi, benim tepki vermem gerekiyordu, daha iyisini ve daha fazlasını yapmalıydım!

Amerika'daki girişimler

Çok sayıda uluslararası araştırma, aşırı kilolara mücadele eden kişi için başarının en önemli anahtarlarından birinin bir profesyonel tarafından gözlemlenmek ve idare edilmek olduğunu gösteriyor. Kilo vermedeki başarı ve istikrarla devam etme konusunda, sonuçlarda orta vadede tartışmasız gelişme görülmekte. Tek sorun, bu gözlemlemeyi yapmak için, dünya çapında milyonlarca beslenme uzmanının nasıl yetiştirilecek olduğu. Bu arada, bir sağlıklı beslenme ve egzersiz programı aracılığıyla zayıflama danışmanlığı hizmeti sunan pek çok internet sitesi de kuruluyor.

Fazla kilolarla mücadele eden uluslararası bir organizasyonun başkanı olarak, bu alanda olup bitenin en iyisini görmek için ABD'ye davet edildim. Amerikalılar, teknolojik gelişmelerde olduğu kadar, ne yazık ki obezite istatistikleri ve hiç bitmeyen yeme gereksiniminde de her zaman önde olmuşlardır.

Bir Fransız olarak, diğer başka şeylerin yanında dünyayı mayonezi, Camembert peynirini ve kaz ciğeri ezmesiyle tanıştıran milletimin, zengin mutfağına rağmen, hastalıklara daha dayanıklı yaşam tarzına ve kilo problemlerine direncine özenen ve bizimkilerden çok daha ciddi sorunlarla karşı karşıya olan Amerikalı meslektaşlarımla görüştüm.

Onlarla birlikte, bazıları onların yardımıyla hazırlanmış Amerika'nın en popüler kilo danışmanlığı sitelerini inceledim. Bu etkileyici sitelerin ana sayfalarına ve reklamlarına baktığınızda, her yerde sunulan hizmetin kişisel ve etkileşimli olduğunu ve uzmanlar tarafından sunulduğunu okuyacaksınız. Aslında durum pek de öyle değil; bu siteler ne kişiselleştirilmiş ne de etkileşimli. Ne yazık ki bu konudaki hiçbir Amerikan sitesi tam anlamıyla kişiselleştirilmiş değil. Tek bulabileceğiniz, üyelere parça parça sunulan, standart yöntemlerle oluşturulmuş, resimli, sesli ve görüntülü bir çeşit kitap. Yani, örneğin siteye aynı gün üye olan bir karı koca, yaşları, cinsiyetleri, ağırlıkları ve yemek ihtiyaçları göz önünde bulundurulmaksızın aynı talimatları alacaklar.

Internet, herkese açık olması ve etkileşimli olması vasıtasıyla, teknolojisi sayesinde, dünya üzerindeki 300 milyon şişman ve obez insana bir umut sundu ve gerçek bir rehberlik vaat etti. Aşırı kilo sorunundaki artışa büyük bir darbe indirebilecek, küresel bir kişiselleştirme girişimi olacaktı. Ama bu vaat basit bir nedenle burada gerçekleşmemişti: Kendilerine sunulan ve standart hale getirilmiş bu hizmet Amerikalı kullanıcıların cesaretini kırmışa benzemiyordu; ülkelerindeki ilgi ve destek görme gereksinimi o kadar büyüktü ki, o yüzden bu yapay çözümle idare ettiler.

İşe koyulurken

Döndüğümde, kilo problemleriyle mücadelenin geleceğinin Internet'te yattığını fark ettim. Muhteşem bir iletişim aracıydı. Bunu fark etmiştim, çünkü *'Benim Kilo Kitabım'ı* yaratırken kişiselleştirme konusunda uzmanlaşmıştım. Ben de uzmanlığımı, çevrimiçi danışmanlık hizmetine adamaya karar verdim.

Bu işe, izlemenin asıl cevherini, yüz yüze ve aracısız yardımı dahil edebileceğimi hissediyordum: **"Benim kim olduğumu biliyorsun. Ben senin kim olduğunu, neye ihtiyacın olduğunu biliyorum ve amacına en az hayal kırıklığıyla ve en kısa sürede ulaşman konusunda sana yardımcı olabilirim."**

Böylece, bütün hevesimle bu yeni işe giriştim. Eğer başarırsam, kilo vermenin yeni bir yolunun ortaya çıkacağı inancıyla işe koyuldum. Bu, kilo sorunu salgınıyla nihayet her yönüyle başa çıkabilecek bir yöntem olacaktı!

Bunu yapmak için, *'Benim Kilo Kitabım'ı* yaratmakta bana yardımcı olan doktor ve bilgi işlem uzmanı arkadaşlarımı, yeniden birlikte çalışmaya davet ettim. Proje herkesi heyecanlandırmıştı, hatta maceranın bir parçası olmak için aramıza yeni katılan Amerikalı ve Kanadalılar bile vardı.

İlk kişisel kitapta yaptığımız işin dünyada eşi olmadığını görmüştük. Ne var ki danışmanlık işi farklıydı. Bu artık, üyenin kilo karakteristiğini bir dakikada saptama ve tanımlama meselesi değildi. Her üyeyi, gün be gün, kilo kilo takip edebilmeliydik. Bilgi formlarında yazdıklarına, arzularının ormanında ilerlerken takip ettikleri yola, yolculuklarına, gezilerine, hastalıklarına, işyerindeki öğle yemeklerine, streslerine, zayıflıklarına, morallerindeki iniş çıkışlara, yani kilo sorunlarıyla mücadele eden birinin yaşamındaki her şeye uyum sağlayabilmeliydik. Ve belki de en önemlisi, diyeti düzgün şekilde uygulasalar bile, kilo vermenin durduğu, o kaçınılmaz ama yıkıcı zamanları atlatmalarına yardımcı olabilmeliydik.

Hedef: Her defasında bir kişi, ilk günden itibaren her gün

Bu gözlemleme işinin günlük olmasının yanı sıra, etkileşimli olmasını istediğimden, çıtayı epey yüksek tutmuştum. Yalnızca genel bilgi ve talimatları gönderen, tek yönlü gözlem ve idare ne kadar iyi olsa da, beni Amerikan çözümüne çıkarırdı. Benim için, talimatları verecek kişinin –bu durumda ben oluyorum– her akşam üyenin raporunu alabilmesi ve günlük yaşantısının ana hatları çerçevesinde, ona sonraki günün talimatlarını yollayabilmesi önemliydi.

Bunun için, yine eski yöntemimize başvurup doktorlar ve bilgisayar uzmanlarıyla beyin fırtınası yaptık.

Amerikalı yapay zekâ uzmanlarıyla birlikte çalışarak, her sabah talimatları yollamamı ve kullanıcının da her akşam, ertesi günün programını hazırlamam için kesinlikle ihtiyacım olan günlük raporunu hem çok hızlı hem de eksiksiz olarak yollamasını sağlayan bir elektronik posta sistemi geliştirdik ve bunun patentini aldık.

Planın dört evresine uyum sağlamak

Bu günlük etkileşimli izleme sistemi, üyeyi atak evresinin ilk gününden itibaren takip eder ve asla yalnız bırakmaz.

Günden güne, e-postadan e-postaya, gelişmeleri gözleyerek seyir evresi boyunca Doğru Kilosuna ulaşıncaya kadar çalışır. Ama bu yeterli değildir, çünkü diğer iki evreyi takip etmeden burada bırakmak, tüm kiloların geri alınması demektir.

Böylelikle izleme, güçlendirme evresinde verilen her kilo için on gün süreyle devam eder.

Ama günümüze kadar yapılmış olanların aksine, bu izleme işi azalarak durmaz. Çünkü izlemenin durması, bu kadar fazla başarısızlık ve gerileme olmasının açıklamasıdır. Dördüncü evrede, yani koruma evresinde yine devam eder. Genellikle yeterince önemsenmeyen bu evrede, fazla kilolardan asla tam olarak kurtulamayacağımız dikkate alınmalı ve asla durmamak gerekir.

Yemeğin kısıtlanması söz konusuysa, kimsenin "sürekli" sözcüğünden hoşlanmadığını farkındayım. Dahası, devamlı bir hizmet sunmak için, ya bunu ücretsiz yapmalı, ya da sembolik bir ücret almalısınız. Denetim, tedbirli ve dikkatli, esnek ve şefkatli ama uyanık, bir uyarı ya da karşı atağa her zaman hazır olmalıdır. Rahat zamanlarda kilo verenler, gayet iyi bilirler ki, önüne geçilemez fırtınalı zamanlar da vardır; rahatça yemenin konforuna kapılmanın kolay olduğu 'zor' anlar. Koruma evresinde yeniden kilo alanların çoğu, yaşamın zorluklarıyla mücadele eden ve kendilerini teselli etmek için yemeğe sığınan insanlardır.

Yüz yüze danışmanlık

Güvenilir birinin varlığına ve kesin talimatlarına en çok ihtiyaç duyduğunuz zamanlar da, işte bu zor zamanlardır. Bu noktada yüz yüze danışmanlık hizmeti vermek, en iyi rehberliği sunar. Bunun amacı, empati ile katılığı birleştirmek, olayın dramatize edilmesini ve kendinizi suçlu hissetmenizi engellemektir. Çünkü bu, muhakemeyi bozar ve yenilgiye neden olur. Bu danışmanlık şekli ayrıca, kilonun gidişini gözlemlemek, Perşembe günleri yalnızca protein alındığının, yürüyüşlerin, asansör ve yürüyen merdiven yasağının ve düzenli yulaf kepeği alımının devam ettiğini takip etmenin bir yoludur. Ama asıl görevi, tekrar kilo almayı önlemektir. İlk fazla kilo tekrar ortaya çıktığı anda, daha fazlasının alınmasının veya daha çok ümitsizliğin ortaya çıkmasını önlemek adına, hızla ve kuvvetle harekete geçmektir. Ve ne kadar kilo alındığına bağlı olarak, 'kademeli karşı ataklar' hazırlamaktır. Hayatın zorluklarının ilelebet sürmeyeceğinin bilincinde olarak, olumlu bir projeyi sürdürmek için hayati önem taşıyan olumlu bir imaj ve kendine güven geliştirmek çok önemlidir. Bunun için empati kurmak ve bunu yansıtacak sözleri bulmak gerekir.

Günde bir saat canlı sohbet

Bunu yapacak ve bu eğitime insani yüzünü verecek olanın benim yüzüm ve benim duygusal imzam olmasında ısrarlıydım. Bu nedenle, her gün tam bir saat boyunca bir canlı sohbet seansında hazır bulunmaya karar verdim. Bir hekim olarak, hastalarımın soracakları soruları bizzat yanıtlayabileceğim bir 'bir saat'. On seferinden dokuzunda, zaten sorunun yanıtını biliyor oluyorlardı; ama önemli olan, soruyu sormak, dinleniyor olmak ve kilo fazlalarının ve tehlikeli alışkanlıkların dönüşü karşısında 'son durak' olacak birinin varlığını hissetmekti. Benim görevim, kısıtlayıcı olmadan, sizi yolda tutan bir dış iradenin rolünü oynamak. Bu, benim doğamda var ve bu rolü oynamakta hiç zorlanmıyorum. Canı çikolata isteyen biri için, masanın üzerinde açık duran pakete dokunmaktan kendini men etmekle, yakınlarda kimsenin olmadığını bilmek arasında dünyalar kadar fark vardır. Bu, görmezden gelinebilecek bir kısıtlama ile yerine getirilmesi gereken bir yükümlülük arasındaki farktır.

İşte benim her gün yerine getirdiğim görevim, bu yolunu kaybetmiş insanlarla ilgilenmek. Stresin ve olumsuz duyguların yıpratıcı gücü, o zorlu mücadeleden sonra normal bir kiloya erişmenin müthiş tatminini yerle bir eder. "Uzun sakin bir nehirde" süzülüp gidecek kadar şanslıysanız, kilonuz kolayca kontrol altında kalır. Ama bir ayrılık, ihanet, işinizi kaybetmek, kişisel çekişmeler, üzücü bir kayıp, hastalık, bir engel, ani yalnızlık, istenmeyen veya gecikmiş bir hamilelik ya da depresyon gibi bir neden ortaya çıktığında, ibre tersine dönmeye başlar. Her sabah, ters tarafa yöneldiklerini işitiyorum. O insanların bana, deneyimime, basit sözlerime gereksinim duyduklarını hissediyorum ve onları boğulmaktan kurtaracak yeterince iyi yanıtlar bulmaya çalışmak bana tatmin ve gurur kaynağı oluyor.

Durağanlık: Bir diyetin başarısızlığa uğramasının birinci nedeni

Başka herhangi bir mücadelede olduğu gibi, benim diyetimde de başarısızlık riskinin diğer zamanlardakinden daha fazla olduğu aldatıcı bir an vardır ve bu an ikinci evrede, yani seyir evresinde ortaya çıkar. Kısa ve yıkıcı atak evresi, sersemlemiş olan vücudu hazırlıksız yakalamıştır ve vücut fazla bir direnç göstermeden 'kolayca' kilo ve su kaybeder. Arkasından gelen aşama, seyir evresi, savaşla güçlenmiş, kaynaklarını korumaya azimli bir vücutla karşılaşır.

Bu savaş meydanında, zorlu mücadelelerin verildiği, kararsız zaferin kolayca taraf değiştirebildiği yer burasıdır. "Bir gün altı yüz gram verip, ertesi gün dört yüzünü geri alıyorum. Verdiğim kilolar geri geliyor, sonra tekrar gidiyor ve hiçbir fark olmuyor. Umutsuzum doktor, ne yapmalıyım?"

Bunlar hastalarımın durağanlık basamağı adını verdiği, çabalarının ödülünü alamadıkları, riskli anlardır.

Durağanlığın nedenleri

Bunlar çok sayıda ve birbirinden çok farklıdır.

- En başta, diyetlerini hatalı uygulayanlar ve bunun farkında olmayan ya da yaptıklarını akşam raporlarında belirtmeyenler var.
- Yalnızca âdet dönemine girmek üzere olan ve bu yüzden şişkinliği olan kadınlar var.
- Bir gün önce çok fazla tuz tüketmiş ya da bir bardak şarap içip bunu unutmuş olan, vücudu su tutma eğilimindeki bütün kadınlarda durağanlık görülebiliyor.
- Romatizma ya da sırt ağrıları nedeniyle antienflamatuar ilaç kullanan kadınlar, antidepresan ya da daha kötüsü yatıştırıcı ilaç kullananlar var.
- Çok sayıda diyet uygulayıp çok fazla kilo alıp vermiş, böylece metabolizmaları daha az enerjiye ihtiyaç duyan ve vücutları diyet yapmaya karşı direnç kazanmış kadınlar var.
- Diyet sırasında kabızlık çeken ve boşaltım yapamayınca kısa süreliğine kilo alan kadınlar var.
- Menopoz öncesi dönemdeki kadınlar var: Bu dönem, bir kadının yaşamında kilo alma riskinin en yüksek olduğu ve metabolizma yavaşladığı için vücudun iki kat su tuttuğu dönemdir.
- Gerektiği gibi uygulanmayan hormon tedavilerinin yapıldığı menopoz dönemleri de var.
- Son olarak, çabucak teşhis edilmediği takdirde diyetin başarısızlığa uğramasına neden olan, diyette ilerlemeyi engelleyen tiroit tembelliği var.

Görüyorsunuz, kimi zaman kilo kaybının yavaşlamasına ya da tamamen durmasına neden olan öyle çok sebep var ki!

Tam BURADA, bu durağan dönemlerde, rehberlik ve kişiselleştirilmiş izleme süreçleri gerçek varoluş nedenlerini bulurlar. Rehberlik; tıkanıklığın nedenini bulur, açıklar, ne zaman biteceğine dair beklemeyi mümkün kılacak bir tarih, bir vade verebilir. Siz de bu süre zarfında bütün rehberlik talimatlarını uygularsanız, zayıflama makinesinin tekerlekleri yeniden dönmeye başlayabilir. Birkaç gün için atak evresine geri dönün, kişisel gereksinimlerinize göre içtiklerinizi azaltın ya da çoğaltın, kısa bir süre için çok tuzlu yiyecekleri kesin, daha çok egzersiz yapın, 20, 30, 40, 50, 60 dakikalık yürüyüşler ekleyin, açken bitkisel yağ içerek, ravent yiyerek ya da bol magnezyum içeren maden suyu tüketerek kabızlığı düzeltin, yulaf kepeği alımını artırın.

Korkunç ve ümitsizliğe sürükleyen durağanlık sürecini nasıl değerlendireceğinizi ve onunla nasıl dost olacağınızı bilmelisiniz. Vücudun savunmada olduğu ve en üst düzeyde direnç gösterdiği bu sinsi dönemde, hiç kilo almamanın kendi içinde bir başarı olduğunu, en ufak bir gevşemede, en hafifinden bir zayıflık işaretinde vücudunuzun bundan faydalanacağını ve yeniden kilo alacağınızı kavramak son derece önemlidir.

"Bir gününüzü, atak evresinde olduğu gibi, saf proteinle geçirin. Çok titiz davranın ve ertesi gün tartıldıktan sonra iyi haberlerle yine gelin!" Bu, kuşkuları olan ve baştan çıkarmalara karşı koyamayan birinin duymak istediği şeydir: Bir vaat, bir amaç, bir dönüm noktası, bir umut, orada olan kendinden emin ve güven verici biri, bir ses. Durağanlık bir kez sona erdiğinde, artık asla olmayacağını sandığı halde tartının ibresinin bir anda aşağıya iniverdiğini görüp size teşekkür etmeye gelen bir kadının gülüşü öyle güzeldir ki!

Fransa'da 2008 yılının nisan ayından beri kullanımda olan ve gurur duyduğum bu rehberlik hizmetine kendi adımı verdim: *www.regimedukan.com*. Bu bana, en az hastalarımla karşılıklı görüşmelerim kadar mutluluk veriyor. Konuştuğum kişilerin yüzünü görmüyor olmak biraz tuhaf ama hayal gücünüze serbestlik tanıyor.

Bu hizmet geçenlerde ikinci yıldönümünü kutladı ve sağlam bir fikirden kaynaklandığını açıkça gösterdi. 50.000'e yakın üye, her akşam günlük raporlarını doldurup ertesi gün için talimatlarını alıyorlar; bunların %75'i her gün bir saat kadar yönetmekten keyif aldığım canlı sohbeti takip ediyorlar.

Bu altmış dakika boyunca çoğunluğu kadın olan bu topluluğun günlük eğilimlerini kontrol ediyorum. Bunların çoğu, şu an elinizde tuttuğunuz kitabı okumakla işe başladılar. Başka belirli bir yardım almadan, yöntemimin onlara sağladığı kendi çok değerli yol haritalarını oluşturarak benim yöntemimin önerdiği dört aşamalı macerayı denemeye kendilerini hazır hissettiler.

İçlerinden bazıları, diğerlerinden daha hassas olanlar, ya da geçmişte kötü diyetler yaptıkları için fazla dirençli olanlar, desteklenme gereksinimi hissederek bu rehberlik hizmetine dahil oldular. Bunların çoğunluğu yıllar boyunca fazla kilolarıyla boş yere mücadele etmiş kadınlardı. Artık bunun olacağına inanmıyorlardı, ancak yine de olmasını çok istiyorlardı. Çoğu zaman, duygusal anlamda fazla hassas ve alıngan oluyorlardı. Teselli, keyif ve güvence açısından kendilerinde eksik olanı yiyeceklerle tamamlamaya çalışıyorlardı ve tek istedikleri kendilerine iyilik etmek üzere bir araç bulmaktı.

Kendilerini tanıyor ve bir zayıflama planının güçlükleri karşısında yeterince kararlı davranamayacaklarını biliyorlardı. Ancak konusunda uzman, güvenilir ve otoriter birinin vereceği talimatlara uyabileceklerinin de bilincindeydiler.

Destek görmek, ilerlemelerinin teşvik edilmesi, aynı durumda olanlarla paylaşımda bulunmak amacıyla bir forum oluşturdular. Bunu başlatan, her zamanki gibi, tamamen gönüllü, tanınmayan katılımcılar, başkalarına anlatırken kendileri "eğitmen" oluveren kadınlardı. Aslında bu durumdan kendileri de faydalanıyor, çünkü başkalarına yardım ederek kendilerine yardım etmiş, bilgilerini ve motivasyonlarını pekiştirmiş oluyorlar.

Başarının keyfini sürerken, başka ülkelerin de bunu paylaşması gerektiğine karar verdik ve ilk olarak İngiltere'deki dostlarımız, 2010 Mayıs ayında faaliyete geçen *www.dukandiet.co.uk* sitesiyle bunu gerçekleştirdi.

2008 yılında ilk 'Aşırı Kilolarla Savaş Haftasını' Fransa'da organize eden, Başkanlığını yaptığım uluslararası organizasyon RIPOSTE, Almanya'da ve Brezilya'daki sistemleri örnek alarak, öncelikle büyük sağlık kuruluşlarından, sonra da sağlık sigortası fonlarından bu projeye destek vermelerini istemeyi planlamaktadır. Bu fon katkıları sayesinde verdiğimiz hizmetin ücretinin, diyabetlilerin izlenmesinde olduğu gibi, herkesin kolaylıkla erişebileceği seviyeye çekileceğini umuyorum. Ayrıca büyük uluslararası sigorta şirketleriyle de görüşüyorum, çünkü kilo problemlerinin ekonomik maliyeti ve ilerledikçe yol açtıkları rahatsızlıklar tıbbi birimlerin acilen bu alanla ilgilenmeye başlamasını gerektiriyor.

Aşırı kilo tıbbi bir sorundur

Sonuçlardan yoksun, binlerce diyet arasında kaybolmuş, zaman alıcı tedavi talepleriyle geride tutulan, reçete yazmak için ilaçları olmayan ve bütün çabalarına karşın, sistematik başarısızlıklar yüzünden gerilemek durumuyla yüz yüze kalan pratisyen hekimler, aşırı kilo probleminin tedavisi talepleri karşısında birer birer havlu atmaya başlamışlardır.

Çoğu pratisyen hekim için, kilo almanın kendisi bir hastalık değildir; onlara göre, açıklanamaz biçimde kilo kaybı daha büyük bir endişe nedenidir. Çok sayıda doktor, makul kilo verme taleplerini yersiz ve anlamsız bir talep olarak görür. Bu, belki bazen doğrudur ama bütün obezite vakaları hafif kilo almayla başlar ve bunların komplikasyonlarıyla beraberlerinde gelecek hastalıkları beklemek mantıklı değildir.

Bu yüzden, organizasyonumuz RIPOSTE, Fransız pratisyen hekimlerini bir kez daha aşırı kilo alanında çalışmaya gayretle teşvik etmektedir. Sayıları fazla, hastalarının duygularını gayet iyi anlıyorlar ve tıbbi deneyime sahipler. Omuz omuza vererek, aşırı kilo salgınına karşı gerçek bir savunma hattı oluşturabilirler. Onların işin içine girmeleri; hayaller vaat ederek anlamsız çözümler pazarlayıp satan, çoktan başarısızlığa uğramış diyetlere yönlendiren, geri dönülemez kilo sorunlarına neden olan, diyet karşıtı bir direnç yaratan istismarcılar için açık kapı kalmayacağı anlamına gelir.

Çünkü bazı aşırı kilolu kadınlar, profesyonel olmayan bu kişilerin onları diğer yüksek kaliteli çözüm ve desteklerden alıkoyarak kaydolmaya zorladığı yararsız ticari vaatlerden dolayı kafaları karışık ve dertliler. Bu şaşırtmaca ile onun kışkırttığı diyet yapmaya karşı oluşmuş direnç, aşırı kilolara karşı girişilen mücadelenin başarısızlığının en büyük sorumlusudur.

Geçen hafta, bana da 28 günde 6 kilo vermeme yardımcı olmayı teklif eden bir broşür geldi. 'Neden 28 gün?' bilmiyorum. Üstelik –kilolarımla ilgili geçmişim bir yana, yaşımı ya da cinsiyetimi bile bilmeden– %98 başarı vaat ediliyordu. Daha da endişe verici olan, bir spor çalıştırıcısından gelen bu broşürde şeker hastalığını (bende yok) ve kolesterol sorununu (o da bende yok) %100 tedavi etme vaadinde de bulunuluyor olmasıydı.

Böyle faaliyetler, olmayacak şeyler vaat ettikleri için değil, ama akıl çelici oldukları için, dünyayı vaat ederek bütün ışığı kendi üzerlerine çekip orta ve uzun vadede daha yararlı olacak çözümleri gölgede bıraktıkları için tehlikelidirler.

Sevgili okurlarım, tetikte olun. Kilo vermek zaten o kadar basit değildir, aşırı kilonun tedavisiyse gerçek uzmanlık, deneyim, empati becerisi, yeterlilik ve gerçekten çok ciddi bir yaklaşım gerektiren tamamen farklı bir konudur.

Fazla kilolarla mücadele, kesinlikle doktorlar tarafından yürütülmelidir. Bu nedenle, pratisyen hekimlerin yeniden mücadeleye katılmalarını sabırsızlıkla bekliyoruz.

ATAK VE SEYİR REJİMLERİ İÇİN MENÜLER VE YEMEK TARİFLERİ

Programımın kesinlikle kilo verdiren bölümünde ve kilo korumaya yönelik Perşembe rejimlerinde başı çeken saf protein diyeti artık size iyice tanıdık geliyordur. Eğer zaten diyete başladıysanız, muhtemelen etkisini ve basitliğini göreceksiniz. Dukan Diyeti'nin en önemli özelliklerinden biri de basitliğidir ve yenilebilecek yiyeceklerle ilgili belirsizliği engellemektedir. Ancak bu diyetin bir de zayıf noktası vardır; zamanları ya da hayal güçleri olmayan bazı hastalar biftek, light jambon, yağsız yoğurt ve katı yumurtadan oluşan sınırlı bir menüyü her gün tekrar etmeye kendi kendilerini mahkûm edebilirler.

Bu çözüm elbette izin verilen yiyeceklerden sınırsız almanızı sağlayan diyetin öğretisiyle uyumludur. Ama kendinizi bu şekilde sınırlamak monoton ve usandırıcı olabilir; haksız olmakla birlikte, bu diyetin çeşitlilikten yoksun olduğu izlenimini verebilir.

Ama durum böyle değildir ve özellikle çok fazla kilo vermesi gerekenlerin bu diyetin yalnızca makul değil, aynı zamanda lezzetli ve cazip olduğunu anlaması önemlidir.

Yaptığım çalışmada gördüğüm kadarıyla, aynı izin verilen yiyecekler listesi bazı kadınlar tarafından diğerlerine kıyasla daha yaratıcı biçimde kullanılmakta, böylelikle, farklı yiyeceklerin bir arada ya da karıştırılarak kullanılmasıyla ortaya çıkan yeni lezzetler ve yenilikçi tariflerle diyet süreci hoşa gidecek hale gelmektedir.

Bu nedenle, bu tarifleri not etmeyi ve zaman ya da yaratıcılık sıkıntısı çekmekte olan diğer hastalarıma bunları önermeyi alışkanlık edindim.

Buradaki tarifler özellikle diyetin atak ve seyir evrelerinde kullanılmak üzere seçilmiştir. Bunlar yalnızca öneridir ve okurlarımız kendi orijinal fikirleriyle yeni tarifler geliştirerek bu listeyi zenginleştirebilir. Tariflerinizi bana da gönderebilirsiniz; bunları değerlendirerek bu kitabın gelecek basımlarında kullanabilirim.

Burada bir araya topladığımız tariflerin amacı, size zaman kazandırmak ve böylece yemeklerinizle öğünlerinizin sunumunu ve kalitesini iyileştirmenize, zenginleştirmenize yardımcı olmaktır.

Atak rejimi tarifleri: Saf proteinler

Soslar

Sosların çoğu, zayıflamanın baş düşmanı olan yağlarla, tereyağı, sıvıyağlar ve kremalarla yapılırlar. Bu nedenle, rejimin ilk dönemlerinde bunlar kesin olarak yasaktır. Dukan Diyeti'ni uygularken, özellikle ilk iki evrede karşılaşılan temel sorun, et, balık, kümes hayvanları, yumurta gibi zengin içerikli besinlere eşlik edecek uygun sosları ve çeşnileri bulmaktır.

Sosları hazırlarken, yukarıda sözü geçen yağların yerine, mısır unu ve yağsız et suyu tabletlerinden yararlanmak mümkündür.

- **Mısır unu.** Yiyeceklerin kıvamını koyultmak için kullanılır. Bir karbonhidrat olmasına rağmen, çok az miktarlarda (125 ml sos için 1 tatlı kaşığı) kullanmanız gerekeceği için bunun pek fazla önemi yoktur. Beşamel gibi kremsi sosları yağ eklemeden yapmaya izin verir.

Kullanılmadan önce, az miktarda soğuk sıvı (su, süt veya suda eritilmiş bulyon) ile inceltmeli, ondan sonra sıcak karışıma eklemelisiniz. Pişirirken koyulaşacaktır.

- **Yağsız et suyu tabletleri (et, tavuk, balık ve sebze bulyonları).** Bazı sosların hazırlanmasında, yalnızca bağlayıcı ve kıvam koyultucu olarak değil, lezzet artırıcı olarak bunlardan yararlanılır. Özellikle, doğrandıktan sonra kavrulmuş soğan yatağında servis edilen etlere ve balıklara bu tabletlerle hazırlanmış soslar dökebilirsiniz.

Bu malzemelerden yola çıkarak, size birkaç temel sos tarifi vereceğim.

Sirkeli sos

Sirkeli soslar, seyir dönemi sırasında salataların ve çiğ sebzelerin tüketimini kolaylaştırmakta çok kullanılan temel soslardandır. Üç farklı şekilde hazırlanabilir ve böylece farklı damak zevklerine hitap edebilirler.

- *Yağlı sirkeli sos.* Lezzetli ve hafif bir sirkeli sos hazırlamak için boşalmış bir hardal kabına sırasıyla şu malzemeleri koyun: Kabın en dibine 1 çorba kaşığı Dijon hardalı (ya da içinde tanecikler olan eski tip bir hardal) koyup üzerine 5 çorba kaşığı balsamik sirke ilave edin, 1 çorba kaşığı maden suyu ile 1 tatlı kaşığı bitkisel yağ (ya da parafin yağını) ekleyin.

- Sarımsak seviyorsanız, yukarıdaki tarifi hardal kabınızın en dibine iri bir diş sarımsak koyup üzerine 7–8 tane taze ya da kurutulup kıyılmış fesleğen yaprağı atarak da uygulayabilirsiniz.

- *Sebze bulyonlu sirkeli sos.* İki çorba kaşığı suyu ısıtırken eriteceğiniz bir tablet sebze bulyonuna, silme dolduracağınız bir tatlı kaşığı mısır unu, iki çorba kaşığı sirke ve bir çorba kaşığı eski tip hardalı karıştırarak hazırlayabilirsiniz.

Mayonez

- *Hardallı mayonezli sos.* Bir yumurta sarısı, tuz, karabiber ve bir tatlı kaşığı sirkeyi iyice karıştırın. Tuz, karabiber ve sirkenin iyice karışabilmesi için yumurtayı çok yavaş karıştırarak seyreltmelisiniz. Bunun için, karıştırmaya devam ederken, bitkisel yağı damla damla eklemeye başlayın. Sosun kıvamı tuttuğunda, gerekiyorsa lezzetini tekrar ayarlayın. Artık hardalı ekleyebilirsiniz.

- *Yeşil mayonez.* Sosunuzu aynı şekilde hazırlayıp bu kez içine bolca kıyılmış maydanoz ve Frenk soğanı ekleyin.

- *Yağsız mayonez.* Katı pişmiş bir yumurtayı çatalla ezin ve içine 50 g yağsız beyaz peynir katın. Arzu ettiğiniz baharatlarla tuz ve karabiberini ekleyip tekrar karıştırın.

Rejime özel Bearnez sos

Arpacık soğanı, tarhun, sirke ve iki yumurta alın. İnce kıyılmış arpacık soğanına küçük bir bardak sirke dökün ve pişirin. Bir çay kaşığı tarhunu ya olduğu gibi, ya da kıyarak karışıma ekleyin. Altını kapayıp sirkenin ılınmasını bekleyin ve bunu iki yumurtanın sarılarının üstüne dökerken mayonez yapar gibi hızlıca karıştırın. İki tatlı kaşığı sıvı yağ ekleyin, tuzunu, karabiberini atın. Soğuk ya da sıcak etin yanında servis edin.

Sirkeli soğanlı sos (Ravigot sosu)

Bir katı yumurta, küçük küpler halinde kesilmiş üç orta boy salatalık turşusu, kıyılmış küçük bir kuru soğan ile iri bir demet maydanozu (kullanmadan önce kıyılacak) bir çırpıcıda karıştırın. Karışımı büyük bir kâseye alarak 4–5 çorba kaşığı kadar yağsız yoğurt, yarım tatlı kaşığı hardal ve tuzu ekleyin ve tekrar karıştırın. Sosunuzu balık, katı yumurta, et ve sebze yemeklerinin yanında servis edebilirsiniz.

Beyaz sos

Bu sos için iki yumurtanın sarıları, küçük boy bir yağsız yoğurt ve bir su bardağı yağsız süt gerekiyor. Sütü ısıtın, tuz ve karabiber ekleyin. Karışımı iki yumurtanın sarılarının üzerine dökerken bir yandan da güzelce çırpın. Daha sonra yoğurdu ekleyin ve hepsini benmari* usulü ısıtın.

Balıkların yanına, bu sosa ek olarak, kıyılmış salatalık turşusu da koyabilirsiniz.

Gribiş sosu

Dört kişiliktir. Bir katı yumurtayı çırpıcıdan geçirin. İki tatlı kaşığı hardal, bir çorba kaşığı sirke, bir tatlı kaşığı bitkisel yağı da (eğer parafin yağı kullanacaksanız, önceden maden suyuyla seyreltmeyi unutmayın) ekleyin. Daha sonra karışıma bir çorba kaşığı çırpılmış yoğurt, tuz, karabiber, maydanoz ve kıyılmış salatalık turşusu katın. Sosunuzdan sebzeli sığır eti haşlamalarına, soğuk etlere ve özellikle dile eşlik etmesi için yararlanabilirsiniz.

Yeşil sos

Bu tarif için, sıralayacağım baharlı otların her birinden 25 g gerekiyor: Zevke göre kuzukulağı veya tere, maydanoz, tarhun, Frenk soğanı, kereviz yaprağı, nane ve körpe arpacık soğanı.

Bu baharlı otları küçük küçük doğrayın, sonra körpe arpacık soğanlarını ekleyin. Üç tane katı yumurtayı beyazı ile birlikte kesin ve çırpıcıdan geçirin. Yarım kilo yağsız yoğurt,

---

* İçinde karışımı hazırladığınız küçük tencerenin, daha büyük ve içinde su kaynamakta olan başka bir tencereye oturtulmasıyla yapılan pişirme, eritme veya ısıtma amaçlı işlem.

sirke, tuz ve karabiberi baharlı otlar ve sarımsakla birlikte karıştırın. Çırpıcıdan geçirin ve serin yerde saklayın.

Bu sos özellikle sebzeli sığır eti haşlamalarına, soğuk ya da sıcak etlere çok yakışacaktır.

Domates esintisi

Dört kişiliktir. İnce dilimlenmiş soğanı yapışmaz tabanlı bir sos tenceresinde sote ettikten sonra kabuğu soyulup çekirdekleri alınmış 6–8 domates ekleyin (acelesi olanlarınız 300 ml hazır küp domates kullanabilir). Tuz ve karabiberini ilave edin.

Kapağını kapayıp yirmi dakika hafif ateşte pişmeye bırakın. Soğumasını bekleyin ve çırpıcıdan geçirin. Koku vermesi için üzerine taze nane, fesleğen ve tarhun serpin.

Balık ya da sebze güveçlerinin yanında kullanın.

Maydanoz ve dereotu sosu

Dört kişiliktir. Bir tane et, balık ya da sebze suyu tabletini yarım bardak ılık suda eritin ve bir tatlı kaşığı mısır ununu yavaş yavaş içine katarak bu suyla sulandırın. Hepsini küçük bir saplı tencereye alıp ateşin üstünde karıştırarak kıvamının koyulaşmasını sağlayın. Ateşten aldıktan sonra 200 g az yağlı beyaz peynir, maydanoz ve dereotu otlar, tuz ve karabiber ekleyin.

Balıklara olduğu kadar etlere de iyi eşlik edecektir.

Avcı sosu

Dört kişiliktir. İnce dilimlenmiş iki arpacık soğanını üç çorba kaşığı sirke ve iki çorba kaşığı suyla, kapağı kapalı olarak, on dakika kadar pişirin. Kapağını açın ve kıvamını bulması için beş dakika daha ocakta bırakın.

Ateşten alınca, çırpılmış bir yumurta sarısı ve iki çorba kaşığı beyaz peynir ekleyin. Tuzunu ve karabiberini atın.

Bir sap kıyılmış tarhun ekleyin. Benmaride tekrar ısıtarak sosunuzun kıvamını son haline getirin.

Et ve balıklarla tüketilmek içindir.

Hollandez sos

Dört kişiliktir. Bir yumurtanın sarısı, bir tatlı kaşığı hardal ve iki çorba kaşığı limon suyunu benmari kabında karıştırın. Sosun kıvamını bulması için, birkaç dakika kısık ateşte pişmeye bırakın, sonra çırpmaya devam ederek yavaş yavaş 50 ml sıcak süt ekleyin. Benmaride koyulaşmasını bekleyin ve servis zamanına kadar sıcak tutun.

Genellikle beyaz etli balıklara eşlik etmekle beraber, yeşil fasulye, kuşkonmaz veya ıspanağın yanında sıcak servis edebilirsiniz.

Beşamel sos

250 g yağsız sütle bir çorba kaşığı mısır ununu karıştırdıktan sonra, yağı alınmış bir et suyu tabletini ilave edin. Birkaç dakika kısık ateşte pişirerek koyulmasını sağlayın. İsteğe göre tuz, karabiber ya da müskat (küçük Hindistan cevizi) ekleyebilirsiniz. Fırında pişmiş bütün sebzelerin yanında, özellikle de jambonlu ve hindibalı salatalarla tüketebilirsiniz.

Yaban turpu sosu

Yarım kibrit kutusu beyaz peynirle bir çay kaşığı yaban turpunu, tuz ve karabiberle karıştırıp iyice yumuşayıncaya kadar karıştırmaya devam edin.

Buharda, kâğıtta ya da mikrodalgada pişmiş balıklarla çok uyumludur. Ayrıca beyaz etlerle de tüketebilirsiniz.

Özel bir sos

İki yumurta sarısı, bir çorba kaşığı hardal, 150 g az yağlı beyaz peynir, bir tatlı kaşığı mısır ununu, tuz ve karabiber ekleyerek saplı küçük bir tencereye koyun. Kaynayıncaya kadar yavaş yavaş karıştırın. Ateşten alıp küçük bir demet kıyılmış baharlı ot (maydanoz, dereotu, vb.) ve limon suyu ekleyin.

Güveçlerin ve sıcak balıkların yanında servis edebilirsiniz. Genellikle ılık ya da sıcak olarak tüketilir.

Beyaz peynirli tartar sosu

Malzeme: 150 g yağsız beyaz peynir, bir katı yumurta, 4 ançüez (hazır konserve filetolardan; yerine hamsi de olabilir), 1 arpacık soğanı, bir çorba kaşığı kapari, bir salatalık turşusu, tuz, karabiber ve kıyılmış maydanoz.

Arpacık soğanı soyun ve ince ince kıyın. Ançüez, kapari, salatalık turşusu ve katı yumurtayı çırpıcıdan geçirin. Bütün malzemeleri karıştırın. Lezzetini kontrol ederek tuzunu, biberini ayarlayın.

Etler

Sığır etli tarifler:

Sığır eti kızartması

Bir parça sığır bonfilesini (ya da filetosunu) önceden ısıtılmış fırına koyun. Susuz kalıp kurumasını önlemek için tuzunu ancak pişirmenin sonunda atın. Kızartmanın her yarım kilosu için 15 dakika hesabıyla çok sıcak fırında pişirin.

Soğuk sığır eti parçaları

Daha yukarıda tariflerini verdiğimiz soslardan biriyle servis edebilirsiniz.

Çöp şiş

400 g sığır filetosunu büyük parçalar halinde kesin ve soğan, kekik ve defne ile birlikte şişlere geçirin. Saf protein alınan atak evresinde, yalnızca süslemek ve ete lezzet vermelerini sağlamak için, yani yememek koşuluyla, şişlere domates ve çarliston biber de takabilirsiniz.

Tartar soslu biftek

200 g ince doğranmış sığır bifteğine tartar sosunun bütün malzemelerini (bk. *Tartar sosu*) ekleyip bunların olabildiğince eşit dağılmasına dikkat ederek güzelce karıştırın.

Karabiberli biftek

Güzel bir bifteği yapışmaz tabanlı bir tavada pişirin. Pişirmenin sonunda üstünü iri çekilmiş karabiberle kaplayın. Diğer yanda, en küçüğünden yarım kutu yağsız yoğurdu ısıtın ve bir çorba kaşığı bitkisel yağ ekleyip karabiber serptikten sonra karışımın yarısını çok sıcak olan etin üzerine dökün.

Sosun geri kalanını ateşi söndürdükten sonra dinlenmeye bırakın ve ara sıra karıştırarak bifteğin üzerine dökün.

Sığır eti haşlaması

Az yağlı bir biftek parçasını (yaklaşık yarım kiloluk) bir buçuk litre su, kekik, defne ve soğanla birlikte pişirin. Tuz ve karabiber ekleyin. 75 dakika pişirdikten sonra, küçük küpler halinde kesin. Sirkeli soğanlı sos (Ravigot sosu) ve salatalık turşusuyla süsleyip ılık olarak servis edin. Atak evresinin sonundan itibaren, dönüşümlü olarak sebze tüketimi de başlayınca, eti haşladığınız suya pırasa da ekleyebilirsiniz. Sığır eti domates sosuyla servis edilebilir.

Kızartılmış sığır eti köftesi (10–12 dilim)

Malzeme: 1.200 g sığır eti kıyması, iki yumurta, tuz, karabiber, rendelenmiş 1 soğan, 90 g yağsız lor peyniri.

Yumurtaları rendelenmiş soğan, lor peyniri, tuz ve karabiberle çırpın ve bu karışımı sığır eti kıymasına iyice yedirene kadar birlikte yoğurun. Yapışmaz tabanlı bir kek kalıbının dibini yağlayıp unlayın ve karışımın yarısını içine yayın.

Katı yumurtaları dilim dilim kesin ve bunları kalıptaki karışımın üzerine, uzunlamasına yerleştirerek birbiri ardına dizin. Sonra üzerlerini karışımın ikinci yarısıyla kaplayın.

Önceden 180 dereceye ısıttığınız fırında yaklaşık bir saat pişirin.

İsteğe göre sıcak veya soğuk olarak, yanında yaban turpu sosu, yeşil sos veya domates sosu ile tüketilebilir.

Dana etli tarifler:

Beyaz soslu dana yahnisi

Dananın az yağlı bölgelerinden seçtiğiniz yarım kilo eti alın. Parçalara bölün ve sığır eti haşlaması gibi pişirmeye başlayın.

Diğer yanda, büyük bir bardak yağsız süte kekik ilave ederek ısıtın. Tuz, karabiber ekleyin ve ılınan sütü üç çiğ yumurtanın sarılarının üzerine döküp iyice karıştırın. Tuzunu, karabiberini tekrar ayarladıktan sonra, bu sosu etin üzerine dökün ve kaynatmadan pişirin.

Dana şnitzel

Yapışmayan bir tavada soğan yatağı hazırlayın ve bunu biraz suda çözdürdüğünüz az yağlı bir et suyu tabletiyle ıslatın. Koyulaşıp yapışkan hale gelmeye başlayana kadar kısık ateşte pişirin. Şnitzeli soğan yatağına yerleştirin ve iki yanını da 10 dakika pişirin. Pişirmenin sonunda, soğanları tavadan alın ve kalan suyunun içindeki şnitzelleri daha canlı ateşte, üzerleri kabuk tutana kadar pişirin. Limon kabuğuyla servis edin.

Tavada dana pirzolası

Pirzolaları aynen bir önceki tarifteki gibi hazırlayın, ama pişme süresinin sonunda, soğan yatağındaki pirzolaların üzerine iki çorba kaşığı su dökün ve fazladan bir dakika daha pişirin. Pirzolaları dilimlenmiş salatalık turşusuyla servis edin.

Dana eti ekmeği (bir gün önceden hazırlanır)

Malzeme: 500 g kıyılmış yağsız jambon, 100 g dana kıyma, omlet hazırlar gibi çırpılmış 4 yumurta, karabiber değirmeninde çekilmiş 1 kaşık *tane kırmızıbiber*, tuz ve karabiber (5 tane). Çekilmiş tane kırmızıbiberleri, tuz ve karabiberi yumurtalarla karıştırın. Etleri de ekleyip tekrar karıştırın. Bir kek kalıbının dibini bir damla sıvı yağ emdirilmiş kâğıt havluyla yağlayın ve un serpin. Hazırladığınız karışımı buna yayın. 160 dereceye ısıtılmış turbo fırında, ya da fırınınız normalse kalıbı benmari tenceresi içinde fırına koyarak, 60–75 dakika kadar pişirin.

Sakatatlı tarifler:

Tavada sirkeli dana ciğeri

Yapışmayan bir tavada soğan yatağı hazırlayın ve rengiyle kıvamı koyulaşmaya başlayana kadar kısık ateşte pişmeye bırakın. Bir parça dana ciğerini soğanların ütüne koyun ve iki yanını da 10 dakika pişirin. Pişirmenin sonunda soğanları alın ve iyi cins bir sirkeyi etin üzerine serptikten sonra suyunu iyice çekmesini bekleyin.

Sirkeli soğanlı (Ravigot) soslu sığırdili

Bir sığırdilini, yağlarını ayıkladıktan sonra, bir buçuk litre suda kekik, defne ve soğanla pişirin. Tuzunu ve karabiberini ekleyin.

75 dakika pişirdikten sonra, daha ılıkken, dilim dilim keserek yanında sirkeli soğanlı sos ve salatalık turşusuyla servis edin. Dilin, uç kısmına kıyasla yağı daha az olan arkada kalan bölümünü tüketmeye dikkat edin.

Şişte böbrek ve yürek

Eşit miktarda dana ve kuzu yüreğiyle böbreğinden oluşan, kuşbaşı doğranmış, 400 gramlık bir karışım hazırlayın. Sonra bunları soğan, kekik ve defneyle şişe dizin. Yalnızca saf protein alınan atak evresinde hazırlayacağınızda, sırf göze hoş görünmeleri ve lezzetlerinin sakatata geçmesi için (yani yememek koşuluyla) şişlere domates ve çarliston biber de takabilirsiniz.

Kümes hayvanları

Tarhun otlu piliç

Bir pilici sarımsak ve tarhunla ovun, sonra tarhunu kıyın ve pilicin içine serpin. Tuzunu ve karabiberini atın. İsterseniz şişte, isterseniz fırında pişirin. Pilicin derisini ve kanatlarını yemekten kaçının.

Piliç suflesi

Tavuğun beyaz etini doğrayın, tuz, karabiber ve baharlı otlar ekleyin. Bir kapta süt ısıtın ve iki yumurta sarısını üzerine dökün. Doğranmış tavukla karıştırın ve yumurtanın beyazları ile birlikte fazla çırpmadan fırına koyup 90 dk pişirin.

Tarhunlu piliç güveci

Malzeme: Yaklaşık 1,5 kg ağırlıkta 1 piliç, 2 havuç, 2 domates, 1 pırasa, 1 kereviz sapı, 1 soğan, bir tutam tarhun, 1 yumurtanın beyazı, 1 tatlı kaşığı tane kırmızıbiber, tuz ve karabiber.

Pilici suyla yıkayın ve parçalara ayırın. Sebzeleri ayıklayıp hazırlayın (havuçları, pırasayı, soğanı, kereviz sapını yıkayıp doğrayın). Bu sebzeleri bir litre suyla kapaklı bir tencereye koyun. Kaynamaya bırakın. Pilici ekleyip tuzunu, karabiberini atın ve köpüğünü alın. Sonra hafif kaynar durumda bir saat pişirin.

Pilici ateşten alın, suyunu süzdürün ve etlerini kemiklerden ayırıp ince ince dilimleyin. Domateslerin çekirdeklerini çıkarıp küçük küçük doğrayın. Piliç parçalarını, domates ve tarhun yapraklarını aralara kat kat dizerek, bir kek kalıbına koyun. Haşlama suyunu kaynatın ve yaklaşık 25 cl kalana kadar suyunu çektirin.

Yumurta beyazını kar gibi olana kadar çatalla çırpın, kaynayan haşlama suyunu buna döküp 1 dakika kaynatın. Ilınmaya bırakın ve temiz bir bezden süzün. Ardından pilicin üzerine dökün ve tane kırmızıbiber serpin. Küp kesilmiş birkaç parça domates ve on kadar tarhun yaprağıyla süsleyin.

Güveci düz bir servis tabağına ters çevirerek kalıptan çıkarın ve soğuk servis etmek üzere dolapta soğumaya bırakın. Bir gün önceden hazırlamanız önerilir.

Kümes hayvanları güveci (8 kişilik)

Malzeme: 1,5 kg'lık 1 piliç, 400 g dana eti, 1 kg'lık 1 tavşan (aynı miktarda hindi eti kullanabilirsiniz), 200 g yağsız jambon, dana kemikleri, kekik, defne, tane kırmızıbiber, tuz, karabiber ve sirke.

Jambonu, piliç, tavşan (hindi) ve dana etlerini doğrayın. Etleri karıştırarak bir güvece doldurun. Hafifçe tuzlayın, karabiber, kekik, defne ile tane kırmızıbiberden 5 tane ekleyin. Üzerini örtecek kadar sirke ve su karışımı (bir ölçek sirkeye iki ölçek su) koyun. Güzel bir jöle elde etmek için dana kemiklerini de ekleyin. Güvecin kapağını kapayın ve 200 derecede 3 saat fırında pişirin. Soğuduğunda daha lezzetli olur.

*Hardallı tavşan**

Bir tavşanın sırt etine hardal sürün, toz kekik serpin ve alüminyum folyoyla kaplayın. Tavşanı sıcak fırında bir saat pişirin, daha sonra folyosundan çıkarın. İki çorba kaşığı bitkisel yağ ile en küçüğünden yarım kutu yağsız yoğurdu karıştırıp süt kıvamına gelmesi için iyice çırpın, sonra tuz ve karabiber ekleyin. Bu sosu tavşanın üzerine dökün ve pişirme sırasında kuruyan hardalı güzelce eritin.

Fırında birkaç saniye yeniden ısıttıktan sonra, salatalık turşusu dilimleriyle süsleyerek servis edebilirsiniz.

Balıklar

Buharda pişmiş dilbalığı

Önceden balıkçıya parçalattığınız orta boy bir dilbalığını alın, yıkayın ve özenle kurulayın. Bu dilbalığını iki tabağın arasına koyun ve hepsini birlikte dörtte üçü kaynamakta olan suyla dolu bir tencerenin üzerine yerleştirin. Dilbalığı 15 dakikada iyi pişmiş duruma gelecektir. Limon, tuz, karabiber ve kıyılmış maydanoz ekleyin.

Beyaz soslu mezgit

Mezgidi sebze suyuyla pişirin. Beyaz sosla ve kıyılmış maydanozla servis edin (bk. *beyaz sos*).

Kabukta mezgit

Soğuk olarak tüketirken, daha önce pişirilip artmış bir par-

---

* Market ve kasaplarda kolay bulamayacağınız bu eti, av eti sevenleri düşünerek kitaptan çıkarmadık. Yerine başka bir cins et kullanarak kendi tarifinizi geliştirebilirsiniz. (Yay. N.)

ça mezgidi mayonezle karıştırıp deniztarağı kabuğu içinde servis edin. Dörde bölünmüş katı yumurtayla süsleyebilirsiniz.

Sıcak tüketmek içinse, mezgitten artanı maydanozla zenginleştirilmiş beyaz sosla karıştırıp ısıtabilirsiniz.

Çabuk yemek hazırlamanız gerektiğindeyse, mezgidi yalnızca sirkeli sosla servis edebilirsiniz.

Çipura

Bir çipuranın pullarını iyice temizleyerek ve 1 kg midyeyi güzelce fırçalayıp yıkayarak hazırlayın. Çipurayı yıkayın ve fırına girebilen bir tabağa soğan halkalarıyla süsleyerek koyun.

Diğer tarafta, midyeleri kabuklarının açılması için saplı bir tencereye koyarak ateşin üstünde kızartın. Midyelerin suyunu alın, biraz limon suyu ekleyin, bu suyu çok ince süzgeçten geçirerek çipuranın üzerine dökün. Balığa karabiber serpip fırına koyun. Tam 45 dakika pişirin. Sonra kabuklarını çıkardığınız midyeleri de ekleyip tuzunu atın ve kendi suyuyla düzenli olarak üzerini ıslatarak tekrar ısıtın.

Çipura ızgara

Küçük bir çipura seçin, pullarını temizleyin, yıkayın ve iyice kurulayın. Bir miktar baharlı ot (maydanoz, fesleğen, dereotu, vb.), tarhun, ince kıyılmış soğanla hazırlayacağınız iç malzemesiyle doldurduktan sonra karabiber serpip ızgaraya ya da fırına yerleştirin.

Derisi iyice altın rengine döndüğünde (yaklaşık 45 dakikada) balığınız pişmiş demektir. Pişirme sonrasında tuzunu atın.

Kâğıtta somon

Güzel bir somon dilimi seçin. Alüminyum folyonun üzerine yerleştirin. Üzerine dereotu serpip limon sıkın, tuzunu ve karabiberini atın. Lezzet vermesi için halka halinde kesilmiş soğan ve pişirme sonrasında içinden alınmak üzere doğranmış bir pırasa ekleyin. Alüminyum kâğıttan zarfınızı kapayın. 10 dakikadan fazla olmamak kaydıyla sıcak fırında pişirin, damak zevkinize göre pişirme sürenizi daha da kısa tutabilirsiniz.

Tek yanlı ızgara somon

Üzerinde derisi olan güzel bir dilim somon seçin. Bir tepsinin içini alüminyum folyoyla kaplayıp balığı derisi yukarıda olacak şekilde yerleştirin ve üzerini kalın tuzla kaplayın. Tepsiyi fırının en üst katına, tam ızgaranın altına yerleştirin. Balığın derisi fırının rezistanslarına bakar durumda olmalıdır.

Üzerindeki tuz balığın suyuyla ıslanana ve balığın derisi de koyu bir renk alıp çatlak çatlak olana kadar pişirin. Bu sırada, somonun derisinin hemen altındaki yarısı pişmiş olacak, sertleşecek ve rengi somon turuncusuna dönecektir. Pişmemiş olan diğer yanıysa yeni ısınmış ve henüz pembe renkli, yumuşak olacaktır. Somon dilimini fırından çıkarın, kalın tuzu temizleyin, somonu ters çevirip koyu kırmızı bir renk alan derisi alta gelecek şekilde yerleştirerek servis edin.

En iyi pişme; somon diliminin tam kararında piştiği, yani deriyle temas eden kısımların somon renginde, sıcak ve sulu olduğu zamandır. Tabağa yerleştirildiğinde, balığın üstten görünen kısmıysa ılık ve pembe renkli olmalıdır.

Marine edilmiş çiğ somon

Limon, dereotu, baharlı otlar (dereotu, fesleğen, vb.), tuz ve karabiberle bir karışım hazırlayın. Bir ya da iki dilim somonu bu karışımda bir gece bekleterek marine edin. İnce dilimler kesin ve dereotu ile süsleyerek servis edin.

Japon usulü çiğ somon

Bu yöntem, en pratik ve hızlı balık hazırlama usulüdür. Bir parça somon alıp yüzeyinden derisine doğru, orta incelikte, enlemesine dilimler kesin. Dilimleri bir tabağa daire şeklinde dizin. Balığın her tarafına nüfuz etmesi için dilimleri birbirinin üstüne bindirmeden soya sosuyla ıslatın. Bekletmeden servis edin.

Tartar soslu somon

150–200 g kıyılmış somonun içine tartar sosu malzemelerinin hepsini (bk. *Tartar sosu*) birer birer ekleyin. Güzelce karıştırın.

Gelincik balığı böreği (iki gün öncesinden hazırlayın)

Malzemeler: 1 kg derisi alınmış gelincik balığı, 8 yumurta, bir tatlı kaşığı ince tuz, karabiber, 1 kutu (140 g) domates püresi, bir paket sebze suyu tozu, 2 litre su, 1 bardak sirke.

- İki gün önce: Suya sebze suyu tozunu katarak kaynatın ve balığı ekleyeceğiniz zaman sirkeyi de dökün. Pişirme sonrasında, bir süre soğumaya bırakın ve orta kılçığını alın. Her iki yanından fileto çıkarın ve balığın geri kalan etlerini orta boy parçalar haline getirin. Bütün gece serin yerde bekleterek suyunu süzdürün.

• Bir gün önce: Yumurtaları çırpıcıyla çırpın, tuz ve karabiber ekleyin. Domates püresini ekleyin.

Karıştırın. Bir salata kabında, gelincik balığı parçalarını (çıkardığınız iki fileto hariç) bu karışıma ekleyin. 26 cm uzunlukta ve ateşe dayanıklı camdan bir kek kalıbının dibini yağlayıp un serptikten sonra bu karışımın yarısını içine boşaltın. İki filetoyu da yerleştirdikten sonra üzerlerine karışımın kalan yarısını dökün. Önceden 160 dereceye ısıtılmış fırına koyup 45 dakika (en çok 1 saat) 180 derecede pişirin. Soğuduktan sonra bütün gece buzdolabında tutun.

Deniz ürünleri: Yumuşakçalar ve kabuklular

Denizci usulü midye

Midyeler mutlaka taze, ağır ve orta boyda olmalı, iyice fırçalanmalı ve defalarca sudan geçirilerek güzelce yıkanmalı.

Bu şekilde hazırlanmış midyeleri bir bardak su ve iki kaşık sirke, dilimlenmiş soğan, kıyılmış maydanoz, kekik ve defne, biraz sarımsak ve karabiberle birlikte saplı bir tencereye koyun.

Tencereyi yüksek ateşe oturtup midyelerin açılmalarını sağlamak üzere hafifçe kavurun. Ağızlarının açılmasıyla birlikte, midyeler pişmiş sayılır. O zaman, suyuyla birlikte midyeleri bir tabağa alın. Midyelerin tuzunu atmak için mutlaka pişirme işleminin sonunu bekleyin.

Kâsede peynirli midye

Malzeme: 3 yumurta, 2 litre midye, pişirme için sek beyaz şarap, maydanoz, tuz, karabiber ve bir çorba kaşığı yağsız beyaz peynir.

Midyeleri saplı tencereye koyun, önceden tarif edildiği gibi, yüksek ateşte ısıtarak ağızlarının açılmalarını sağlayın. Bu sırada içine beyaz şarap da ekleyin. Piştikten sonra, sularının süzülmesi ve ılınmalarının ardından, midyeleri çırpılmış yumurta ve bir çorba kaşığı maydanozlu beyaz peynir, tuz ve karabiberle karıştırın. Daha sonra, bu karışımı tek porsiyonluk, fırına girebilen cam ya da porselen tatlı kaplarına paylaştırın. Kısık ateşte, fırında pişirin.

Yengeç dolması

Orta boy, çok ağır ve canlı bir yengeç seçin. Bunu kaynamakta olan sebze suyuna sokun ve büyüklüğüne bağlı olarak 20 dakika kadar pişirin. İçini açın ve yenilebilir kısmını çıkarın.

Mayonez hazırlayın (bkz. 186) ve bunu elde ettiğiniz yengeç etiyle karıştırın. Deniztarağı kabukları içinde servis edin ve katı yumurta halkalarıyla süsleyin. Sunum için, diyetin ikinci evresinden itibaren yemenize izin verilecek olan domates halkalarından ve salata yapraklarından yararlanabilirsiniz.

Yengeç ekmeği (bir gün önceden hazırlayın)

Malzeme: 2 kutu yengeç eti (net süzülmüş ağırlığı 165 g), 4 adet yumurta, tane kırmızıbiberlerden 5 adet, 2 çorba kaşığı yağsız süt ve 300 g yağsız beyaz peynir.

2 kutu yengecin suyunu süzün, küçük kıkırdaklarını alın, gerekiyorsa temiz bir kurulama beziyle silin. Yumurtaları be-

yaz peynir, süt ve tane kırmızıbiberle iyice karıştırdıktan sonra yengeçleri de ekleyip tekrar karıştırın. Çok az sıvı yağ emdirdiğimiz bir parça kâğıt havlu yardımıyla ateşe dayanıklı, cam bir kek kalıbının dibini yağlayın, un serpin, karışımı içine dökün. Önceden 160 dereceye ısıtılmış turbo fırında 1–1,5 saat pişirin. Fırınınız turbo değilse, kalıbınızı fırına vermeden önce benmari tenceresine yerleştirin.

Fırında deniz tarakları

Malzemeler: 4 büyük tarak, ½ litre midye, 100 g karides, 2 yumurta, arpacık soğanı, maydanoz.

Tarakları ağızlarının açılması için yüksek ateşte pişirin ve ağızları açıldıktan sonra kabuklarını çıkarın, ama atmayın. Yalnızca beyaz etli kısımları ile kırmızı ya da beyaz renkli yumurtaları kalacak şekilde ayıklayın. Boş kabukları güzelce yıkayarak her türlü kum artığından arındırın. Saplı küçük bir tencerede, 3 çorba kaşığı sirke eklediğiniz bir litre sıcak suda 15 dakika pişirin.

Bu sırada, midyeleri ağızları iyice açılana kadar yüksek ateşte pişirin, katı yumurtaları hazırlayın, arpacık soğanını ve maydanozu kıyın, yumurtaları kabaca ezin ve kabuklarını çıkardığınız midye ve karidesleri de ekleyerek bütün hepsini karıştırın.

Tarakların içinden çıkardığınız etleri iri kareler halinde kesip bu hamura katın. Yapışkan bir karışım elde etmek üzere midyelerin suyuyla ıslatın. Tuzunu ve karabiberini atın, hepsini önceden iyice yıkamış olduğunuz kabukların içine doldurun. Bu doldurulmuş kabukları, üstlerini taraklardan çıkan yumurtalarla süsledikten sonra, 20 dakika fırında pişirin.

Mayonezli Norveç ıstakozu

Yarım kilo Norveç ıstakozunu güzelce yıkayın. Yengeç tarifindeki gibi et suyunun içine atın. Pişme suyunun içinde soğumaya bırakın. Mayonezle servis edin.

Deniz ürünleri tepsisi

İstiridyelerin tadını çıkarmak için biraz limon suyuyla, ya da arpacık soğanlı sirkeyle marine edin.

Temizleyip pişirdiğiniz midye, deniztarağı ve karidesleri şık bir tepsi içinde, parçalanmış buz ve deniz yosunu yatağında servis edin.

Yumurtalar

Yumurtalar özellikle atak evresinde iyi bir kurtarıcı olduklarından, buzdolabınızda her zaman birkaç tane katı yumurta bulundurmanızı öneririm.

Rafadan ve kayısı yumurta

Bir yumurtanın rafadan olması için üç dakika kaynatmak gerekir, dört dakikada kayısı yumurta olur.

Karışık yumurta

Saplı küçük bir tencereye bir miktar süt koyun. Üç yumurta alıp bunları omlet yapar gibi çırpın. Tuzunu, karabiberini ekledikten sonra, yumurtaları sütün içine dökün ve pişirme süresince hiç durmadan karıştırın. Yumurtalar fazla katı değil, kayısı kıvamında olmalı. Sadelikten yana olanlar yumurtalarını benmari usulü hazırlayabilir.

Yumurtaları birkaç küçük karidesi dilimleyerek ya da tavuk ciğeri ekleyerek zenginleştirebilirsiniz. Sebzelerin de alınmaya başlandığı seyir evresindeyse, kuşkonmazların uç kısımlarını da ekleyebilirsiniz. Özel günlerdeyse, bu sıradan yumurtayı mantar ya da bir çorba kaşığı havyar ekleyerek tüketebilirsiniz.

Karidesli yumurta dolması

Bu şekilde hazırlanan yumurtalar diyetimizde güzel bir başlangıç yemeği olabilir.

6 yumurtayı katı pişirin ve soğumaya bırakın. Her yumurtayı ortadan iki eşit parçaya bölün ve sarılarını çıkarıp ezin. 450 g karidesin 6 tanesini süsleme için ayırıp kalanını çok ince kıyın ve ezdiğiniz yumurta sarılarına karıştırın. Rejim için tarif edilen usulde hazırlanmış mayonezden biraz ilave edip karıştırdıktan sonra bu karışımla yarım yumurta beyazlarının içlerini doldurun. Ayırdığınız karidesleri ortadan ikiye keserek yumurtaları süsleyin.

Yumurtalı turta

Malzeme: 5 yumurta, 375 ml yağsız sıcak süt, bir küçük paket vanilya, 10 ml sıvı vanilya, toz müskat (küçük Hindistan cevizi) ve Hindistan cevizi rendesi.

Yumurtaları büyük bir salata kâsesinde çırpın. Sütü içine toz vanilyayı döküp karıştırdıktan sonra ısıtın, ancak kaynatmayın. Sıcak sütü yumurtaların üstüne dökün ve 10 ml sıvı vanilyayla 2 tatlı kaşığı toz müskadı ekleyin. Hepsini bir turta kalıbına dökün ya da fırına girebilen tek porsiyonluk tatlı kaplarına paylaştırın. Üzerlerine Hindistan cevizi rendesi serpin.

Normal fırında (160 derece) benmari usulüyle, yani kalıbı (veya tek porsiyonluk kapları) sıcak su dolu bir başka kaba oturtarak pişirin. (Fırına gireceğinden, su dolduracağınız kap da ateşe dayanıklı olmalıdır.) Turbo fırın kullanıyorsanız benmari usulüne başvurmanız gerekmez. Kullandığınız fırına bağlı olarak pişme süresini kontrol etmelisiniz.

Küçük adalar

4 adet yumurtayı sarılarını ve beyazlarını ayırarak kırın. Büyük bir kapta beyazlarını iyice sertleşip kar gibi olana kadar çırpın.

Yarım litre yağsız sütü yarım paket vanilya ekleyerek kaynatın. Sonra bir kepçeyle yumurta beyazından biraz alıp kar topu şekli verin ve hâlâ sıcak olan sütün içine atın. İyice şişmelerini bekledikten sonra bu topları bir kevgir yardımıyla alın ve bir tabakta süzülmeye bırakın.

Yumurta sarılarını çırpın ve kalan sütü de içine ekleyip iyice çırptıktan sonra, karıştırmayı hiç bırakmadan kısık ateşte pişirin. Krema kıvamında geldiğinde ateşten alın ve toz aspartam ile tatlandırın. Kremaya batmayıp bunun üzerinde birer ada gibi görünecek olan kar beyazı adacıkları dikkatlice yerleştirip soğuk olarak servis edin.

Yumurtalı süt (Eggnog)

Büyük bir kaba bir yumurta sarısını koyun. Biraz aspartam ve bir küçük kaşık portakal çiçeği suyu ile seyreltin. İçindekiler karışımın her yanına eşit dağılana kadar karıştırın. Daha sonra, koyu kıvamlı bu karışımı seyreltmek için, büyük bir bardak yağsız süt ekleyin ve yumurta sarısının bozulmasını önlemek üzere yavaş hareket etmeye dikkat edin.

Jambonlu yumurta peltesi ya da yumurta jölesi

Birkaç tane kayısı kıvamında pişmiş (4 dakika kaynatılmış) yumurta ve aynı miktarda yarıya kesilmiş dilimler halinde yağsız jambon hazırlayın.

Hazır alacağınız yaprak jelatini soğuk suya batırarak 1–2 dakika ıslatın ve elinizde sıkarak fazla suyunu akıtın. Sonra, sıvılaşması için ısıtın ve içine tuz, karabiber ile BİR damla da konyak katarak lezzet verin.

Henüz sıcak olan kayısı yumurtayı yarım dilim jambona sarın ve bunu tek porsiyonluk bir jöle kalıbına koyup üzerine sıvı jelatini dökerek soğumaya bırakın.

Seyir rejimi tarifleri: Proteinler + sebzeler

Yalnızca sebzeli tarifler

Karnabahar

Bembeyaz bir karnabaharı alın ve iri çiçekler halinde bölün. İyice yıkayın ve tuzlu su dolu büyük bir tencerede pişmeye bırakın. Beyaz sos (bkz. 188) hazırlayın ve suyunu tamamen süzdüğünüz karnabaharın üzerine dökün. İkiye kesilmiş katı yumurtalarla servis edin.

Karnabahar suflesi

Karnabaharı önceki tarifteki gibi pişirin ve iyice süzün. Beyaz sos hazırlayın (Bkz. 188'deki tarif, ancak buna fazladan iki yumurta sarısı ekleyin).

Diğer yanda, iki yumurtadan geriye kalan beyazları kar gibi olana kadar çırpın ve bunu yavaş yavaş beyaz sosa katın. Parçalar halindeki karnabaharı ekleyip bir sufle ya da kek kalıbına dökerek fırında 20 dakika pişirin.

Mantar yahnisi

Yapışmayan bir tavada bir soğan yatağı hazırlayıp buna önceden biraz suyla erittiğiniz bir tavuk bulyon tabletini ekleyin ve karışımın kıvamı biraz koyulaşmaya başlayana kadar kavurun. Daha sonra kalın halkalar halinde dilimlenmiş mantarları ekleyin ve etlerinin yumuşak olması için kapağı açık olarak hafif ateşte pişmeye bırakın. Sarımsak, maydanoz, tuz ve karabiber ekleyin ve etlerin ya da kümes hayvanlarının yanında sıcak olarak servis edin.

Doldurulmuş mantar

Mantarları büyüklerinden seçin. İyice yıkayın ve saplarını koparın. Kopardığınız sapları sarımsak ve maydanozla birlikte kıyıp tuz, karabiber ve birkaç tatlı kaşığı yağsız süt ekleyin. Bu dolgu malzemesini ya yüksek sıcaklıktaki fırında ya da yapışmaz tavada pişirin.

Mantarların çukur taraflarını önceden pişirdiğiniz dolgu malzemesiyle doldurun ve hepsini birlikte çok sıcak fırında pişmeye bırakın. Pişirdikten sonra, her mantarın üzerinde birer damla bitkisel yağ gezdirin.

Beyaz soslu ıspanak

Ispanak yapraklarını iyice yıkayın, tuzlu ve kaynar su dolu büyük bir tencerede 10–15 dakika pişirin. Kevgirde ezerek iyice süzün. Beyaz sos ekleyerek fırına koyun. İkiye kesilmiş katı yumurtalarla ya da kırmızı veya beyaz etlerle servis edin.

Rezene

Rezene, büyük koruma sağlayan antioksidanlar yönünden zengin olması nedeniyle çok değerli bir besin maddesi olup anasonlu, kendine has bir lezzeti vardır. Salatası yapılabilir, çiğ halde enlemesine kesilmiş olarak salata kâsesine yayıp rejime özel bir sirkeli sosla karıştırabilirsiniz.

Ayrıca, sert liflerinin dayanıklılığını kırmak için çok uzun süre haşlayarak da hazırlamak mümkündür. O zaman, bol limon suyuyla lezzet verip maydanozla hoş bir koku kazandırarak oda sıcaklığında, ya da ılık servis edebilirsiniz.

Yeşil fasulye

Yeşil fasulye dünyanın en az kalorili ve doyma hissi oluşmasında aktif rol oynayan pektin maddesi bakımından en zengin gıdalarından biridir. Ancak, alışılageldiği gibi buharda pişirilmesinin övülmesi, donuk rengi ve tadındaki doğal yavanlık nedeniyle rejim yapanların sıklıkla göz ardı ettiği bir besindir.

Salatasını yaparken, önerilen sirkeli sosların yanında, kıyılmış soğan ve maydanoz eklemeyi ve domates, çarliston biber, dolmalık biber gibi daha renkli sebzelerle karıştırmayı unutmayın.

Eğer kırmızı veya beyaz ete eşlik edecekse, üzerinde beyaz sos gezdirebilirsiniz, ya da yanındaki etin üzerine beyaz sos dökerek servis edebilirsiniz.

Fesleğenli ve peynirli domates

Bu tarif için bir küçük kutu yağsız, sert beyaz peynire ihtiyacınız olacak. Suyu alınmış süzme peynir, İtalyan mozzarellası ya da Yunan feta peyniri de kullanabilirsiniz.

Büyük bir servis tabağı dolusu halka kesilmiş domatesi tabağa güzelce dizin. Sert beyaz peynirinizden küçük ama kalın dilimler kesin ve bunları domates halkalarının üzerine dizin. Hepsinin üstünü süslemek için fesleğen serpin. Tuzunu, karabiberini de attıktan sonra sirkeli sos dökerek sunuma hazır hale getirin.

Hindiba salatası

Hindiba, öğle saatlerinde yemek yapmaya zamanı olmayan rejimdeki kadınlar için önemlidir. Çünkü çok az kalorili, temiz ve taşıması kolaybir besin maddesidir. Ayrıca hindiba hafif acı lezzeti olan, taze ve krokan kıvamında bir besin olduğu için de sevilir.

Bu nedenle, sırf bu kadar avantajı olan bu besinle tüketilmek üzere özel bir sos hazırlayabilirsiniz. Sosumuzu şimdi tarif edeceğimiz şekilde hazırlarsanız, yalnızca hindiba ile kullanın çünkü rejim için zararlı olabilecek bir malzeme içeriyor: Rokfor peyniri. (Bu cins peyniri sevmiyorsanız, sosu onsuz da hazırlayabilirsiniz.)

Küçük bir kutu yağsız beyaz peynirle irice bir fındık büyüklüğünde bir parça rokfor peynirini ve bir kaşık sirkeyi karıştırın. Hindiba salatası için sosunuz hazır. Bu kadar az Rokfor peynirinin bir tane siyah zeytindekinden daha fazla yağ içermediğinden emin olabilirsiniz.

Sıcak ve soğuk salatalık

Sıcak hazırlanışı: Salatalıkların kabuklarını soyun, yıkayın ve kesin. 10 dakika boyunca yarım bardak sirke ve biraz tuz katılmış kaynar suda pişirin. Süzgeçte suyunu süzüp beyaz sosla servis edin.

Salatası: Salatalıkları halka halka kestikten sonra bir kaba alın ve bir saat boyunca süzülmeye bırakın. Birkaç dilim soğan ve sirkeli sosla servis edin.

Hafif ateşte pişmiş hindiba

Hindibaları yıkayın ve buharda pişirin. Bir tablet yağsız et veya sebze suyu bulyonunu az miktarda suyla eriterek bir başlagıç sosu hazırlayın. Yapışmaz bir tavada, birkaç soğan halkasını başlangıç sosunda kavurun ve suyunu iyice süzdüğünüz hindibaları da ekleyin. Suyuyla birlikte, ılık olarak servis edin. Dana eti veya hindi gibi beyaz etlerin yanına çok yakışacaktır.

Fırında hindiba

Hindibaları yıkayıp buharda pişirin. Tuzlayın ve suyunu süzün. Fırına girebilen bir tabağa alıp üzerine beyaz sos dökün. Bir yumurtayı çırpın ve hindibaların üzerini bununla kaplayın. Fırına koyun ve üzeri altın sarısı bir renk alana kadar pişirin.

Krema soslu kuşkonmaz

Güzel ve sert bir paket kuşkonmaz alın. Bütün iplikçiklerini ayıklamaya dikkat ederek rendeleyin.

20–25 dakika pişirin.

Kitabımızda tarif edildiği gibi bir mayonez hazırlayın. Bir yumurtanın beyazını kar gibi olana kadar çırpın ve bunu çırpmaya devam ederek mayoneze ekleyin. İyice karıştırdıktan sonra, içine biraz frambuaz sirkesi akıtarak sosun sıvılaşmasını sağlayın. Ilık kuşkonmazları bu kremamsı sosla kaplayarak servis edin.

Olağanüstü bir çorba

Araştırmacıların taneli çorbaların uzun vadedeki zayıflatıcı etkisi konulu en güncel çalışmalarına dayanan, şimdiye kadar önerilmiş tariflerden farklı bir çorbadan söz edeceğiz. Bu çalışmaların ayrıntılarını ve bu tür çorbaların kilo kontrolü üstündeki çok özel etkilerini merak eden okurlarımı *Diyet ve Beslenme Sözlüğü* adlı kitabımı okumaya davet ediyorum.

Bu çorbada neler var? Hazırlamak için şu malzemelere ihtiyacınız olacak: 4 diş sarımsak, 6 büyük soğan, 1 ya da 2 küçük kutu soyulmuş domates, 1 büyük baş lahana, 6 havuç, 2 dolmalık biber, 1 kereviz, 3 litre su, 3'er tablet yağsız et suyu ve tavuk suyu bulyonu.

Sebzeleri yıkayıp soyun ve küçük parçalar halinde kesin. Bunları bir kulplu tencereye koyun ve üzerlerini örtecek kadar su ekleyin. 10 dakika kaynattıktan sonra ocağı kısarak sebzeler yumuşayıncaya kadar pişirmeye devam edin.

Bu çorba son derece doyurucudur. Birbirine karışmayıp bulyonun suyu içinde yüzen sebze parçalarından oluşması zayıflatıcı etkisinin nedenlerini açıklamaktadır. Katı maddelerin aynı sıvı içerisinde bir arada bulunması bunların yemek borusundan benzersiz bir hızla geçmesini sağlar.

Katı kısımları tamamen parçalanana kadar midede kalır ve burada şişerek mekanik doyma oluşur. Sıvı, yani bulyon ise mideden çok daha hızla geçer ve ince bağırsağa ulaşır. Burada, içeriğindeki besleyici maddeler bağırsakların iç yüzeylerindeki reseptörleri uyaracağından, kimyasal doyma meydana gelir. Midenin şişmesiyle mekanik doyma ve ince bağırsak aracılığıyla metabolizmanın doyması etkilerini birleştirince açlık hissi uzun süreli ve hatırı sayılır biçimde kesilir.

Bu çorbayı, özellikle öğle yemeğini atlamış ya da bir şeyler atıştırarak geçiştirmiş olanlara akşamüstü eve aç geldiklerinde tükettikleri her biri diğerinden daha yağlı ve diyet için daha zararlı abur cuburların yerine öneriyorum. Bu çorbadan sıcak bir kâse içince çektiğiniz işkence sona erecek, uslu uslu akşam yemeği saatini bekleyebileceksiniz.

Balkabağı çorbası

Bir balkabağının dörtte birini alın, kabuğunu soyun ve iri parçalar halinde kesin. Bu parçaları bir düdüklü tencereye koyup üzerlerini örtecek kadar su ekleyin ve içine bir tablet yağsız et suyu ya da sebze suyu bulyonu atın. 20–30 dakika pişsin. Pişirmenin sonlarında tuzunu, karabiberini atıp içine 100 g yağsız beyaz peynir ekleyin. Çırpıcıyı kısa bir süre kullanarak lezzetlerin birbirine karışmasını ve iri parçaların ufalmasını sağlayın; bırakın balkabağının son katı kalıntıları ağzınızda erisin.

Kabak çorbası

4 güzel kabak, bir büyük soğan, bir havuç ve bir şalgamı soyun, yıkayın ve iri parçalar halinde doğrayın. Bütün parçaları bir düdüklü tencereye koyup bir tablet yağsız et suyu bulyonu da atarak üzerlerini örtecek kadar su ekleyin. 20–30 dakika pişirin ve iyice karışmış, yumuşak ve özlü bir karışım elde edene kadar çırpıcıyla karıştırın. Homojen bir karışım olmasına dikkat edin. Çok sıcakken tüketin.

Sebzeli + balıklı ya da etli tarifler

Deniz ürünleri salatası (tütsülenmiş somon, kırmızı karides, yengeç, ahtapot, mezgit, balık yumurtası)

Güzel bir marulu yıkayıp doğrayın ve peşpeşe tütsülenmiş somon parçalarını, kabuğu çıkarılmış bir avuç kırmızı karidesi, küçük yengeç eti parçalarını, ahtapot ve mezgit parçalarını ekleyin. Tuzunu, karabiberini atıp yağsız sirkeli sosla lezzetini verdikten sonra isterseniz üzerine kırmızı ve siyah balık yumurtalarından serperek süsleyebilirsiniz.

Karışık salata

Güzel bir marulu yıkayıp doğradıktan sonra içine doğranmış domatesleri karıştırın. Bir katı yumurtayı dörde bölün, pilicin beyaz etli kısmından ince dilimler kesin, bir dilim yağsız jambonu kıyın ve hepsini salatanıza ekleyin. Hepsini kitapta tarifini verdiğimiz sirkeli sosla ıslatın.

Hindibalı dana eti

Bir tencerenin dibine soğan yatağı hazırlayın. Bir tavuk suyu tabletini biraz suda eriterek içine dökün ve kısık ateşte sararmasını bekleyin. Bu sulu yatağın üzerine az yağlı bir dana bifteği ya da pirzolasını yerleştirin ve altın sarısı bir renk alana kadar pişirin. Önceden yüksek ateşte haşladığınız hindibaları ekleyin. Tuzunu, karabiberi atın ve kısık ateşte bir saat daha pişirin. Sıcak servis edin. Artanını buzdolabında tutup daha sonra ya soğuk olarak hardalla, ya da tekrar ısıtarak tüketebilirsiniz.

Mantarlı piliç

Bir önceki tarifte dana eti için anlattığımız gibi, bir tencerenin dibine soğan yatağı hazırlayın ve bir tavuk suyu tabletini suda eriterek tencereye döktükten sonra soğanları kısık ateşte sarartın. Bu sulu yatağın üzerine doğranmış piliç etini ciğeriyle birlikte yerleştirin ve altın sarısı bir renk alana kadar pişirin. Önceden haşladığınız mantarları ekleyin. Tuzunu, karabiberi atın ve kısık ateşte bir saat daha pişirin. Pişirme sonrasında, pilicin ciğerini bir çatalla ezerek tencerede kalan suya karıştırın.

Mantarlı dana şnitzel

Yapışmaz bir tavaya soğan ve mantar yatağı hazırlayın, biraz suda erittiğiniz bir tavuk suyu tabletini de ekleyerek kısık ateşte kavurun. Tavanın dibindeki bu sulu yatağın üstüne az yağlı bir parça dana şnitzel ekleyin ve altın sarısı bir renk alana kadar pişirin. Kapağını kapayıp 15 dakika pişirin. Mantarlar bütün sularını bıraktığında, ocağın altını ve tavanın kapağını açarak pişirmeye devam edip fazla suyu çektirin.

Soğan ve domatesli tavşan

Bir tencerenin dibinde hazırladığınız soğan yatağına biraz suda erittiğiniz tavuk suyu tabletini de ekleyerek soğanların kısık ateşte sararmasını bekleyin. Birkaç parça tavşan etini bu sulu yatağa yerleştirin. Dörde bölünmüş domatesleri, bir diş sarımsağı ekleyin. Tuzunu, karabiberini serpin. Birbirine karışan soğan ve domates sularının içinde pişirin. Kıyılmış maydanozla süsleyerek servis edin.

Doldurulmuş lahana

Büyük bir lahanayı kaynar suda birkaç dakika haşlayın ve suyunu süzdürün. Dıştaki iri yaprakları ayıklayın ve yumuşak göbeğinin ortasına daha sonra içini dolduracağınız bir çukur açın.

300 g dana kıyma, soğan ve maydanozla bir harç hazırlayıp tuz ve karabiber ekleyin. Yapışmaz tavaya aldığınız bu karışıma iki veya üç kaşık domates püresi ekleyip biraz pişirin. Lahananın içini bu harçla doldurun ve doldurduğunuz yeri en büyük yaprakları kullanarak güzelce kapayın. Hepsini mutfak ipiyle güzelce bağlayın. Bu şekilde bağlanmış laha-

nayı tencerenin dibinde her yöne döndürerek kavurun, sonra kısık ateşte kapağı kapalı olarak pişirin.

Marengo pilici

Yapışmaz bir tavaya soğan yatağı hazırlayın, biraz suda erittiğiniz bir tavuk suyu tabletini de ekleyerek kısık ateşte kavurun. Doğranmış birkaç domatesle, kekik, tuz ve karabiber ekleyin.

Piliç parçalarını bu özlü ve hoş kokulu yatağa yerleştirin. Yarım bardak su ekleyip kapağını kapayarak pişirin. Pişirme süresinin bitimine yarım saat kala, güzelce yıkanıp doğranmış mantarları ekleyin. Suyun fazlasından kurtulmak için tavanın kapağını açıp birkaç dakika yüksek ateşte pişirin.

Jambonlu hindiba

Hindibaları yıkayın ve buharda pişirin.

Piştikten sonra, her hindiba yaprağını yağsız birer jambon dilimine sarın.

Yağsız süt, mısır unu, et suyu tabletiyle diyet için tarif ettiğimiz şekilde beşamel sos (bkz. 190) hazırlayın. Isıya dayanıklı camdan bir fırın kabına hindibaları sıra sıra dizin. Bu hindiba zemininin üstünü, aralıklarını da dolduracak şekilde, beşamel sosla kaplayın. Sıcak fırına koyun ve üstü kızarana kadar pişirin.

Saf proteinli atak evresi için bir haftalık menü

Pazartesi

Kahvaltı

- Aspartamlı kahve veya çay
- Seçime göre: 1 veya 2 küçük kutu yağsız yoğurt ya da 200 g beyaz peynir
- Seçime göre: 1 dilim hindi ya da tavuk eti veya yağsız jambon, ya da 1 rafadan yumurta ya da 1 küçük turta veya 1 yulaf kepekli galeta

Gerektiğinde, saat 10:00–11:00 arası

1 yoğurt veya 100 g beyaz peynir

Öğle yemeği

Mayonezli katı yumurta

Tartar soslu biftek

2 küçük yoğurt ya da 200 g beyaz peynir

Gerektiğinde, saat 16:00 kahvaltısı

1 yoğurt ya da 1 dilim hindi veya ikisi birden

Akşam yemeği

Bol miktarda mayonezli karides

Piliç suflesi

1 turta ya da 1 küçük yoğurt

Salı

Kahvaltı

- Aspartamlı kahve veya çay
- Seçime göre: 1 veya 2 küçük kutu yağsız yoğurt ya da 200 g beyaz peynir
- Seçime göre: 1 dilim hindi ya da tavuk eti veya yağsız jambon, ya da 1 rafadan yumurta ya da 1 küçük turta veya 1 yulaf kepekli galeta

Gerektiğinde, saat 10:00–11:00 arası

1 yoğurt veya 100 g beyaz peynir

Öğle yemeği

Sirkeli soslu sığır eti salatası

Japon usulü çiğ somon

2 küçük yoğurt ya da 200 g beyaz peynir

Gerektiğinde, saat 16:00 kahvaltısı

1 yoğurt ya da 1 dilim hindi veya ikisi birden

Akşam yemeği

Yengeç dolması

Beyaz soslu dana yahnisi

1 turta veya 1 küçük yoğurt

Çarşamba

Kahvaltı

- Aspartamlı kahve veya çay
- Seçime göre: 1 veya 2 küçük kutu yağsız yoğurt ya da 200 g beyaz peynir
- Seçime göre: 1 dilim hindi ya da tavuk eti veya yağsız jambon, ya da 1 rafadan yumurta ya da 1 küçük turta veya 1 yulaf kepekli galeta

Gerektiğinde, saat 10:00–11:00 arası

1 yoğurt veya 100 g beyaz peynir

Öğle yemeği

Bir tabak surimi

Tavuk budu

Bir turta ya da yulaf kepeği galetası

Gerektiğinde, saat 16:00 kahvaltısı

1 yoğurt ya da 1 dilim hindi veya ikisi birden

Akşam yemeği

Sote edilmiş tavuk ciğeri

Hardallı tavşan

Küçük adalar ya da 200 g beyaz peynir

Perşembe

Kahvaltı

- Aspartamlı kahve veya çay
- Seçime göre: 1 veya 2 küçük kutu yağsız yoğurt ya da 200 g beyaz peynir
- Seçime göre: 1 dilim hindi ya da tavuk eti veya yağsız jambon, ya da 1 rafadan yumurta ya da 1 küçük turta veya 1 yulaf kepekli galeta

Gerektiğinde, saat 10:00–11:00 arası

1 yoğurt veya 100 g beyaz peynir

Öğle yemeği

1 dilim tütsülenmiş somon

Tavada dana pirzolası

Küçük adalar veya 200 g beyaz peynir

Gerektiğinde, saat 16:00 kahvaltısı

1 yoğurt ya da 1 dilim hindi veya ikisi birden

Akşam yemeği

Marine edilmiş somon

Denizci usulü midye

1 turta ya da 1 küçük yoğurt

Cuma

Kahvaltı

- Aspartamlı kahve veya çay
- Seçime göre: 1 veya 2 küçük kutu yağsız yoğurt ya da 200 g beyaz peynir
- Seçime göre: 1 dilim hindi ya da tavuk eti veya yağsız jambon, ya da 1 rafadan yumurta ya da 1 küçük turta veya 1 yulaf kepekli galeta

Gerektiğinde, saat 10:00–11:00 arası

1 yoğurt veya 100 g beyaz peynir

Öğle yemeği

4 dilim yağsız jambon

Kızarmış yarım piliç

2 küçük yoğurt veya 200 g beyaz peynir

Gerektiğinde, saat 16:00 kahvaltısı

1 yoğurt ya da 1 dilim hindi veya ikisi bir

Akşam yemeği

Jambonlu yumurta peltesi

Mayonezli yengeç

Küçük adalar veya 2 küçük yoğurt

Cumartesi

Kahvaltı

- Aspartamlı kahve veya çay
- Seçime göre: 1 veya 2 küçük kutu yağsız yoğurt ya da 200 g beyaz peynir
- Seçime göre: 1 dilim hindi ya da tavuk eti veya yağsız jambon, ya da 1 rafadan yumurta ya da 1 küçük turta veya 1 yulaf kepekli galeta

Gerektiğinde, saat 10:00–11:00 arası

1 yoğurt veya 100 g beyaz peynir

Öğle yemeği

Karidesli yumurta dolması

Bir tava kılıçbalığı

1 turta ya da 1 yulaf kepekli galeta

Gerektiğinde, saat 16:00 kahvaltısı

1 yoğurt ya da 1 dilim hindi veya ikisi birden

Akşam yemeği

Marine edilmiş somon

Ravigot soslu sığırdili

Küçük adalar veya 200 g beyaz peynir

Pazar

Kahvaltı

- Aspartamlı kahve veya çay
- Seçime göre: 1 veya 2 küçük kutu yağsız yoğurt ya da 200 g beyaz peynir
- Seçime göre: 1 dilim hindi ya da tavuk eti veya yağsız jambon, ya da 1 rafadan yumurta ya da 1 küçük turta veya 1 yulaf kepekli galeta

Gerektiğinde, saat 10:00–11:00 arası

1 yoğurt veya 100 g beyaz peynir

Öğle yemeği

Yengeç dolması

Beyaz soslu dana yahnisi

Küçük adalar

Gerektiğinde, saat 16:00 kahvaltısı

1 yoğurt ya da 1 dilim hindi veya ikisi birden

Akşam yemeği

Sirkeli soslu biftek salatası

Tek yanlı ızgara somon

1 turta veya 200 g beyaz peynir

Saf protein + sebzeli bir haftalık alternatif protein menüsü

Pazartesi

Kahvaltı

- Aspartamlı kahve veya çay
- Seçime göre: 1 veya 2 küçük kutu yağsız yoğurt ya da 200 g beyaz peynir
- Seçime göre: 1 dilim hindi ya da tavuk eti veya yağsız jambon, ya da 1 rafadan yumurta ya da 1 küçük turta veya 1 yulaf kepekli galeta

Gerektiğinde, saat 10:00–11:00 arası

1 yoğurt veya 100 g beyaz peynir

Öğle yemeği

Karidesli yumurta dolması

Bir tava kılıçbalığı

1 turta ya da 1 yulaf kepekli galeta

Gerektiğinde, saat 16:00 kahvaltısı

1 yoğurt ya da 1 dilim hindi veya ikisi birden

Akşam yemeği

Marine edilmiş somon

Ravigot soslu sığırdili

1 turta ya da 200 g beyaz peynir

Salı

Kahvaltı

- Aspartamlı kahve veya çay
- Seçime göre: 1 veya 2 küçük kutu yağsız yoğurt ya da 200 g beyaz peynir
- Seçime göre: 1 dilim hindi ya da tavuk eti veya yağsız jambon, ya da 1 rafadan yumurta ya da 1 küçük turta veya 1 yulaf kepekli galeta

Gerektiğinde, saat 10:00–11:00 arası

1 yoğurt veya 100 g beyaz peynir

Öğle yemeği

Karidesli hindiba salatası

Ispanaklı dana ciğeri tavası

2 küçük yoğurt veya 200 g beyaz peynir

Gerektiğinde, saat 16:00 kahvaltısı

1 yoğurt ya da 1 dilim hindi veya ikisi birden

Akşam yemeği

1 dilim tütsülenmiş somon

Domates dolması

1 turta ya da 1 küçük yoğurt

Çarşamba

Kahvaltı

- Aspartamlı kahve veya çay
- Seçime göre: 1 veya 2 küçük kutu yağsız yoğurt ya da 200 g beyaz peynir
- Seçime göre: 1 dilim hindi ya da tavuk eti veya yağsız jambon, ya da 1 rafadan yumurta ya da 1 küçük turta veya 1 yulaf kepekli galeta

Gerektiğinde, saat 10:00–11:00 arası

1 yoğurt veya 100 g beyaz peynir

Öğle yemeği

Jambonlu yumurta peltesi

Tavuk ciğerli salata

1 turta ya da 1 kepekli galeta

Gerektiğinde, saat 16:00 kahvaltısı

1 yoğurt ya da 1 dilim hindi veya ikisi birden

Akşam yemeği

Fesleğenli ve peynirli domates

Havuç püreli çipura

Küçük adalar ya da 200 g beyaz peynir

Perşembe

Kahvaltı

- Aspartamlı kahve veya çay
- Seçime göre: 1 veya 2 küçük kutu yağsız yoğurt ya da 200 g beyaz peynir
- Seçime göre: 1 dilim hindi ya da tavuk eti veya yağsız jambon, ya da 1 rafadan yumurta ya da 1 küçük turta veya 1 yulaf kepekli galeta

Gerektiğinde, saat 10:00–11:00 arası

1 yoğurt veya 100 g beyaz peynir

Öğle yemeği

Ton balıklı salata

Karidesli karışık yumurta

Küçük adalar veya 200 g beyaz peynir

Gerektiğinde, saat 16:00 kahvaltısı

1 yoğurt ya da 1 dilim hindi veya ikisi birden

Akşam yemeği

Havuçlu kabak çorbası

Mantar soteli tarhun otlu piliç

1 turta ya da 1 küçük yoğurt

Cuma

Kahvaltı

- Aspartamlı kahve veya çay
- Seçime göre: 1 veya 2 küçük kutu yağsız yoğurt ya da 200 g beyaz peynir
- Seçime göre: 1 dilim hindi ya da tavuk eti veya yağsız jambon, ya da 1 rafadan yumurta ya da 1 küçük turta veya 1 yulaf kepekli galeta

Gerektiğinde, saat 10:00–11:00 arası

1 yoğurt veya 100 g beyaz peynir

Öğle yemeği

4 dilim yağsız jambon

Beşamel soslu jambonlu hindiba

2 küçük yoğurt veya 200 g beyaz peynir

Gerektiğinde, saat 16:00 kahvaltısı

1 yoğurt ya da 1 dilim hindi veya ikisi birden

Akşam yemeği

Mantarlı ıspanak salatası

Ispanaklı somon

Küçük adalar ya da 2 küçük yoğurt

Cumartesi

Kahvaltı

- Aspartamlı kahve veya çay
- Seçime göre: 1 veya 2 küçük kutu yağsız yoğurt ya da 200 g beyaz peynir
- Seçime göre: 1 dilim hindi ya da tavuk eti veya yağsız jambon, ya da 1 rafadan yumurta ya da 1 küçük turta veya 1 yulaf kepekli galeta

Gerektiğinde, saat 10:00–11:00 arası

1 yoğurt veya 100 g beyaz peynir

Öğle yemeği

Kümes hayvanları güveci

Deniz ürünleri salatası

1 turta ya da 1 yulaf kepeği galetası

Gerektiğinde, saat 16:00 kahvaltısı

1 yoğurt ya da 1 dilim hindi veya ikisi birden

Akşam yemeği

Yengeç dolması

Buharda pişmiş rezeneli kılıçbalığı tavası

1 turta ya da 200 g beyaz peynir

Pazar

Kahvaltı

- Aspartamlı kahve veya çay
- Seçime göre: 1 veya 2 küçük kutu yağsız yoğurt ya da 200 g beyaz peynir
- Seçime göre: 1 dilim hindi ya da tavuk eti veya yağsız jambon, ya da 1 rafadan yumurta ya da 1 küçük turta veya 1 yulaf kepekli galeta

Gerektiğinde, saat 10:00–11:00 arası

1 yoğurt veya 100 g beyaz peynir

Öğle yemeği

Sirkeli soslu sığır etli salata

Doldurulmuş lahana

Küçük adalar

Gerektiğinde, saat 16:00 kahvaltısı

1 yoğurt ya da 1 dilim hindi veya ikisi birden

Akşam yemeği

Fesleğenli ve peynirli domates

Gelincik balığı böreği

1 turta ya da 1 küçük yoğurt

İLERİ OBEZLİK

Dukan Diyeti, yaşamı aşırı kiloları nedeniyle ciddi biçimde etkilenen, genel olarak üç kategoride toplanan obezlik hastalarına hitap eden bir programdır.

Basit kilo fazlasından ileri obezliğe

İstemeden obez olanlar

Kilosu her zaman normal ve sabit olan, ancak belli bir veya birkaç nedenle aşırı kilo almış kişilerdir. Genelde fiziksel aktivitenin aniden aşırı derecede düşmesinden kaynaklanır.

Bu tip şişmanlama, sıklıkla ilk hamileliğinden çıkmış kadınlarda görülür. Bu sırada kilo alınması sevinçle ve doğal karşılanmıştır, ayrıca günlük hareketler büyük ölçüde azalmıştır. Böylece, alışılmadık bir kilo alımı görülür. Hamilelik sürecini zor geçirmiş ve özellikle uzun süre yatak istirahati yapmak zorunda kalmış kadınlarda bu duruma daha sık rastlanırken, hormon takviyesi gerektirmiş gebeliklerde durum daha da kötüdür.

Ancak bu aynı zamanda kaza geçirmiş ve bu nedenle hareketsiz kalmış ve can sıkıntısı yüzünden bol bol yiyip içenlerin dahil olduğu gruptur.

Romatizma ya da astım gibi belli bir rahatsızlık nedeniyle kilo aldırdığı bilinen kortizonla tedavi görenler de yine bu kategoridedirler.

Obezliğe eğilimliler

Bilindiği gibi her zaman kilo almaya ve depolamaya eğilimli, çocukluğunda yanlış beslendiği için hayatı boyunca kilolu olmuş, ya da "doğuştan" kilolu erkek ve kadınlar da vardır. Nedeni ne olursa olsun, sonuç aynıdır: Bu kişilerin kilo alma becerileri yüksektir ve besinlerden daima maksimum yarar sağlarlar. Ama bu eğilim kişiden kişiye çok değişkenlik gösterir.

Sıklıkla, vakaların %90'ında yatkınlık düşüktür ve besinlerden aşırı yarar sağlansa da, bu durum kontrol altına alınabilecek niteliktedir.

Bu kategoridekilerden yeterince istekli ve motivasyonu yüksek olanlar, aktif ve hareketli bir yaşam tarzına geçtiklerinde, kilo alımını tamamen durdurabilir ya da kontrol altında tutabilirler. İşte bu noktada Dukan Diyeti onlara gerçek bir güvence sağlar. İstekli olmanın tek başına yeterli olmayacağı zor ve kritik zamanlarda yardımcı olur.

Bazı başka hastaların yatkınlığıysa kıyaslanamayacak noktadadır, hareketsiz bir yaşam sürdürdüklerinden ya da beslenmeleri üstünde kontrol sahibi olmayı hiç beceremediklerinden, yavaş ama düzenli biçimde kilo alışlarının önüne geçmek mümkün olmaz.

Dukan Diyeti, bu kişiler için de çok uygundur. Her ne kadar besinlerden çok fazla fayda sağlıyor olsalar da, bu diyetteki protein perşembeleriyle düzenli yulaf kepeği tüketimi bir araya geldiğinde bütün irade noksanlıklarını, düzen eksikliklerini ve handikapları telafi etme olanağı sunar.

İleri obezlik

İleri obezlik özellikle ABD'de yaygın, Avrupa'da ender görülen, çoğunlukla aile içinde yayılan, vücut deforme olacak şekilde aşırı kilo almaya eğilimli olma durumudur.

Ciddi anlamda obez olan bu insanların yediklerinden sağladıkları faydanın büyüklüğü, doktorlar dahil herkesi şaşırtır. Bütün beslenme uzmanlarının soluduğu havadan bile yarar sağlıyormuş gibi görünen, fizik yasalarını alt üst eden böyle birkaç hastası vardır.

Çok ender de olsa, gece yatmadan önce tartılıp sabah kalktıklarında birkaç gram almış olarak uyanan hastalar tanıyorum. Doktorlara yapacak az şey bırakan böyle az sayıda vakanın dışında, genel olarak, daha önce birçok rejim deneyip epeyce kilo vermiş ve verdiği kiloları geri almış sıradan obezler vardır. İşte kitabımın dördüncü bölümünde tam da onlar için ulaştıkları kiloyu korumanın anahtarını sunuyorum.

Başlangıçta belirttiğim prensiplerime sadığım, beslenmeye sınırlamalar koyup kimseyi zorlayacak değilim. Kitabın başında duyurduğum her şey besinlerden kalori çekme konusunda en becerikli olanlarınız için de geçerli. Rejim sonrası koruma programındaki beslenme düzeni haftanın altı günü istediğinizi yiyebileceğiniz şekilde kalmalı.

Şimdi açıklayacağım üç önlemse, özellikle obezite eğilimi uç noktalarda olanlara ve vücutlarının biçimi bozulacak derecede ciddi obezlik sorunu yaşayanlara yöneliktir. Tabii ki obez olmasalar da geçmişte "tartıyla sorunu olmuş" ve etkili bir çözüm arayışı içinde olan herkesin de bu önlemlerden yarar göreceği kesindir.

İlk büyük işiniz: 29 puan

Bugün genetik olarak belirlenmiş bir yağ hücresi stoğuyla dünyaya geldiğimizi biliyoruz. Bu meşhur yağ hücreleri, yağ yapmakla ve bunu depolamakla görevli sarı renkli hücrelerdir. Normalde bu hücrelerin sayıları sabittir ve değişmez. Her ne kadar bu sayı sabit olsa da, kişiden kişiye farklılık gösteririr.

Genetik olarak kadınların erkeklere oranla daha fazla yağ hücresi vardır çünkü bir kadının kadınlığında yağ önemli bir rol oynamaktadır. Yüzde ondan az yağ rezervine sahip olması kadının doğum için yumurta oluşturmasını engeller.

Bu yağ hücrelerinin sayısı doğumda belirlenmiş olduğu için, buna göre sabit kalır; dikkatinizi çekmek istediğim birkaç belli dönem dışında.

Kötü beslenen ya da çok fazla kilo alan bir kadında –veya erkekte– yağ hücreleri de kilo alır. Kişi kilo almaya devam ettikçe, bu hücreler yağ ile şişmeye başlar. Eğer kilo alımı devam ederse, bu hücreler esnekliğini kaybedecek bir büyüklüğe ulaşır. Bu kritik anda, alınan her ek kilo, kilo sorununun geleceğini ve prognozunu tamamen değiştirir. Daha fazla yağ içerecek kapasitesi kalmadığından, yağ dokusu hücresi iki kardeş hücreye bölünür. Bu basit bölünme birden vücudun yağ yapma ve depolama kapasitesini iki katına çıkartır.

Bu andan itibaren, kilo alma eğilimi devam eder; kilo almak kolaylaşırken vermek zorlaşır. Eğer kilo vermeye çalışıyorsanız, yağ hücrelerinin boyutlarını her zaman ufaltabilirsiniz ama iki kardeş hücre bir daha asla tek bir ana hücre olmayacaktır.

Beslenme uzmanları bunu iyi bilir ama herkes bilmez. Kilo alımı dengeli olan kişilerin bunu bilmesi önemlidir. Yağ dokusu hücreleri bölündüğünde, davranıştan kaynaklanan aşırı kilo metabolik aşırı kilo alımına dönüşür ve artık hiçbir şey eskisi kadar basit değildir. Bunu obez olan kişilerin endişelenmesi ya da kendilerini suçlu hissetmesi için yazmıyorum. Benim metodum onlara dirençleriyle baş edecek araçları vermektir.

Yeri gelmişken, bu anlamda tehlikede olan herkes için şunu hatırlatmak istiyorum, söz konusu bölünmenin meydana gelmesini önlemek için, kişinin kilo alıp verme geçmişinde bu riskinin ortaya çıktığı anı basit ve somut biçimde belirlemek önemlidir.

Bu amaçla, beslenme uzmanlığı kariyerim süresince onlarca hasta üstünde çalıştım. Belirli parametreleri, rejimlere ve kilo kaybına karşı gerçek anlamda ve ani bir direncin görülmeye başlandığı dönemi dikkate alarak oluşturduğum istatistikler bu anı belirlememe izin verdi. Bulgularım BKE değerinin 28'i geçtiği, 29'a varmak üzere olduğu anı gösteriyordu.

Öncelikle BKE'nin (Beden Kütle Endeksi; *Body Mass Index, BMI*) ne olduğunu ve bunu nasıl hesaplayacağınızı bilmelisiniz. BKE'nizi kilonuzu boyunuzun karesine bölerek hesaplayabilirsiniz. Örneğin, ağırlığınız 70 kilo ve boyunuz 1,6 metre olsun. Dolayısıyla, boyunuzun karesi, [1,6 x 1,6 = 2,56] olacak ve kilonuzun buna bölünmesiyle aradığınız BKE'yi bulacaksınız: [70 / 2,56 = 27,34]. Gördüğünüz gibi, bu örnekte BKE henüz 28'i bulmamış ama çok da uzak değil. Ünlü 29 noktasına birkaç yüz gram kalacak bir noktaya, yani BKE 28,90'a varması için kişinin yalnızca 4 kilo alması yeterli olacak. Önemli olan, bu noktaya varmamak için elinizden geleni yapmanızdır.

Eğer BKE'nizi bilmiyorsanız, çok karmaşıklaşmadan hesaplayın. Daha sonra bunu sıkı bir takibe alın ve doku hücrenizin çok dolmasına izin vermeyin. Ve eğer 28'e varırsanız, harekete geçin; yağ hücreleriniz doygunluk noktasındadır ve her an ikiye bölünebilir. Bu da kilonuzu kontrol etmenizi zorlaştırabilir.

Şimdi bunu biliyorsunuz, çocuklarınıza ve arkadaşlarınıza söylemenizi tavsiye ederim. Bu kitabın bu önemli bilginin yayılmasını sağlayacağını umuyorum.

Olağanüstü pekiştirme önlemleri

Olağanüstü önlemlerin ilki: Kilo kontrolünde soğuğun kullanılması

Şimdiye kadar obeziteye istemsiz eğilimli olanlardan bahsettik. Dukan Diyeti koruması ise bu direnci kalorilerin özümsendiği ince bağırsakta çözer.

Şimdi kalorilerin alımını engellemeyi değil, alındıktan sonra nasıl daha çok harcandığını göreceksiniz.

1.70 m boyunda ve 70 kg ağırlığında, az hareket gerektiren bir mesleği olan bir adam düşünün. Bu adam normal şartlarda günde ortalama 2.400 kalori harcar. Şöyle ki:

- 300 kalori; vücudundaki organların çalışmasıyla (kalp, beyin, böbrekler vs)
- 700 kalori; günlük fiziksel aktivitelerle (obezleri hareket ettirmek ne kadar güç olsa da)
- 1.400 kalori; vücut sıcaklığını 37 derecede tutmak için harcanan kalori (bizim üzerinde çalışacağımız alan da burası).

Yalnızca bu mantıklı nedenle bile soğuğun obezin iyi bir arkadaşı olduğunu unutmayın. Ateşi bulduğu ilk zamanlardan beri, giysi vb birçok yolla soğukla mücadele eden insan ona alışkın değildir ve vücut sıcaklığını belli bir seviyede tutmak için kalori harcar. Obezler için burada önereceğim yolla ise vücudun ısınma için harcadığı kaloriler artacak ve depoladığı enerji azalacaktır.

Beslenmeyle ilgili olmayan, son derece etkili ve bir obezin

soğuğu kilosunu koruma için ne kadar çok kullanabileceğini kanıtlayan birtakım önerileri aşağıda açıklıyorum.

Soğuk yiyecekleri olabildiğince sık yemek

Ağzınıza sıcak bir şey koyduğunuzda, tadını ve içerdiği sıcaklığı da vücudunuza alırsınız. Unutmayın ki soğuk bir biftekle sıcağın kalorisi aynıdır. Ancak soğuk biftek yediğinizde, 37 derece olan vücut sıcaklığınızda onu yakmak için harcadığınız kalori sıcak yediğinizdekinden daha fazladır.

Soğuk bir besin aldığınızda organizmanız onu hemen kullanamaz ve bu besinin kanınıza geçmesi için vücut sıcaklığına getirilmesi gerekir. Yalnızca bu aktivite bile sindirim ve emilimin süresini uzatır ve sizi daha uzun süre tok tutar.

Sürekli soğuk gıdalarla beslenmenizi değil, yalnızca sıcak veya soğuk arasında bir seçim yapmanız gerektiğinde soğuğu tercih etmenizi öneriyorum.

Soğuk içecekler içmek

Her zaman soğuk gıdalar yemek pek hoş değildir. Ama soğuk içecekler içmek çoğumuzun daha kolay yapabileceği ve hatta tercih ettiği bir durumdur. 4 derecedeki buzdolabından alarak içtiğiniz iki litre suyun vücut sıcaklığınıza uyum sağlaması için bile 60 kalori harcayabilirsiniz.

Buz emmek

10 derecede buz emme alışkanlığı edindiğinizde ve buzu çeşitli aromalarla (bazı hastalarım gibi günde beş veya altı tane buzu nane veya vanilyayla birlikte) tükettiğinizde 60 kalori harcayabilirsiniz.

Yıkanarak zayıflamak

25 derecelik suyun altında vücudunuzun iki dakikada yaklaşık 100 kalori harcadığını biliyor muydunuz? Soğuk duşun altında, saçlarınızı ıslatmadan kan dolaşımınızı artırarak 3 km'lik yürüyüşte harcadığınız kaloriyi bile harcayabilirsiniz.

Bu rahatlatıcı duş vücutta sıcak kanın daha yoğun olduğu yerlerde daha etkilidir: Koltukaltı, kasık, boyun ve göğüs. Buralarda büyük sıcak atardamarlar cildin yüzeyine daha yakındır, bu yüzden sıcaklığın çoğu kaybolacaktır. Bu sıcaklıkta saçınızı ıslatmaktan ve sırtınıza duş yapmaktan kaçının. Eğer soğuğa karşı hassas biriyseniz, soğuğa dayanıklı bacak, ayak ve kalçalarınıza duşu tutarak birkaç kalori yakabilirsiniz.

Çok sıcak ortamlardan kaçınmak

Obezler kışın 25 derece sıcaklıktaki bir odada şişmanlama eğilimlerinin arttığını bilmeliler. Sıcaklığı yalnızca 3 derece düşürdüğünüzde ise vücudunuz kendiliğinden 100 kalori harcamaya başlar; bu da 20 dakikalık bir yürüyüşe bedeldir.

Hafif giyinmek

Sonbahar ve kış aylarında, çok üşümesek de kendimizi iyice sarmak ister ve kalın kazaklar, paltolar giyeriz. Üzerimize aldıklarımızdan yalnızca birini çıkardığımızda bile 100 kalori daha fazla yakacağımız kesin. Ayrıca bir obez mutlaka bilmelidir ki, onu sıkıca saran giysiler her zaman için dezavantajlıdır, vücut sıcaklığını uygun seviyede tutmak ve hava alımını yüksek tutmak için mümkün olduğunca bol giysiler tercih etmelidir.

Sonuç

Soğuğun kullanımının kilo korumanın zorluklarıyla mücadelede ne kadar önemli olduğunu anlamamız için enerji değerlerini gösteren aşağıdaki tabloyu inceleyelim.

10 derecede 2 lt su içmek	60 kalori
6 tane buz emmek	60 kalori
25 derecede 2 dakika duş	100 kalori
Oda sıcaklığını 3 derece düşürmek	100 kalori
Hafif giyinmek	100 kalori
Toplam	**420 kalori**

Kısacası, soğutma tek başına bir zayıflama metodu değildir, ancak zayıflamada oldukça etkili silahlardan biridir. Zayıflamaya kesin kararlı olan ve kendilerini iyi tanıyan obezler, özellikle Dukan Diyeti'nin kesin koruma döneminde soğuğun etkilerinden yararlanmalılar. Kilo alma eğilimi daha düşük olanlar içinse bu teknik mutlaka uygulanması gerekenler arasında değildir. Diğerlerine kıyasla daha az tehlikeli olan tatil, özel günler dışındaki bir dönemde deneyebilirler. Sonuç olarak; rahat ve sıcak sizi gevşetir; soğuksa kaslarınızı harekete geçirir, sizi dinamikleştirir, tiroidin çalışmasını sağlar. Öyleyse, haydi soğuk duş altında şarkı söylemeye!

Olağanüstü önlemlerin ikincisi: Egzersizden yararlanılması

Zayıflama teorisyenlerinin çoğu, daha az yemek ve daha çok fiziksel aktivite reçetesini sunar. Bu öneriler tabii ki mantıklıdır, ancak yeterince pratik değildir. Amerikan obezite uzmanlarına göre rejim yaparak kilo verenlerin yüzde 12'si içinden yalnızca yüzde 2'si verdikleri kiloları geri almıyorlar. Oysa spor ve egzersiz yapıldığında kiloyu korumak çok daha kolay oluyor.

Yoğun zayıflama evrelerinde asla spor yapmayın

Atak rejimi sırasında yoğun zayıflama faaliyeti içerisindeyken, hastalarıma ağır spor aktivitelerinden uzak durmalarını öneriyorum. Bunun üç nedeni var:

- Enerjinin çoğunu zayıflama rejimine verdiklerinden bunun üzerine bir de ağır fiziksel aktivitelere girerlerse, zayıflama isteklerini kaybetme olasılıkları artar.

- İkinci olarak, hızla zayıflamaya başlayan bir obez, dinlenme ihtiyacı içerisinde olur. Onu daha çok yoran aktiviteler, zayıflamaya devam etme kararlılığını yok edebilir.

- Son olarak obez, yaradılışı gereği az hareket eder, buna aykırı aşırı bir hareket zayıflamasını tehlikeye sokar. Ayrıca toplum içinde spor yapmak moralini bozabilir, görüntüsünü saklamaya daha çok eğilimlidir.

Destek için en basit üç aktivite

Sporu yalnızca atak döneminde zayıflama programınızdan çıkarmalısınız, kilo koruma döneminde ise kaslarınızı sıkılaştırmak ve sıkı bir cilde kavuşmak için mutlaka hareket etmelisiniz. Deneyimlere dayanarak obezlerin fiziksel aktiviteler için pek istekli olmadıkları söylenebilir, hatta fazla kilolarının büyük sorumlularından biri de bu yönleridir.

Ancak Dukan Diyeti kesin kilo koruması oldukça zor olan

obez için, aşağıdaki üç basit öneriyle fiziksel aktivitelerin aslında ne kadar kolay uygulanabilir olduğunu gösteriyor:

- **Asansör kullanmayın.** Bu önlemi kilonun korunması evresinde de açıklamıştım.

Bu çok basit ve kolayca uygulayabileceğiniz bir aktivitedir. Zayıflamak istiyorsanız, asansör kullanmayı mutlaka bırakmalısınız. Merdiven çıkmak kaslarınızı çalıştırıp kısa sürede büyük miktarda kalori kaybetmenizi sağlayan bir aktivitedir. Ayrıca kalbinizi çalıştırır, enfarktüs riskini azaltır.

Asansörün birkaç adım ötesindeki merdiveni seçmeniz, kilonuzu korumakta ne kadar kararlı olduğunuzu, plana ne kadar inandığınızı gösterir. Aceleniz olduğu bir anda bile asansöre yöneldiğinizde, bu sonun başlangıcı olur. Kaçamak yapmaya az da olsa olanak tanıyan bir koruma rejimi başarısız olmaya mahkûmdur, dolayısıyla siz de; bunu unutmayın.

- **Mümkün olduğu kadar ayakta durun.** Oturmak ve ayakta durmak arasında bir seçim yapmanız gerektiğinde, her zaman ayakta durmayı seçin. Bir ağırlığınızı bir yana vermeden, kaslarınıza eşit dağıtmaya çalışın. Bu öneriyi hafife almayın, ayakta durmak vücudunuzdaki kasların kasılmasını sağlar. İki bacağınıza eşit yük vererek dik bir pozisyonda ayakta durmak, alışkanlık haline getirdiğinizde harcadığınız enerjiyi artırır, metabolizmanızı hızlandırır.

- **Yürüyün.** Egzersiz amaçlı yapılan yürüyüş, kalori yakarak kilonuzu korumaya yardım eden çok yararlı bir aktivitedir. Komşularınızı ziyarete, birkaç durak ötedeki markete yürüyerek gitmek hem yol masraflarınızı azaltır, hem de çok kolay uygulayabileceğiniz bir alışkanlıktır.

Kilo koruma döneminin zafere yakın obezi, vücudunu taşınmaz bir şey gibi görmeyi bırakmalıdır. Obezliği terk etmeyi basit bir yeme düzeni değişikliği olarak değil, kendini yeniden eğitme, yeni alışkanlıklar edinme ve bunları özgür iradesi ve isteğiyle seçmesi olarak görmelidir.

Kilo sabitlenmesinde psikolojik destek: Beslenme davranışlarındaki üç değişim

Yavaş yemek ve besinleri tamamen çiğnemek

Hızlı yemek yemenin şişmanlattığına dair bilimsel kanıtların olduğu bilinen bir gerçek. İngiltere'de yapılan bir araştırma, normal kilodaki kadınların besinleri obezlerden iki kat daha fazla çiğnediklerini, daha fazla su içtiklerini ve böylece daha geç acıktıklarını gösteriyor.

İki çeşit tokluk vardır: Midenin dolup besinlerin kana geçmeye başlamasıyla beyindeki doyma merkezinin uyarılması. Çok hızlı yemek yiyenler ise midelerinin dolduğunu ve doyduklarını hissetmezler. Ancak yemekten sonra gevşeklik ve şişme hissettiklerinde ölçüyü kaçırdıklarını anlarlar.

Buna karşın yavaş yiyip besinleri uzun süre çiğneyenler, yediklerinin vücutlarındaki etkilerini daha iyi hissederler ve tokluk hissi gelince durabilirler. Yemek sonrası tatlıya karar verirken bir daha düşünürler.

Yavaş yemek gibi kolay uygulanabilir bir önlem bile bir obez için çok şey ifade eder. Bunu alışkanlık haline getirdiğinde sindirimin göründüğünden çok daha kolay olacağını görecektir.

Son olarak Hintli bir hastamın bu yolla ne kadar iyileştiğini belirtmek istiyorum. Hem de yalnızca yediklerini bir defa daha fazla çiğnemekle.

Yemek yerken su içmek

Yemek sırasında su içmemek zayıflayanlara önerilen ama doğruluğu olmayan bir klişedir. Aksine obez için yemek yerken su içmenin üç yararı vardır:

- Su, öncelikle mideyi doldurur ve tokluk hissi yaratır.
- Yemek sırasında su içmek, bir süre durup besinleri yavaşça sindirerek, tokluk hissi uyandıracak kimyasal mesajların kana ve beyne daha hızlı geçmesini sağlar.
- Su, soğuk içildiğinde midedeki besinlerin sıcaklığını düşürür ve böylece kana karışmaları için ısı sayesinde kalori harcanmasını sağlar.

Bu nedenlerden ötürü, yemekten önce bir bardak, yemek sırasında birkaç bardak ve yemekten kalkarken bir bardak soğuk su içmeye dikkat edin.

Aynı tabaktan iki tane yememek

Dukan Diyeti'nin dört evresi boyunca değişmeyen kurallardan biri budur: "Asla aynı yemekten iki tabak üst üste yemeyin."

Kilolarını verip formlarını korumak isteyen obezler, zayıfların doğal bir şekilde uyguladığı bu kurala uymakta zorluk çekebilirler.

Sevdiğiniz yemeklerin biri yerine ikisinden birden daha az miktarda yemekten memnun olacağınızı bilirim.

Kendinize bir tabak daha almaya doğru giderken, tehlikeli sularda olduğunuzu düşünün ve yerinizde biraz daha dinlenerek bir sonraki yemeği düşünün.

Sonuç

Yapmanız gerekenler aslında çok basit: Yemek yerken su içmek, yürümek ve aynı tabaktan iki defa yememek. Her biri de basit ama etkili önlemler, yalnızca bunlara dikkat eden bir obezin hayatı birden değişecektir, emin olun!

Bunları soğuk ve egzersizle birlikte uyguladığında ise, kendini fazla zorlamasına gerek kalmadan oldukça etkili sonuçlar alacaktır. Kesin kilo koruma döneminde ise bu öneriler yoldaki işaret ışıkları gibidir, etkinliği denenip kanıtlanmıştır: Haftanın altı günü istediğiniz gibi yaşayabilirsiniz, tabii kalan diğer günde yukarıdaki kuralları hatırlamak şartıyla.

ÇOCUKLUKTAN MENOPOZA DUKAN DİYETİ'NİN UYGULANIŞI

Dukan Diyeti gibi özel bir yöntemi olan bir program izlemeden kilo vermenin ne kadar zor olduğunu gerek deneyimlerinizden, gerek gözlemlerinizden biliyor olmalısınız.

Eminim, ben bu satırları yazdığım sırada, birçok laboratuar ve araştırma merkezinde, beslenme uzmanları, gıda mühendisleri, psikologlar, insan davranışı uzmanları, gıda maddelerini çekici kılacak yöntemler geliştirmekle meşguller. Diğer yandan, yine bilumum araştırmacı, uzman ve teknisyen de insanların "hayatını kolaylaştıracak" ve hareketlerini azaltacak makineler üretiyorlar. Bugüne kadar elektrikten telefona, otomobilden çamaşır makinesine ve elektrikli diş fırçasına kadar tüm icatların bizim "yerimize" bir şey yaptıkları için yararlı olduklarını ve bu nedenle onları kullanmamız gerektiğini öğrendik.

Tüketmek, toplum içinde yaşayabilmenin olmazsa olmazı haline gelmişken, şişmanlamak ise sıradan çalışandan profesyonel sporcuya kadar herkes açısından kültürel ve sosyal yönden "yanlış" kabul ediliyor.

Dukan Diyeti modern toplumların bu çıkarımına meydan okumak ve medeniyetin bu yeni hastalığına, yeni bir tedavi önermek için geliştirildi.

Bu bölüme kadar Dukan Diyeti'nin yapısını, nasıl uygulanacağını ve ne kadar kilo kaybedileceğini anlattım. Şimdiyse sıra planın farklı yaş ve konumlardakiler için nasıl uygulanacağına geldi.

Dukan Diyeti'nin çocuklara uyarlanması

Beslenme seçeneklerindeki aşırı artış ile hareketsiz yaşam tarzı bir araya geldiğinde, çocuklar üzerinde de etkisi büyük olur. Çekiciliği reklamlarla da desteklenen şekerler, pastalar, çikolatalar ve cipslerle karşılarına oturdukları televizyon, bilgisayar ve oyun makinesi ekranları yeni nesil çocukların hayatını çok değiştirdi.

Amerikan toplumunda obezitenin yayılması 1960'lı yıllarda çocuklarda başladı. Bu çocuklar büyüdüler ve bugün Amerika dünyada obezitenin en yoğun olduğu ülke haline geldi. Fast-food beslenmenin, pizzaların, dondurmanın, çikolatanın, mısır gevreklerinin, hazır ve hızlı yemek yemenin artması nedeniyle, durum Avrupa'da da daha farklı değil.

Fazla kilolu çocukları ele alırken, genetik nedenlerle obeziteye yatkın olanlar ile beslenme şekli nedeniyle obez olanlar arasındaki farkı ortaya koymak gerekir.

Fazla kilolu bir çocuğun ilerideki bütün yaşamı boyunca kilosunu kontrol etmekte zorluk çekeceği unutulmamalıdır. Bu nedenle, çocuğunuzun beslenmesine her zaman dikkat etmeli ve yetişkin olduğunda kilolarının onu sonu gelmez ve yıpratıcı bir mücadeleye sürükleyecek hale gelmesini daha en baştan önleyecek tedbirleri almalısınız.

Risk altındaki çocuklar

Yemek yemeyi seven ve aktif olmayan, anne ve babası kilolu olan çocuklar fazla kilolu olmaya eğilimlidirler.

Bu yaştayken Dukan Diyeti kadar etkin ve planlı bir program uygulamak zordur. Ancak çocuğun annesini bu konuda eğitmek yerinde olacaktır. Yapılacaklar çok basit:

- Aspartamla tatlandırılmış olanlar dışında hiçbir şekerli gıdayı eve sokmamak,
- Cipsleri, kızartmaları ve diğer yağlı ürünleri (kuruyemişler de dahil) tamamen kesmek,
- Yemeklere ve soslara koyduğunuz yağları (sıvı, katı, krema) yarı yarıya veya üçte iki oranında azaltmak.

Yalnızca bu üç basit ama etkili öneriye uyarak çocuklarınızın fazla kilo eğilimini uzun vadede engelleyebilirsiniz. Bilinçli bir anne şekerlemeler, çikolatalar, pastalar ve diğer hazır ürünleri özel günler dışında evinde bulundurmamalıdır. Tüm bu ürünlerin az yağlı ve light olanları da tercih edilebilir. Kullandığınız yağları da azalttığınız sürece, çocuğunuzun obez olma tehlikesi kolayca ortadan kalkar.

Aşırı kilolu çocuk

- On yaşına kadar, öncelikle kiloyu korumaya ve daha fazla kilo alınmasını önlemeye dayanan, çok ağır olmayan bir strateji izlenir. Üç aydan başlayarak, çocuğun şeker ve yağ alımını azaltmak amacıyla, bir önceki bölümde bahsedilen üç yöntem uygulanır.

Eğer çocuk bu önlemlere karşın hâlâ kilo almaya devam ediyorsa, Dukan Diyeti'nin üçüncü evresine geçilir; iki ödül yemeği prensibine uyulsa da, bu yaş için çok ağır olan protein perşembesi uygulanmaz.

◎ On yaşın üzerindeki obez çocuklarda ise, hafif yollar izlemek maalesef mümkün değildir. Protein perşembesi yerine protein ve sebzelerle beslenilen bir gün ile Dukan Diyeti'nin üçüncü evresi izlenir. Amaç, çocuğu çok zorlayıp sıkmadan ve sağlıklı gelişmesi için iyi beslenmesi gerektiğini unutmadan kilo vermesini sağlamaktır.

Dukan Diyeti ve ergenlik

Ergenlik dönemi özellikle erkek çocuklar için, yüksek fiziksel aktiviteleri açısından kilo alma bakımından en az tehlike altında oldukları dönemdir. Ancak yoğun ve dengesiz hormonlarının etkisi altında olan çocuklar, bu dönemde duygusal olarak hassaslaşır ve bu durum kilo alımına da yansıyabilir.

Risk altındaki ergenler

◎ Eğer henüz regl olmamış kız çocukta düzensiz beslenmeye dayalı şişmanlama eğilimi görülüyorsa, kemik yaşının ölçülmesi için bir doktora danışılmalı ve büyümenin ne kadar devam edeceği öğrenilmeli.

◎ Büyüme henüz tamamlanmadığından, Dukan Diyeti'nin üçüncü evresi, protein perşembesi dahil uygulanarak şişmanlama eğilimi ortadan kaldırılabilir.

◎ Büyüme tamamlanmışsa ve şişmanlama eğilimi hâlâ devam ediyorsa, Dukan Diyeti'nin saf protein ve sebzelerden oluşan ikinci evresine geçilir.

- Eğer tüm bu yöntemler uygulandıktan sonra kilo alımı devam ediyorsa, Dukan Diyeti'nin birinci ve ikinci dönemini, Doğru Kilo değil, ama normal bir kiloya ulaşana kadar saf protein ve protein + sebze rejimi şeklinde sürdürülmeli. Doğru Kiloya ulaşmak ergenlik dönemindeki biri için fazla zorlayıcı olabilir.

Obez ergen

Yaş on altıyı geçmiş ve obezite teşhisi konulmuşsa, beslenme bozuklukları ya da bulimik etkiler görülüyorsa, Dukan Diyeti tüm evreleriyle birlikte uygulanabilir. Başlangıçta 3–5 günlük bir atak evresi uyguladıktan sonra, 1'er günlük dönüşümlerle saf protein ve protein + sebze yenen seyir rejimine geçilebilir.

Ergenlik döneminde, güçlendirme evresinde erişilen kilonun sabitlenmesi çok önemlidir. Son aşamaya yani saf protein perşembeleri, asansör kullanımının bırakılması ve her gün yulaf kepeği yenmesi önlemlerinin devamlı uygulanacağı koruma evresine girilir. Verilen kilo miktarı fazlalığına ve aileden gelme obezite şüphesi durumlarına bağlı olarak diyet süreleri olabildiğince uzun tutulmalıdır.

Dukan Diyeti ve doğum kontrol hapı kullanan kadınlar

Düşük dozlu mini hapların piyasaya çıkmasıyla, eski tip hapların daha ağır olan dozajının neden olduğu kilo alma riski azalmıştır. Yine de, alınan hapın dozajı ne olursa olsun, bir doğum kontrol hapı kullanılmaya başlanan ilk aylarda, daha önce beslenmesine dikkat etmesi hiç gerekmemiş olanların sonradan vermekte zorlanacağı kiloların alınması mümkündür. Bu eğilim kendisini özellikle ilk üç veya dört ay içinde gösterir ve sonraki üç ya da dört ay içinde giderek hafifler. Bu kısa süre içerisinde bazı önlemler alınması gereklidir.

Önlem olarak

Genetik veya özel kişisel nedenler ya da yüksek dozda bir kullanım söz konusu değilse, kolay ve etkili bir yolla; protein perşembeleri ve yulaf kepeği uygulamalarına ve asansör kullanmama prensibine uyulan Dukan Diyeti'nin dördüncü evresine dönerek kilo alışınızın önüne geçebilirsiniz.

Başarısızlık ya da yetersiz sonuç alınması durumundaysa, saf protein perşembesi uygulayarak diyetin güçlendirme evresine dönün.

Yerleşik kilo alımı durumunda

- Aldığınız kilo azsa, kilonuza geri dönene kadar diyetin seyir dönemini 1/1 dönüşümüyle (1 gün saf protein, 1 gün protein + sebze) uygulayın. Daha sonra, verilmiş her kilo başına 10 gün diyet yapacağınız güçlendirme evresine geçmeyi unutmayın. Hemen yeniden kilo alma riskine girmemek içinse en az dört ay boyunca koruma evresini uygulamalısınız.

- Önemli miktarda kilo alınması durumunda, diyeti ilk evresinden son evresine kadar uygulamalı ve protein perşembelerini de bir yıl boyunca sürdürmelisiniz.

Dukan Diyeti ve gebelik

Hamilelik süresince ideal sayılan kilo alımı (doğumdan önceki son ağırlık) yaşa, boya ve kilo seviyesine göre değişmekle birlikte, 8–12 kg arasındadır. Bu rakam obezlik eğilimindeki kadınlar için çok daha yukarıda olabilir.

Bütün olasılıklar, Dukan Diyeti'nin esnekliği ve koşullara uyarlanabilirliği sayesinde kolaylıkla kontrol altına alınabilir.

Gebelik sırasında

- **Takip ve basit önlem**

Önceki gebeliklerden sonra verilememiş kiloları fazla olan kadınlar, diyabet hastaları ya da yalnızca formunu korumaya meraklı olanlar için en iyi yöntem, gebelik sırasında olabildiğince erken bir dönemde, diyetin üçüncü evresini hamileler için yapılmış aşağıdaki üç düzenlemeye dikkat ederek uygulamaktır:

- Günde bir yerine iki porsiyon meyve tüketmek,
- Hiç yağsız değil, yarım yağlı (%20) süt ve süt ürünleri (yoğurt ve beyaz peynir) tüketmek,
- Saf protein perşembelerini kaldırmak.

- **Önceden varolan fazla kilo**

Önceden kilolu olup fazla kilolarını veremeden hamile kalmış olan kadınların durumudur. Ciddi ve endişe verecek biçimde fazla kilolu olabilirler. Çözümse, güçlendirme evresini bütün nişastalı yiyecekleri ve iki ödül yemeğini çıkarıp yalnızca protein perşembelerini koruyarak uygulanmaktır.

İleri obezlik durumunda, genetik nedenlerle veya gebeliğin özel durumları nedeniyle kilo alındığında, diyetin seyir evresini, hatta atak evresini uygulamalısınız. Tabii her durumda sürdürdüğünüz beslenme düzeninin bebek için yarar ve zararlarını doktora danışıp iyi değerlendirerek karar vermelisiniz.

Gebelikten sonra

Bu bölümde doğumda alınan kiloların nasıl verileceğine değineceğim. Öncelikle tüm kadınlar, gebelik sırasında aldıkları kiloları sistematik olarak verip genç kızlık kilosuna ulaşmalarının zor olduğunu bilmeliler. Kişisel deneyimlerime dayanarak, gebelikte alınan kiloları vermede yaş ve önceki gebelik sayılarını dikkate alan, kişiye özel bir hesaplama şekli geliştirdim. *Bir genç kıza göre (20 yaşında), 20 yaşından 50 yaşına kadar her on yılda bir ve çocuk başına 2 kg;* yani örneğin 20 yaşında 50 kg olan 50 yaşında bir kadının kilosu, 25 yaşında iki hamilelikten sonra 54, 30 yaşında 55, 40 yaşında 56 ve 50 yaşında 57 kg olmalıdır.

- **Emzirme durumunda**

Ne kadar çok kilo alınmış olunursa olunsun, yeni doğmuş çocuğun sağlığına etkileri nedeniyle emzirme sırasında herhangi bir rejim yapmak kesinlikle önerilmez.

Gebelik kilolarını vermek için temel olarak aşağıdaki üç noktaya dikkat etmelisiniz:

- Bir yerine iki porsiyon meyve yemek,

- Tamamen yağsız yerine az yağlı (% 20) süt ve süt ürünlerini tüketmek,

- Saf protein perşembesini uygulamamak.

- **Emzirmenin olmadığı durumda**

Kilo verme programınıza bu dönemde dönebilirsiniz.

Kilo alımı normal seviyede ise, yani doğumdan sonra 5-7 kg arası ise, eski kiloya geri dönmede Dukan Diyeti'nin; seyir dönemi; 1/1 yani bir gün saf protein, bir gün protein+ sebze rejimi, hedeflenen kiloya ulaşana kadar sürdürülmeli. Sonrasında diyetin 3. evresine geçilerek her on günde bir kilo, daha sonra 4. evreyle dört ay boyunca protein perşembesiyle devam edilmelidir.

Doğum sonrası 10-20 kg arası anormal bir kilo alımı varsa, Dukan Diyeti ilk evresinden itibaren uygulanmalıdır: Beş gün yalnızca saf proteinlerle atak, daha sonra 5/5; beş gün protein, beş gün protein+sebze versiyonuyla seyir evresi, ardından verilmiş her kilo için 10 gün uygulanan güçlendirme evresi ve son olarak, normal kiloya dönüp onu korumak için bir yıl boyunca sürdürülmesi gereken protein perşembesi ve kepekli ürünlerle diyetin son koruma evresi.

Dukan Diyeti ve menopoz öncesi ve sonrası dönem

Menopozun tehlikeleri

Menopoz öncesi dönem ve menopoz sonrası altı ay, kadının hayatında kilo alımı yönünden en tehlikeli dönemdir.

Yaş, kas dokusunun azalması, tiroit bezinin daha az çalışması, hareketlerin ve vücudun harcadığı kalorinin azalması etkenleri düşünüldüğünde kadın için tehlikenin nedenleri anlaşılabilir.

Aynı zamanda, yumurtalıkların iki hormondan birini, progesteronu salgılamayı kesmesiyle regl düzeni bozulur. Sentezin büyük bölümünde yerine yedek progesteronlar kullanılmaya başlar.

Bu üç faktörün birleşimi nedeniyle beslenmeyi kontrol etmek zorlaşır ve kilo alımı kaçınılmaz olur.

İşte menopoz öncesi dönemin tam kalbindeyiz.

Östrojen salgısı durunca, bu eksikliğe tepki olarak terlemeler başlar. Progesteron ve östrojen eksikliğinin yerini tutması için vücut kilo alır ve bu eğilim birkaç ay boyunca hızı hafifleyerek devam eder.

Bu çalkantılı kilo alma dönemi, uygulanan tedaviye göre 3-5 kg arasında değişmek üzere iki yıldan beş yıla kadar devam eder. Ancak önlem almayan kadınlarda 10-20 arasında kilo alımı da görülebilir.

Risk altındaki kadınlar için radikal bir alternatif: Bitkisel hormonlar

Menopoz döneminde uygulanan hormon yerine koyma tedavisiyle ilgili polemikler nedeniyle kadınlık hormonları dışında çözümler araştırılıyor. Bazı kadınların menopoz döneminde yaşadığı aşırı sıcak basmaları ve kilo alma sorunlarına karşı tamamen bitkisel bir tedavi geliştirildi.

Fitoöstrojen adı verilen bu bitkisel hormonlar, kadınlık hormonuna çok benzer yapıdaki bitkisel ve doğal maddelerden elde ediliyor. Gerçek hormonlar kadar aktif olmasalar da, sıcak basmalarına karşı etkilidirler.

Araştırmalar kalp ve damar hastalıkları riskini düşürdüklerini ve osteoporozu geciktirdiklerini, ayrıca başta göğüs kanseri olmak üzere hormon kaynaklı birçok kanser türünü de önleyici etki gösterdiklerini kanıtlıyor.

Fitoöstrojenler menopoz öncesi ve sonrasında kilo almaktan endişelenen kadınlara umut vaat ediyor. Örneğin soya, yeterli dozda kullanılmak şartıyla risk altındaki kadınların kilo almasını önler. Ancak bilmelisiniz ki eczanelerde tavsiye edilen jel şeklindeki dozajlar yeterli değildir. Günlük 100 mg soya (200 mg tofuya eşit) kadınlardaki östrojenden 1000 hatta 2000 kat daha az etkilidir.

Bitkisel ürünlerden habersiz birçok kadın bu özel dönemde başka gıdalarla beslenerek, kilolarının artmasını önleyemiyorlar. Klasik hormon değişimlerinin sonucu mutlaka belirli bir kilo alma ve vücut şeklinin bozulması olarak ortaya çıkar. İşte tam bu dönemde fitoöstrojenler devreye girip kadına ihtiyacı olan hormon desteğini sağlamaktadır.

Soyayı inceleyen çok sayıda araştırmaya göre, bu bitki özellikle kadınların menopoz döneminde terlemeyi ve cildin yaşlanmasını önlemesi etkisini hızlı gösterir. Göğüs kanserini, osteoporozu ve fazla kilo almayı önlemesi gibi etkileri ise çok uzun süre kullanılmasıyla ortaya çıkar. Asyalı kadınların şaşırtıcı bağışıklılığı soya tüketimleriyle bağlantılıdır.

Sonuç olarak genç kadınlara soya tüketimini alışkanlık haline getirmelerini öneriyorum.

Önleme yolları

• **Basit menopoz**

Kilo almaya başladığınızda işin nereye varacağını önceden bilmek mümkün olmasa da, menopoz öncesi dönemde ilk âdet düzensizlikleri ortaya çıktığında, birçok durumda yeterli olan protein perşembesi ve yulaf kepekleriyle, diyetin dördünca evresiyle önlem almalısınız. Menopoz öncesi dönemin en kaotik zamanlarından menopoz dönemine uyum sağlayana kadar olan dönemde ve özellikle hormon yerine koyma tedavisi uygulanan durumlarda bu savunma planını mutlaka uygulamalısınız.

• **Riskli menopoz**

Kadınların büyük çoğunluğunun bir doktor yardımıyla da olsa doğru kilolarını bulamadıkları durumdur; menopoz döneminde kilo vermeye büyük şüpheyle yaklaşırlar.

Böyle durumlarda bu diyetin 4. evresi yeterli olmadığından, protein + sebzeleri, meyvesi tam tahıllı ekmek ve peynir porsiyonu, haftada iki porsiyon nişastalı ürünleri ve iki ödül yemeğiyle asıl özelliği olan protein perşembeleriyle diyetin 3. evresine dönülmelidir.

Menopoz öncesinde regl düzenindeki gecikmeler ve düzensizlikler dışındaki bazı kritik dönemlerde; özellikle ilk üç ayda görülen su toplamaları, bacaklar başta olmak üzere vücutta şişkinlikler, kollarda ağırlık hissi ve baş ağrılarına karşı diyetin seyir evresi 1/1 oranıyla, yani bir gün protein ve bir gün protein + sebzelerle beslenme uygulanmalıdır.

Yerleşen kilo alımı

- **Kısa süre önce alınan kilolar**

Kilo alımına karşı hiçbir önlem alınmadığı durumlarda, üç günlük atak rejimi ile sonrasında 1/1 şeklinde seyir rejiminden sonra diyetin dördünce evresine geçmeli ve bunu en az altı ay süresince uygulamalısınız.

- **Eskiden alınmış kilolar**

Önceden fazla kilolu veya obez olan bir kadın için, gebelik kilo alımını aşırı artırmış ve hormon takviyesi gibi diğer yöntemler yararlı olmamış ise; beş günlük atak diyetiyle başlayarak, 5/5 yani beş gün protein, beş gün sebze ve protein şeklindeki seyir diyeti uygulanıp, istenilen kiloya ulaştıktan sonra güçlendirme diyeti ve yeniden kilo almamak için hayat boyu sürdürmek üzere tam koruma diyetini uygulamalısınız.

Dukan Diyeti ve kesin sigara yasağı

Sigara yasağı ve kilo alımı

Sigara kullananlar, haklı nedenlerle sigarayı bıraktıklarında kilo almaktan çekinirler. Bir süre sigarayı bırakıp kilo alanlar yeniden başladıklarında yeniden zayıflayacaklarını düşünürler ama yanılırlar, hem kilo veremez hem de sigaranın tüm zararlarından da etkilenmiş olurlar.

Sigara bırakmaya bağlı şişmanlama iki faktörün sonucudur. Bunlardan ilki ağız alışkanlığı tabir edilen ağızda bir şey bulundurma, sigaraya benzer tatlar arama ihtiyacıdır. Freud tarafından da anlatılan yaşamın ilk anlarından itibaren yaşanan, yemek zamanları dışında da ağzımızda hoşa giden tatlar bulundurma ihtiyacı bir gerçektir. Nikotin yerine ağza alınan kaloriler ise kilo alımının açık nedenlerinden birini oluşturur.

Bu his ve metabolik iki faktörün sonucu olarak, ağır tiryakilerde sigarayı bırakma 4 kg'dan 10 kg'a, hatta 15 kg'a kadar kilo almaya yol açabilir.

Ancak kilo aldıktan sonra yeniden sigaraya başlandığında zayıflayacağınız doğru değildir. Ayrıca şişmanlama riskinin altı ay boyunca sürdüğünü de unutmamalısınız, ancak bu dönem sonrasında metabolizmanız daha çok kontrol altına alınabilir.

Normal kilodaki sigara tiryakisinin kilo almasının önlenmesi

Normal kiloda olan, genetik nedenlerle kilo almaya eğilimli olmayan ve hayatında hiç rejim yapmamış sıradan bir sigara tiryakisinin kilo almaktan nasıl korunacağını inceleyelim.

Günde on sigaradan az tüketen ya da dumanı içine çekmeyen hafif bir sigara içicisi, protein perşembesi ve yulaf kepeğiyle diyetin dördüncü evresini 6 ay uygulayarak kilo almaktan korunmalıdır.

Günde yirmi sigaradan fazla içen ağır bir sigara tiryakisi ise, sigarayı bıraktığı ilk dört ay boyunca güçlendirme evresini, sonrasında yine dört ay süresince tam koruma evresini uygulayarak kilo almaya karşı önlemini almalıdır.

Kilo alma eğilimindeki bir sigara tiryakisinin korunması

Kilo alımını düzenlemek istediğimiz, ama başka sağlık sorunları (diyabet, yetersiz solunum veya kalp) da olan ciddi bir sigara tiryakisi, bir ay boyunca 1/1 oranında dönüşümlü seyir evresiyle, sonrasında 5 ay güçlendirme evresini son olarak en az altı ay süreyle koruma evresini uygulamalıdır.

Bir obez için sigara yasağı

Sigara tiryakisi bir obez için obezliğinin şiddetlenmesi riski çok yüksektir. Varolan obezlik, kilo aldırmamasına alıştığımız sigaraya rağmen fazla kiloların üstün gelmesine tanık olduğumuz bir durumdur. Bu durumda, sigaranın bırakılması ağza bir şeyler atma, atıştırma gereksinimini ikiye katlayacaktır.

Oysaki obez sigarayı bıraktığında iki kat yarar sağlar; kalp ve damar hastalıkları ile akciğer kanseri riski büyük ölçüde azalır.

Bu durumda, çok güçlü bir motivasyona ve psikolojik danışmanlığa gerek duyulacaktır. Böylece öncelikli vakalarda, diyeti en sıkı şekliyle uygulanan durum, 5-7 gün arası saf proteinlerden oluşan atak evresi 1/1 yani bir gün protein ve bir gün protein + sebzeler ile seyir evresi, verilen kilo başına 10 gün sürecek güçlendirme evresiyle devam edilmeli, kilonun korunmasını sağlamak üzere protein perşembeleri + asansörün kullanılmaması + ömür boyu yulaf kepeğiyle tanınan koruma evresi uygulanmalıdır.

Sigarayı bırakma girişimi sonucunda alınmış kilolar

Burada kişi çoktan zarar görmüş ve kilo sorunu zamanında önlenememiştir. Sigarayı bırakma hedefimize ulaştınız, ancak bunu yaparken kilo da aldınız. Ne olursa olsun, yine sigara içme arzusunu önlemeniz gerekiyor.

Bu durum tipik bir fazla kilolu kişi vakası olarak ele alınmalı ve Dukan zayıflama planı tam olarak uygulanmalıdır:

Beş günlük atak evresi, ardından 1/1 oranıyla saf protein ve saf protein + sebze yenen seyir evresi. Bunu, verilmiş her kilo için 10 gün hesabıyla uygulanacak güçlendirme evresi izler. Son olarak da, en önemli bölüm olan koruma evresine girilir. Protein perşembeleri, asansör kullanılmaması ve üç çorba kaşığı yulaf kepeğinden oluşan üçlü önlem paketi en az sekiz ay, ya da çok kilo aldıysanız (15 kilodan fazla) ve günde 1 paketten fazla sigara içmeye alışıksanız, ömür boyu sürdürülmelidir.

AKTİF OLMAK: ZAYIFLAMANIN ZORUNLU HIZLANDIRICISI

Sevgili okurlar,

Kilo vermeyi GERÇEKTEN istiyorsanız,

Bir daha kilo almamayı GERÇEKTEN istiyorsanız,

O zaman, fiziksel aktiviteye bakış açınızı MUTLAKA değiştirmelisiniz.

Bu bölümde, zayıflama programımla elde edilebilecek sonuçların etkisini ve kalıcılığını iki kat artıracak araçları bulacaksınız.

Yalnızca Diyet Yapmanın Sınırlamaları

Bu kitabı satın alan 1,2 milyon okurun önerilen diyeti nasıl uyguladıklarını bilmiyorum. Kaçının bu diyeti takip ettikten sonra 'Doğru Kilo'larına ulaştıkları konusunda hiçbir fikrim yok. Ayrıca, 'Doğru Kilo'larına ulaşabilenlerden kaçının, hayatın bütün sınama ve sıkıntılarına rağmen, kilolarında istikrar sağlayabildiklerini de bilmiyorum. Zaten benim için asıl önemli olan da bu kısım. Bununla birlikte, emin olduğum ve size de garanti edebileceğim iki şey var.

İlk olarak, bu diyeti öngörüldüğü haliyle uygulayıp kilo vermeyen bir tek kişi bile tanımıyorum. Aldıkları sonuçlar, cinsiyetlerine, yaşlarına, ne kadar uzun süredir fazla kilolu olduklarına, kalıtsal faktörlere, daha önce denenmiş diyetlerin sayısına göre farklılık sergileyebilir. Ancak diyete bağlı kalan herkes, kendi hızlarına göre olsa da, kilo verdi.

Ayrıca metodumu okuyan ve kullanan kayda değer sayıda insanın da uzun vadede (üç yıl gibi) kilolarını pekiştirip dengeye oturtmayı başardıklarını biliyorum. Bu durum okurlarımın bana düzenli olarak yazdıkları ve anlattıklarından anlaşılıyor.

Bununla birlikte, kilo vermeyi başarmış, pekiştirme sürecini tamamlayıp kalıcı denge safhasına geçmiş, ancak bunu bir süre sürdürmeyi başardıktan sonra yolunu kaybetmiş ve verdikleri kilonun bir kısmını geri almış insanlardan da mektuplar alıyorum. Neden? Konsültasyonlarım sırasında böyle gerilemelerle karşılaştığım için bütün nedenlerini biliyorum. Bu nedenleri şu şekilde sınıflandırıp inceleyebiliriz:

- Bazılarının kitabı okuyup diyete başlayacak motivasyonları, onları tetikleyecek bir nedenleri ve hatta eğilimleri bile olmamış. Kitap hâlâ bir rafta, onları harekete geçirecek şey her neyse, onu bekliyor.

- Diğerleri kitabı okuyup, programa başlıyorlar ama Doğru Kilo'larına ulaşacak motivasyonları ya da enerjileri olmadığı için vazgeçmişler.

- Belli yaşta ya da kritik bir dönemde olanlar ise, hormonlarından, yumurtalıklarından ya da tiroitten kaynaklanan fizyolojik bir direnişle karşı karşıya kaldıklarından ya da depresyon yaşadıkları ve kullandıkları ilaçların kilolarına olumsuz etkisi olduğundan sorun yaşamışlar. Bütün bu zorlukların arasında, destek alınmaması halinde direnci kırabilecek kısa ya da uzun bir duraksama süreci yaşanmış. Hatalar yapılmış ve diyet bırakılmış.

- Aynı şey herhangi bir sonuç almayı ya da kilo koruma sürecine ulaşmayı başaramadıkları pek çok yorucu, kısıtlayıcı, belli besin maddelerinden yoksun, aşırı tutarsız ya da işe yaramayan veya gerektiği gibi uygulanmayan, kiloların geri alınmasına neden olan, kısacası "kötü" diyetler denemiş olanlar için de geçerli. Bu noktada, aşırı yememelerine rağmen kalıtımsal nedenlerden ya da genlerden ötürü kilo almaya meyilli insanlarla da karşı karşıya kalıyoruz. Hepsi için mücadele daha zorlu, direnç ise çok daha büyük.

- Son olarak –ki en kalabalık grup budur– kilo verirken hangi safhada olursa olsun, aşkta hayal kırıklığı, boşanma, aşırı iş yükü, iş yerinde sorunlar ya da hayatın acı verici deneyimleri gibi kişisel zorluklarla karşı karşıya kalan insanlar var. Böyle bir karmaşada, çok azımız "teselli" bulmak için yemeğe uzanmamayı başarabiliriz. Bu, özellikle de, çocuklukta edinilmiş bir alışkanlıkla, strese ya da zevk ve güvenlik eksikliğine karşı doğal bir savunma mekanizması geliştirdiklerinden kilo sorunu yaşayanlar için çok daha zordur.

Zaman içinde, bu zor vakalara risk grubundaki diyetçiler ve talihsizliklerle mücadele edenlere yardım edebilmek için diyet programımı tek başına önermenin yeterli olmadığı sonucuna vardım. Bu nedenle, saldırıya karşı koymak ve her fırsatta elimden kurtulmayı başaran eski düşmanım olan fazla kiloları tuzağa düşürmek üzere ikinci bir cephe açtım.

Bu bölümün ayrıntılara girmeden önce, programımın nasıl işlediğini anlatmak istiyorum. Programın başarısı, elimizdeki on kozun (artı bir ekle) birleşimiyle sağlanıyor.

1) Proteinlerin etkinliği.

2) Atak safhasının devreye giriş hızı.

3) Miktar bakımından tam serbestlik: Aç kalma hissinin yaratacağı hayal kırıklığının önlenmesi.

4) Talimatların basitliği: 72'si hayvansal, 28'i bitkisel nitelikle 100 besin maddesi.

5) Güçlü, sağlam, her birinin kendine has bir amacı, ritmi ve kıstası olan dört safhanın, en katısından en esneğine, yapılandırıldığı ve işaretlendiği bir iskelet.

6) Zayıflatırken zayıflamayı öğreten eğitici bir bakış. Gıdaların bedenle tanışma sırası, bedenin hafızasında göreceli önemlerini belirler. Herşey yaşamsal (proteinler) olanla başlar ve temel (sebze), gerekli (meyve), önemli (kepekli buğday unundan yapılma ekmek), faydalı (nişastalı gıdalar), ödüllendirici (peynir) ve zevk verici (ödül yemekleri) olanlarla devam eder.

7) Yeni kilonun sabitlenmesi ve bu safhaya verilen mutlak önem: Dört safhadan ikisi, güçlendirme ve tam koruma (ikincisi hayatınızın sonuna dek devam eder), sadece kilo vermenizi değil, aşırı kilolu olma rahatsızlığından kurtulmanızı da sağlar.

8) İnsan yüzü, empati ve aktif destek sayesinde motivas-

yonunuzu, zevki ve zevk eksikliğini, zihninizden geçenleri idare etmenize yardım eden bir yaklaşımdır.

Ancak bu metot, gerçek bir karşı saldırı sunmak ve kilo programı savaşındaki endişe verici gerilimi önlemek için gereken üç elementten yoksundu.

1. Kişiselleştirilmiş yaklaşım: Kilo problemleriyle uğraşırken, bunun önemi büyüktür. Kilo veren kişilere, yalnız olmadıkları güvencesini sağlar. Kişiselleştirme; insanların yiyecekleriyle nasıl baş ettiklerini, zayıf ve güçlü noktalarını inceleyebilecek ve bu bilgileri topladıktan sonra bireyin kişiliğine uygun düşecek (ve doğası gereği, çok daha etkili olabilecek) bir aksiyon planı tasarlayacak "proje müdürü"nün devreye girmesi anlamına gelir. Ama hepsinden önce, insanların kilo verdikten sonra, kendilerini yeniden kilo almalarına neden olan durumların içinde bulmalarına mani olmak için, zayıflıklarını düzeltebilecekleri güçlü yanlarını kullanarak, onlara yardım etmek anlamına gelir.

2. Günlük izlenme: Diyetin tatsızlığını ve dayattığı kaçınılmaz sıkıntıları azaltmanın en basit ve en etkili yolu budur. İzlenmek, otorite sahibi ve güven duyduğunuz birinden net ve sıkı talimatlar almak, baştan çıkarılmaya karşı daha güçlü bir donanım kazanmanız ve doğru tercihler yapmanız anlamına gelir.

İzlenmek; diyetiniz, kaçamaklarınız, güçlükleriniz, şüpheleriniz ve başarısızlıklarınız hakkında rapor vermenizi gerektirir. En tehlikeli diyet tuzaklarından biri olan, kilonuzun ortada bir neden olmadan duraksamaya uğraması haliyle tek başınıza yüzleşmek zorunda kalmamanız demektir.

3. Son olarak –ki bu bölümün asıl amacı budur– belki de diğerlerinden çok daha yaşamsal bir madde var: EGZERSİZ

Egzersiz, ordunun ikinci generali, kilo problemiyle savaşta en az diyet kadar önemli bir konudur. İtiraf etmeliyim ki, herkes gibi ben de, sağlıklı bir hayat sürdürmek ve kiloyu kontrol altında tutmak konusunda egzersizin anahtar rol üstlendiğini başından beri biliyordum. Hareketli olmanın çok doğal ve herkesçe normal bulduğu bir nesle ait olduğum için, hiçbir zaman bunu ispatlamak için şiddetli bir arzu duymadım.

Benim çocukluğumda, AIDS yoktu, kanser de bu dünyadan göçmenin gizemli bir biçimiydi.

O devrin öcüsü felçti, bütün anneler çocuk felci ve "tekerlekli sandalye" korkusu yaşardı. Annem bana bu tür kaygılarını anlatıp hareket etmenin öneminden söz etmişti. Yürümek, koşmak, yüzme, dans, şarkı söylemek, hepsi yaşamın doğal içeriği olarak hafazama kaydoldu. Üniversite öğrencisiyken yerine baktığım ilk doktor için hareketli bir sokakta ev ziyaretlerine giderdim. Çoğu asansörsüz olan binalardan merdivenleri neşeyle çıkardım.

Aktif olmak, her zaman doğamın ve kültürümün bir parçası oldu ve bu yüzden, hareketsiz ve herhangi bir çaba harcamaya isteksiz olmanın, az hayal kırıklığı yaşayarak hızlı, etkin ve kalıcı kilo vermeye giden yolda ne korkunç bir engel olduğunu idrak etmem biraz zaman aldı.

Beni kendime getiren, önemsiz bir hadise oldu. Üç gişe görevlisinin müşterilere hizmet verdiği bir İspanyol turizm acentesinde sıramı bekliyordum. Her üçünün de, ayağa kalkmalarına gerek kalmadan ortalıkta hareket edebilmelerine olanak sağlayan tekerlekli ve konforlu koltukları vardı. İkisi kendilerini oradan oraya sürüklemekten, hatta birkaç metre ötede duran dosyaları bile bu şekilde getirmekten çok keyif alır gibi görünüyorlardı. Üçüncü görevli ise, sürekli ayağa kalkıyordu. Yalnızca tesadüf müydü, yoksa termodinamikten miydi bilmiyorum, diğer ikisinin –genç yaşlarına rağmen- göbekli olmalarına karşılık, bu üçüncü eleman gayet formdaydı.

O günden sonra, bu sıradan sahne, kilo sorunlarıyla mücadele konusuna bakışımı değiştirdi. Birden programıma egzersizi de dahil etmenin hayati bir önem taşıdığını fark etmiştim. Bunu, bu alanda çalışan herkes gibi basit, sağduyulu önerilerde bulunmak yerine, tıpkı diyet konusunda olduğu gibi, güç ve kararlılıkla tavsiye ederek ve yapılandırarak yapacaktım. Benim gibi hayatını kilo sorunlarıyla mücadeleye adamış, sertleşmiş bir savaşçı bile bedenlerimizi ihmalimizin nasıl ileri bir boyuta ulaştığının bilincinde değilse, okurlarımın egzersizin önemini hafife almaları son derece doğaldı.

Çünkü teoride aktif olmanın kalori yakmaya faydalı olduğunu bildiğimiz doğruysa bile, bu tamamen entelektüel düzeyde kalan ve içsel inanca dönüşemeyen bir bilgi olarak kalıyor. Aslında bunu hepimiz biliyoruz ama kimse inanmıyor ya da çok azımız yemekten vazgeçmek kadar büyük önem taşıdığını dikkate alacak kadar inanıyor.

Bu yüzden, hep yaptığım gibi egzersizi tavsiye etmekle kalmayıp, ilaç gibi REÇETEYE yazmaya başladım.

Bununla birlikte, basit gibi görünen şey, pratikte basitliğinin yarattığı sorunlara takılıyor. Bu nefes almayı reçeteye dökmek gibi bir şey! Her şeyden önce, "Egzersiz yapar mısınız?" gibi, dolambaçsız bir soru sorduğum zaman bile, sadece,

"Herkes gibi ben de biraz yürürüm,", "Çocuk sahibi olunca aktif olmamak imkânsız," gibi belirsiz ve kaçamak cevaplar alıyorum.

Ancak daha ayrıntılı bir sorgulamaya girdiğim zaman, iki egzersiz türü arasındaki fark ortaya çıkıyor: Günlük hayatımızda pratik sonuçlara ulaşmak için çaba harcadığımız ve oradan oraya hareket ettiğimiz, bir amacı olan egzersiz ve güzel, yanık tenli, ince ve sağlıklı olmak gibi öne çıkan –kendimizi suçlu hissettiren ve salona ulaşmak için merdivenleri tırmanmak yerine asansörü kullanacak bile olsak spor salonlarına üye olmamıza neden olan– kültürel tavırlarımızın dayattığı haliyle "aktif olmak için aktif olmak". İnsanların aslında makineleştirilmiş basamaklardan başka bir şey olmayan step makinelerini kullanmak için para ödediklerini göz önüne alırsanız, paradoksun büyüklüğünü siz de görebilirsiniz.

Egzersiz yapma sorunu, toplumumuzun bir başka sorunundan kaynaklanıyor. Ekonomik modellerimiz ilerleme üzerine kurulu ve teknoloji fiziksel çabayı ortadan kaldırmayı savunuyor. Yeni buluşların patentlerinin büyük kısmı yalnızca fiziksel çabayı azaltmayı ve zaman kazanmayı –ki bu ikili bir araya geldikleri zaman hem strese hem kilo almaya neden olur– hedeflerken günlük yaşamımızda bir amaç uğruna egzersiz yapmanın erdemlerine nasıl inanabiliriz?

Son olarak, bu, doktorların –ki doktorlar derken kendimi de dahil ediyorum– ilgilenme zahmetine girecekleri kadar sofistike veya teknik bir konu değildir. Yıllar boyunca, özellikle yürümek konusunda aklı başında önerilerde bulundum ama hiçbir zaman resmen bir reçete yazıp aptal görünme riskini almadım. Hastaların, sayısız özellik ve yılların tecrübesine sahip, beslenme konusunda uzmanlaşmış bir doktordan yürüyüş ya da egzersiz içeren bir reçete almaya gelmediklerini düşündüm. Daha fazla yanılamazmışım!

Buraya kadar hep birlikte geldiğimizi düşünerek, "hayati derecede aktif olma" konseptini –REÇETELENMİŞ EGZERSİZ'i– benimsemenin bir parçası olan belirleyici mücadeleyi daha iyi anlamanız için, sizi daha da ileri bir noktaya taşımaya çalışacağım. Bunu yapmak için iki somut soru soracağım ve tartışmaya yer bırakmayan bir cevap vereceğim.

Egzersiz kilo kaybetmenizi sağlar mı?

Egzersiz, kilo kaybettikten sonra, yeni kilonuzu korumanızda hayati bir önem taşır mı?

Her iki sorunun da cevabı kocaman bir EVET.

Şimdi kanıtlara bir göz atalım.

1. Egzersiz zayıflatır.

Gözünüzü açıp kapatırsanız, göz kapaklarınızı kırpıştırmanız bile enerji yakmanızı sağlar. Bu, tabii ki hatırı sayılır bir enerji kaybı değildir; ancak milikaloriyle ölçülebilir bir kayıp söz konusudur. Aynısı bir şey düşündüğünüz ya da hatırladığınız durumlar için de geçerlidir. Bir şeye kafa yorduğunuz ya da bir soruna çözüm bulduğunuz zaman yaktığınız kalori miktarı artar. Kolunuzu kaldırdığınız zaman daha fazla kalori yakarsınız. İki kolunuzu kaldırınca kaybınız iki katı olur.

Ayağa kalkmanız vücudun üç büyük kas gurubunun –dört başlı kaslar, mide kasları ve kalça kasları– kasılmasına neden olduğu için, kalori yakışınızı derhal arttırmış olursunuz. Yaptığınız her şey, kalori tüketir. Şu ana kadar benimle aynı fikirde misiniz?

Devam ediyoruz. Ön kapınızın dışına çıkın. Dördüncü

katta oturduğunuzu hayal edelim. Asansörü kullanmayarak, sokağa çıkana kadar altı kalori kullanmış olursunuz. Bir şey unutmuşsunuz ve merdivenleri koşarak geri çıkıyor, çıkarken 14, inerken 6 kalori yakıyorsunuz. Bir anda 26 kalori gitmiş oluyor.

Devam ediyoruz. Öğle yemeği saati. Tam dört saattir bilgisayar karşısında oturarak çalışmışsınız. Nefes alıp veriyorsunuz, kalbiniz atıyor ve kan dolaşımınız işliyor. Sadece vücudunuzun dünyayla bağlantı halinde çalışması bile, dakikada bir kalori yakmanızı sağlıyor. Dahası, bu dört saat boyunca işle ilgili görevlerinizi yerine getirdiniz, kollarınızı bacaklarınızı kıpırdattınız ve 15 kalori daha gitti. Bacaklarınız uyuştu, ayağa kalkıp yürümek istiyorsunuz, dışarı çıkıyorsunuz.

Ve şimdi sizi çok şaşırtacak bir şey yapıp bir saat boyunca yürümenizi rica edeceğim. Ah, bunun kolay bir şey olmadığının farkındayım. Ayrıca yürümemek gibi bir olasılık varken, neden yürüyesiniz ki? Üstelik her şey bir yana, bu mesainizden arta kalan bir saat. Dediğimi yaptığınızı hayal edelim. Kendinizi zorlamadan –fakat aylaklık da etmeden– yürürseniz bir saatte 300 kalori harcamış olursunuz. Tam şu anda, ön kapınızı açtığınız andan itibaren, toplamda 340 kalori kaybetmiş oldunuz. Açık ve net ancak size göre soyut ve içsel algılamanızdan kopuk bir sayı olduğu doğru.

Başka bir dünyada, avcı-toplayıcı ilkel insanın, doğrudan doğal ortama bağlı kısıtlamaların yönlendirdiği dünyasında yaşıyor olsaydınız, durum biraz farklı olurdu. Enerjinizi yiyeceklerinizi avlamak ve ele geçirmek için kullandığınız böyle bir dünyada sırf zevk için yürümek, hayati, stratejik ve kıymetli kaynaklarınızı gereksiz yere tüketmek gibi bir risk taşıyabilirdi. Bir defaya mahsus olması halinde sınırlı, fakat bunu her gün tekrarlamayı kafaya koymanız halinde hatırı sayılır bir risk. İnsani enerji rezervlerimizi iyi idare etmek için egzersizin nasıl inanılmaz bir önemi olduğunu görebiliyorsunuzdur. İşte, sizin kurtulmak istediğiniz ve ilk insanların hayatta kalabilmek adına sıkı sıkı korudukları şey, bu rezervler. Bu noktada, kilo vermenin neden bu kadar zor olduğu ve egzersizin kilo kaybına nasıl ve ne kadar yardım ettiği konusuna kafa yormalısınız.

Size dönelim. Bu kitabı, büyük ihtimalle, fazla kilolarınız olduğundan okuyorsunuzdur. Eğer öyleyse, fazla yağlarınızın çoğunu kalçalarınızda ve bacaklarınızın üst kısmında taşıyorsanız "jinoid" biçimli, göğüslerinizde ve göbeğinizde taşıyorsanız "android" biçimlisiniz demektir ve nefret ettiğiniz her yarım kilo, 8.000 kaloriden biraz fazlasını saklar. Bilimsel olarak bunun anlamı, yarım kilodan kurtulmak için üç hafta boyunca, haftanın beş günü günde sadece bir saat yürümeniz demektir. Bir örnek alalım: 300 kalori X 26 gün = 8.000 kalori = yağlarınızın 1 kilosu. Üstelik yediklerinizi hiç değiştirmeden. Bu bir saatlik yürüyüş tek başına kilo sorununuzu çözebilir. Gerçek olamayacak kadar iyi! İtirazların havada uçuştuğunu görür gibiyim. Kimin haftanın beş günü, bir saati yürüyüşe ayıracak zamanı var? Bunu yoğun bir iş hayatına nasıl oturtabilirsiniz? Zorunluluklar, çocuklar, yorgunluk, tembellik!

Hepimizin yoğun hayatlar sürdürdüğümüze ben de katılıyorum; bu yüzden, egzersizi gündelik hayatınıza nasıl katacağınızı ve diyetle bir arada nasıl kullanacağınızı anlatacağım. Burada yapmaya çalıştığım, egzersizin, her zaman hepimizin elinin altında olan etkileyici ateşleyici gücünün altını çizmek. Daha iyisi, bu içimizde ve üstümüzde taşıdığımız bir güç. Aktif olmak, diyet yapmaktan daha tatsız ve zor bir şey midir? Cevap HAYIR!

İşe yaradığına ikna olduğunuzu varsayıyorum. İşte bu yüzden çabalarımı, bu mesajı, sistemimin bir parçası kılarak daha çok insana ulaştırmaya adadım. Bu alandaki herkes gibi ben de sistemimi bir diyet programının etrafında şekillendirdim. Ve kesinlikle çok başarılı olduğu için, ikinci bir motordan daha fazlası ya da azı olarak görmediğim bir şeyi, bu sisteme dahil etmek istiyorum. Çünkü kilo vermenin, tamamen başarılı olan insanlar için bile, psikolojik bir bedeli var. Kim olduğunuzla yüzleşmek çok zor; bu, insanı zenginleştiren bir tecrübe ve başarı size amaç, anlamlı bir kendini gerçekleştirme ve yenilenmiş bir özgüven sağlıyor.

Fakat bir de hazırlık, gözetim, bir destek sistemi, kanıtlanmış ve güvenilir bir metot, özen ve her an uyanık olmayı gerektiren bağlılık ve mücadele var.

Dahası sistemimin bu kadar çok destekçisi, kendileri yararlandıktan sonra çevrelerine yaymayı, savunmayı ve tanıtmayı görev edinen bu kadar çok takipçisi varken, kilo sorunuyla mücadelede ikinci bir köprübaşı olarak gördüğüm bir noktanın üstüne gitmeyi borç biliyorum.

Bu nedenle, uzun senelerdir kilo sorunuyla mücadelede zayıflık ya da eksiklik olarak gördüğüm bu konuyu, aktif olmanın ve egzersiz yapmanın sadece göreceli olarak değil, tamamen etkili olduğu bilgisini paylaşmak istiyorum. Teoride egzersizin oynadığı rolü kabul eden fakat pratikte bu bilgiyi doğrulamayan baskın fakat belirsiz ve kesinlikten uzak kültürel görüşlere dair temiz bir başlangıç yapmak istedim.

Bu görüş belirtmeme olayı, içinde yaşadığımız ve birbirleriyle çelişen iki komutu aynı anda teşvik eden toplumların, tipik bir özelliği gibi görünüyor. Bir taraftan "aktif olmayacaksınız"; bunun için, elektrikli diş fırçasına kadar, gereksiz her tür çabadan kaçınmak için yaratılmış bir yığın alet edevat var. Uzun zamandır, robotlar, makineleşme ve farklı ulaşım metotları, hareketlerimizi ve insan doğamızı ifade ediş şeklimizi her gün biraz daha aşındırarak yükümüzü hafifletiyorlar. Diğer taraftan "aktif olacaksınız"; spor, sağlık, anti-ageing, spor salonları ve bizi aktif kılacak makinelere –egzersiz bisikletleri, koşu bantları gibi– çelişkili bir dönüş var... Ve bu iki uç nokta arasında, bu çelişkiye işaret eden sayısız aktivite çeşidi bulunuyor.

2. Egzersiz, zevk ve hoşnutsuzluğun idaresine yardım eder.

Şimdi sizi sıra dışı bir alana, hayatın derinliklerine, ilk kararlarınızın varlık kazandığı, yaşama ve ölmeme nedenlerinizin kök saldığı yere doğru küçük bir yolculukta beni takip etmeye davet ediyorum. Bütün bunlar size dünyevi kilo sorunlarından fazla uzak gibi görünebilir ama siz de göreceksiniz ki aslında işin tam can alıcı noktasına parmak basıyorlar. Haydi, beni takip edin; pişman olmayacaksınız.

Eğer fazla kiloluysanız, yemek yemenize ve o fazla kiloları biriktirmenize neden olan şeyin açlık olmadığını büyük olasılıkla biliyorsunuzdur. Günümüzde, bizim yaşadığımız yerlerde çok az insan gerçekten açlık çekiyor. Bugün insanlar, biyolojik gereksinimlerinin üstünde yemek tükettikleri için kilo alıyorlar; açlıklarından daha fazlasını tatmin etmek için yiyorlar. Çok fazla yiyen ve biriken kilolarından yakınan kadın, beslenme derdinde değil. Şişman olma korkusunun ötesine geçen bir dürtüyle yiyor. Aradığı tam olarak nedir o zaman? Yapmaya çalıştığı, sıklıkla farkında olmadan, gündelik hayatından yeterince zevk almıyor oluşunu telafi etmek için elle tutulur bir şey aracılığıyla zevk yaratmak. Ya da acısını nötralize etmek istiyor veya ufkunu kapatan çok fazla stresi var. Genelde insanlar bu şekilde kilo alırlar.

İşin zor tarafı, kilo vermek için aksini yapmanız gerekir: Sadece başka seviyelerde eksik olan şeyi telafi etmek için yemek yemeyi kesmek değil; onsuz yapabilmek, canınızın istediğini yemeyi kesmek ve kısacası bir zevk eksikliği ya da bunalım yaratmak.

Aradığınız şeyin –karmaşık bir şekilde, hayatı sürdürme gücünüz olan, görüntünüzü, güzelliğinizi, çekim gücünüzü ve hatta zaman zaman sağlığınızı uğruna feda edebileceğiniz kadar hayati ve temel bir zevk olan, yeme zevkinin– aksi istikametinde giderek nasıl kilo verebilir ve kilonuzun kalıcı olmasını nasıl sağlayabilirsiniz ki? Zevki daima yemekte aramış bir kadın, nasıl olur da bir anda buna sırt çevirip bir zayıflama diyetini uygulamaya başlayabilir? Bu çelişki kilo vermenin ve verilen kiloları geri almamayı başarmanın neden bu kadar zor olduğunu izah edebilir.

Yine de, imkânsız değildir ve her ne kadar sıkça başvurulmasa da, bir yolu vardır. Bahsettiğim bu yol, iki boğaz arasındaki bir dağ sırtıdır. Bir tarafında hiçbir şey yapmaz ve sonuç olarak acı çeker, diğer tarafında yanlış yapıp başarısızlığa uğrarsınız. Bu dağlık patika –geri almak üzere kilo vermenize giden bu yol– benim "aşırı kilolu olma rahatsızlığından iyileşme" olarak adlandırdığım şeydir. Bunu anlamak ve birlikte keşfetmek için, kapağı kaldıralım ve hayatın motorunu masaya yatıralım.

Hamileliğin beşinci haftası civarı, ana rahminde, döllenmiş yumurtanın dönüştüğü narin embriyonun içinde, özerk hayatın ilk vuruşlarını yayan beyin merkezi oluşur ve ölüm anına dek bu işi yapmaya devam eder. Bu hayat vuruşu nedir? Bu bütün canlılara işlenen bir programlama ve enerjidir. Varlık için o kadar önemli ve o kadar yaşamsaldır ki onu aramak ya da onun farkında olmak ihtiyacı bile duymaz. Bu merkeze hayatın çarpan kalbi adını verelim. Vuruşlarını yaydığı zaman, hayata tutunmak için güçlü bir istek duyarız ve bütün faaliyetlerimiz –yemek yeme, içme, uyuma, üreme, oynama, avlanma, bedenlerimizin işlerliğini koruma, güvende olma, bir gruba ait olma, o grubun içinde kalma ve orada yeteneklerimiz çerçevesinde en iyi yeri bulma gibi– hayatı korumaya ve teşvik etmeye odaklanır.

Hayatta kalabilmek için her varlığın kendine özgü bir yöntemi vardır. Biz insanlar, insani bir ortamda ayakta kalacak şekilde geliştirilmişizdir. Davranış eğitmenlerimize doğal olarak ve kendiliğinden kulak verecek olursak, hayatta kalma şansımızı geliştiririz ve ödülümüz de zevk denilen o doyurucu duygu olur. Susuzluk çektiğimiz ve ardından bir şeyler içtiğimiz zaman ya da hücrelerimiz yakıtsız kalıp bir şeyler yediğimiz zaman zevk duymamızın nedeni budur. Hayatta kalmayı kolaylaştıran her şey zevke neden olurken, engel oluşturan her şey tam aksi sonucu doğurur. Yaptığımız her şeyi ya zevk almak ya da zevkin yokluğundan kaçınmak için yaparız.

Ama hepsi bundan ibaret değil; daha şaşırtıcı hatta daha hayati bilgiler sırada. Bu yüzden, lütfen beni izlemeye devam edin; çünkü bu bilgiler, hayatınızı daha iyi yönetmenizi kolaylaştıracaklar. Bu hoş zevk duygusunun ardında, görünmez bir ortak gibi, yolunu dokuyan, çok daha hayati bir gıda daha var. Zevkin yanında, beynin nörolojik patikalarına süzülür;

zevk burada hoş bir duyguya dönüşürken, diğeri, hayat gücümüzü yayan o çarpan kalbe ulaşana dek yolculuğunu sürdürür. Bu gizli yolcunun temel bir rolü vardır: Hayatın kalbine ulaşmak, onu güçlendirecek ve hayat gücümüzü yaymaya devam etmesini sağlayacak enerjiyle doldurmak.

Özetlemek gerekirse, hayatın çarpan kalbi, yaşama isteğimizi ve ihtiyacımızı pompalar. Üretilen hayat gücü, kendini, zevki arayıp bulan ve toplayan faaliyet ve davranışlarda ifade eder. Ve bu zevk duygusunun eşliğinde, kalbin çarpmaya devam etmesini sağlayacak özel bir "gıda" kalbe döner. Aslında bu, canlılarda sık sık gördüğümüz gibi bir geri bildirim halkasıdır; fakat hayatı kontrol eden hiyerarşinin en üst sırasında yer alır.

Genelde daha bariz olan ve dikkat çekici hoşluğuyla ortağını maskeleyen zevkle karıştırılan bu nörolojik gıda çok büyük önem taşır. İşin tuhaf tarafı, bildiğim kadarıyla şu ana dek bu hayati maddeye verilmiş bir isim yok. Ben, tatmin ve fayda kavramlarını tek bir kelimede toplamak için, bu maddeye "tat-fayda" adını verdim.

Kiloyla mücadele etmede egzersizin önemini haklı göstermek için neden böyle dolambaçlı bir yoldan gittiğimizi merak ediyor olabilirsiniz. Öncelikle yemek yemenin, su içmek ve nefes almak gibi hayat için en gerekli bir şey olduğunu ve bu nedenle hayatın "tat-fayda"sının en etkin kaynakları arasında yer aldığını anlamanızı sağlamak için.

Günlük hayatın mücadeleleriyle karşı karşıya kaldıkları zaman, pek çok kadın ve erkeğin bu kıymetli tat-faydadan, kalplerinin atışında hayat kalitelerini fakirleştiren bir yavaşlama olmadan, yeterince elde edemediklerini kolayca anlayabilirsiniz. Bu noktaya geldiğimiz zaman, hayatta kalmanın tiz sesli sirenleri ötmeye ve bizi tat-fayda bulmaya zorlamaya başlarlar. Ve bu yine gerçekleşmezse, hayatın çarpan kalbi vuruşlarını yaymamaya başlar; yaşama arzusu önce silikleşir, sonra kaybolur ve bugün artık çok yaygınlaştığı gibi depresyona gireriz ve hayata bağlılığımız kaybolurken, temel farkındalığımız gözle görülür biçimde başarısızlığa uğrar.

Genelde bilinçaltında ve bazen acil olarak yaşanan bu mücadelede, tat-faydaya ulaşmanın en kolay yolu basitçe yemektir. Ağzımıza bir şey atmak, yutmak, kendimizi beslemek için sindirmek ve bundan hoşnutluk ve şu ana kadar zevkle karıştırdığımız hoş ve güven verici bir şey üretmek için yararlanmak. Beyinsel görüntüleme, herhangi bir insan davranışının sonuçlarını görebilmemize olanak sağlamaktadır ve duygularla en yüklü olan, en yoğun beyin içi havai fişekleri tetikleyen insan davranışı, **hoş yiyecekler yemektir.** Nörolojik etki ve zevk üretimi açısından, yemek yemek en az orgazm kadar yoğundur ve bununla birlikte daha uzun süreli olmak gibi ek bir avantajı vardır. Bunaltıcı bir ortamda kilo almanın daha kolay olmasının ve yediklerimizi kısıtlayarak kilo vermenin daha zor olmasının nedeni budur. Çünkü yemek yemek bizim önde gelen "tat-fayda" kaynağımızdır.

Şimdi egzersiz konusuna geri dönelim, bunun zevk ve tat-faydayı nasıl kontrol ettiğine bir bakalım. Bu dolambaçlı yolu seçmemin nedeni, günümüzde egzersizin öneminin hafife alınmasıdır. Çoğumuz için kaçınılması gereken bir angarya, bir yük ve yorgunluktan başka bir şey değildir. Bununla birlikte, kilo vermek isteyenler için aksi söz konusudur. Egzersiz onların başlıca ve en güçlü müttefikleri ve dostları olabilir; olmalıdır da.

Aşırı yemenin onlara kilo aldıracağını bile bile, çok yiyerek kilo alanlar kendilerine bir tat-fayda yaratmaya çalışan insanlardır; çünkü bu tat-fayda olmadan hayat motorları altüst olabilir. Bu genelde rahatlamak için bir şeyler yeme eğiliminde olan insanların başına gelir: Onlar için egzersiz zevk ve zevk eksikliğiyle ilgili sorunları çözmede, diğerlerine göre, çok daha önemli bir rol oynar.

Sizden istediğim, egzersize bakış açınızı değiştirmeye çalışmanız. Vücudunuzu kullanmak ne kadar basit, doğal ve bariz gelse de, bu, kiloyla mücadelemizin yönünü tek başına değiştirebilir. Her şeyden önce, lütfen bana güvenin. Pişman olmayacağınızdan emin olabilirsiniz.

1. Egzersiz, diyetin etkisini büyük ölçüde artırır.

Nasıl ki bir şirketin stoğunu azaltmanın yolu, ya üretimi azaltmak, ya da satışları artırmaksa, zayıflamak için de aynı prensip geçerlidir. Birbiriyle "eşit" önemde iki aracınız vardır: Ya gelen katkıyı azaltacaksınız –daha az miktarda veya daha az kalorili yiyeceksiniz– ya da harcamanızı artıracaksınız –daha çok hareket edip daha fazla kalori yakacaksınız. Tabii ki ideal olan, bu iki araçtan da faydalanmaktır. Rejim yaparken, ne kadar aktif olursanız o kadar fazla zayıflarsınız.

2. Egzersiz, diyetten kaynaklanan tatminsizliği azaltır.

Ne kadar çok hareket edip kalori harcarsanız, kendinizi frenlemeye o kadar az ihtiyaç duyarsınız ve bu da daha az acı çekmenizi sağlar. Hastalarımdan biri açık sözlülüğüyle tanınan ünlü bir sanatçıydı ve bana şöyle demişti: "Doktor, sizin diyetiniz bana kesinlikle çok uygun, ama benim her akşam bir kadeh şarap içmem GEREKİYOR." Ona eğer bunu gerçekten istiyorsa, bedelini ödemesi gerektiğini söyledim! Önce bir şey anlamadı. Ben de açıkladım: "Bedeli, yirmi dakika. Öğle ya da akşam yemeğinin sonunda Chateaux bilmem ne marka şarabınızdan bir kadeh içersiniz, yirmi dakika yürüyüş yaparsınız ve sanki hiç içmemiş gibi olursunuz." Tabii aslında bu beyefendi bana bütün gerçeği anlatmamıştı ve normalde bir değil üç kadeh içiyordu. Bu nedenle de, ona önerdiğim yirmi dakika çözümünü kendi içtiği miktara uyarlayıp uyguladı. Bir süre sonra, bu değerli meyve özünden aldığı keyfin yanına egzersizden aldığı keyif de eklendi ve yürüyüşü bırakıp koşuya geçti! Tabii ki gayet güzel zayıfladı ve indiği kiloyu da korumayı başardı. Artık beni görmeye gelmiyor, ama göz önünde olan biri olduğu için TV programlarında hatırı sayılır derecede incelmiş yeni görünümünü nasıl gururla sergilediğini fark ediyorum.

3. Fiziksel egzersiz keyif verir.

Kaslarınızı ısıtıp yeterli miktarda egzersiz yaptığınızda, sinir sisteminde üretilen ve neşe vermesiyle tanınan endorfin maddesi salgılanır. Bundan yeterli miktarda üretmek için kasların çalıştırılması gereken en az süre bellidir, ancak endorfin üretme aşamasına gelindiğinde, yani hareket eden vücut keyif ürettiğinde, artık kilo sorunu fazla uzun sürmeyecek demektir. O kiloları taşıyan beden artık onları kaybetmenin keyfini tatmıştır! Kadın hastalarımdan biri daha önce hiçbir diyete "aşık" olmadığını, ama ona önerdiğim egzersizlerin bu durumu değiştirdiğini söylemişti. İndiği kiloyu rahatça korumakta artık hiç güçlük çekmeyeceğinden eminim. Çünkü özellikle kilo alma ve zayıflama konusuna yönelik olsa da, ister fiziksel egzersiz, ister günlük davranışlarınız olsun, bütün yaptıklarınıza uygun düşecek bir sloganım var:

"Keyif almadan yapılan her şey usandırır,
Hoşnutsuzlukla yapılan her şey başarısız olur."

4. Diyetin aksine, fiziksel egzersiz direnç geliştirmeden zayıflamaya izin verir.

Burası fazla kilolarla savaşımızın en kritik noktalarından biridir. Ne kadar çok diyet yaparsak, diyetlere karşı o kadar güçlü bağışıklık geliştiririz ve o kadar zor zayıflarız. İnsanoğlu ilk ortaya çıktığında yiyeceğini elde etmek için savaşması gerekiyordu. Depolanan yağlar o devide hayatta kalmanın garantisiydi ve bedenlerimiz kalori israfına ve yağ depolarının tüketilmesine direnç gösterecek şekilde programlandı. Bugün bolluk içinde yaşıyoruz ama genlerimizde ve programlanışımızda hiçbir değişiklik yok. Bedenimiz hâlâ yağ depolarına sıkı sıkıya bağlı.

Bu nedenle, bütün zayıflama çabaları vücut tarafından kendisinin karşı koymaya programlandığı cinsten bir soygun ve tehlike olarak algılanıyor.

Peki nasıl karşı koyacak? İki şekilde: Bir yandan az harcayacak, tasarruf edecek, diğer yandan da tüketilen yiyeceklerden sonuna kadar yararlanacak, bütün besleyici özünü emecek. Sonuçta, ne kadar çok diyet uygularsanız, vücudunuz direnç göstermekte o kadar ustalaşacak. Bu direnç zayıflamanın yavaşlaması olarak kendini gösterecek ve kilo kaybı ne kadar yavaş olursa moralinizin bozulması, gözünüzün yılması ve başarısızlık riskiniz de o kadar artacak.

Ne kadar iyi uygulanmış olursa olsun, bir diyette bu "durağanlık basamağına" gelindiğinde kilo kaybı ya çok azdır ya da hiç yoktur. Yarıda bırakılmış ya da başarısız olmuş diyetler, işte en çok bu noktada vazgeçilen diyetlerdir.

Oysa, asıl önemlisi şudur: Vücudumuz gelen besin desteğinin azalmasına ya da diyetlere karşı ne yapacağını bilmekle birlikte, fiziksel çaba sarfederek harcanan kalorilere karşı direnç göstermesini sağlayacak araçlara sahip değildir. Bunun için programlanmamıştır. Aylar boyunca her gün, günde 350 kalori yakmanızı sağlayacak şekilde bir saat koşuya çıksanız, bunu yaptığınız sürece her gün aynı miktarda kaloriyi yakarsınız. Ama yediklerinizden 350 kalori azaltmaya kalkarsanız, birkaç hafta sonra vücudunuz bu duruma uyum sağlayacak ve daha fazla zayıflayamayacaksınız. Bu defa 500 kalori azaltmanız ya da kalori sayma sistemini tamamen bırakmanız gerekecek.

Bu durumda, diyetin yanında fiziksel egzersizle de kalori tüketmek, birbirini izleyen rejimlerin geliştirdiği direncin yıkıcı etkilerini önlemenin en iyi yoludur.

5. Fiziksel egzersiz "deriniz sarkmadan" zayıflamaya izin verir.

Bazı fazla kilolu kişilerde derinin altı öylesine yağ doludur ki, deri iyice gerilir ve kilo verme durumunda sarkık bir görünüm oluşur. Egzersizle formda tutulan ve kas yapısını sağlamlaştırmış bir vücutsa daha genç, daha sıkı, daha güzel görünecektir. Yalnızca görenler hayran kalacağından gurur duyulan bir vücuda sahip olmazsınız, kendiniz de görünümünüzden hoşnut olursunuz.

6. Egzersiz uzun vadede kilonun korunması için vazgeçilmezdir.

Hareket etmek, uzun vadede hayal kırıklığı yaratabilecek olan yiyecekleri kısıtlanma davranışına daha az bağımlı olmanıza yardım eder. Örneğin, yirmi dakikalık yürüyüş bir kadeh şarabın ya da üç parça çikolatanın verdiği kaloriyi tüketecektir. Yani sanki bunları hiç ağzınıza koymamış gibi olursunuz. Şunu bilin ki, diyet süreci, ancak belirli bir süre için ve kesin olarak çerçevesi belirlenerek uygulandığı takdirde zayıflamanızı sağlayacaktır.

'Doğru Kilo'ya ulaştığınızda, önce bu durumu destekleyip güçlendirmeniz, ardından da sabitleyerek korumaya almanız gerekir. Bu süreçlerin her biri yeni yiyeceklerin beslenme programınıza eklenmesini sağlayacaktır. Böylece kendinizi pek de kısıtlanmış hissetmezsiniz.

Oysa yaşamın güçlükleri, yarattığı çeşitli stresler kimi zaman ciddi düzensizlikler yaratabilir ve böyle anlarda insan kendisini mutlu edecek, mevcut boşluğu dolduracak besinleri arar. Düzenli ve yeterli fiziksel hareketlilik, böyle durumlarda hem daha fazla hem de daha kalorili yiyecekleri ihtiyaç duyduğunuz ölçüde yiyebilmenize yardımcı olacaktır. Yani egzersiz yapmanız, diyet süresince yapılmış 'küçük çılgınlıkları', 'bir kereden bir şey çıkmaz'ları telafi edecek, böyle zamanlarda alınan kalorileri yakacaktır. Böylece, önce yiyip sonra suçluluk duymazsınız.

Öte yandan, egzersiz sırasında salgılanacak endorfin sayesinde meydana gelecek nörolojik etki, içinde bulunduğunuz herhangi bir olumsuz ve moral bozucu durumda doğacak olan yiyecek gibi yapay keyiflere sığınma arzunuzu ortadan kaldıracaktır. Zayıflamayı şiddetle isteyen moral bunalımdaki kadınların içinde bulunduğu döngü buna iyi bir örnektir. Kısa vadede uyguladıkları diyetten sonuç alırlar, güzel kilo verdiklerini düşünürler. Moralleri yükseliştedir. Vücut direnç göstermeye başlayınca kilo verme yavaşlar ve hatta durur.

Sürecin uzamasından, çabalarının boşa çıkmasından dolayı moralleri bozulduğundan, hele istedikleri kiloya yakın bir noktaya da gelmişlerse, "yeterince mutlu olmadıkları" için mekanik olarak, mutsuzluğun panzehrine, yani kendilerini mutlu edecek yiyeceklere sarılırlar. Hem bu kadınlar, hem de herhangi bir bunalımı olmayanlar için, inilen kiloda kalmanın en iyi TEK yolu, hareket ederek kalori yakmakla sağlanan keyfi keşfetmektir.

7. Egzersiz "durağanlık eşiğini kırmayı" sağlar.

Otuz yıldır beslenme konusunda çalışıyorum. Bu sayede, çok sayıda kadın ve erkeğin fazla kilolarıyla mücadelesine tanık oldum. Siz de çok iyi biliyorsunuz, giderek daha fazla insan fazla kilolarıyla sorun yaşıyor. Gözlemlerime göre, rejimlere dirençli ve "zor vaka" olarak nitelendirilecek şişman kadın hastalarımın sayısında, basit vakalara kıyasla çok daha büyük bir artış var. Bu kadınlar kimler? Öncelikle, 40 yaşını aşmış kadınlar ve aşağıdaki kategorilerin ya bir ya da daha fazlasına giriyorlar:

- Bunlar kilo fazlasının artık **eski bir hikâye** olduğu kadınlar olabilir. Onlara bayılırım çünkü ofisime gelip karşıma oturur oturmaz, hafifçe gülümseyerek yüzüme bakar ve şöyle derler: "Doktor, size söylemem lazım, ben zaten *bütün* diyetleri denedim!"
- Bunlar sıklıkla, aileden gelen **ağır kalıtsal etki** altındaki kadınlar da olabiliyor. Anneler şimdiden fazla kilolu olan çocuklarından biriyle geliyorlar ve kendilerinin ya anneleri, ya babaları, amcaları, teyzeleri çoğunlukla diyabetli çıkıyor.
- Tabii bir de **çok kilolu, obez** olan vakalar var. Bu kadın-

ların kilo fazlası artık öyle bir noktaya gelmiş ki, süreci tamamen geriye çevirmek imkânsız. Şaşırtıcı bir biçimde, fazla kilolarından en çok şikâyetçi olanlar bunlar olmuyor. Bu grubu, birkaç kilo fazlaları var diye kendilerine işkence eden ve ümitsizce mücadele veren "neredeyse mükemmel" kadınların tavrına kıyasla, genellikle pek de saldırgan bulmuyorum.

- Son olarak, **hareketsizlik meraklıları** var. Bunlar dünyanın bütün modern imkânlarından faydalanan tipler. Zamanları kısıtlı olduğundan çok aceleleri var ve birikmiş işleri olan, daima yorgun kadınlar. Bu yüzden de her türlü fazladan çabaya alerji geliştirmişler.

Diyetlere direnç gösterir hale gelmiş bu kadınlar yeni bir diyete başlama kararı aldıklarında zayıflıklarının farkında oluyorlar. Kendilerini adayarak rejim yapıyor ve epeyce hızla, hele verilecek kiloları çok fazlaysa, kolayca kilo veriyorlar. Giderek direnç oluşmaya başlıyor ve kilo kaybı duruyor. Şu ünlü durağanlık basamağında takılıyorlar. Diyeti büyük dikkatle uyguluyorlar, ancak tartının ibresinde herhangi bir hareket olmuyor. Motivasyonun zayıflamasıyla, yeme eğiliminin ortaya çıkmasıyla, ufak tefek kaçamaklarla bu durağanlık besleniyor ve tehlikeli hale geliyor. Bu "durulmuş" kadınların büyük bölümü diyeti bırakıyor, tekrar başlıyor, ara sıra tekrar uyguluyor ve er ya da geç tamamen pes ediyorlar.

Öncelikle, en iyi rejimlerin bile düzenini bozabilecek olan herhangi bir hormon düzensizliği, ya da tiroit yetersizliği durumu ve vücutta endişe verici miktarda su tutulması söz konusu olmadığından emin olunması gerekiyor.

Bu taramalarda bir şey çıkmazsa, yapılması gereken rejimi bırakmak değil, desteklemek.

Pes etme riskinin yüksek olduğu bu vakalarda fiziksel egzersizler daha da önemlidir.

Direnç göstermeye başlayan bir organizma kalori harcamayı azaltır, üstelik de alınan besinlerden olabildiğince fazla yarar sağlamaya başlayarak zayıflamayı engelleyebilir. **Ama** eğer mevcut kuvvetlerin tıpkı bir terazinin iki kefesi gibi dengelendiği bu engelleme döneminde, diyetin yanında "reçetelenmiş fiziksel egzersiz" uygulanırsa, o zaman bu denge bozulur ve vücut direnç gösteremez. Pes eden taraf siz olmazsınız, vücudunuz olur ve kilonuz düşer, moraliniz yükselir, zayıflama programına bağlılığınız güçlenir!

Motivasyonunuzu bozacak olan durağanlığı ortadan kaldırmak üzere, hastalarıma, "**yumruk harekatı**" adını verdiğim bir tür komando harekatı öneriyorum:

- Yeniden 4 gün saf proteinlerle atak rejimi uygulayın.
- Her gün az miktarda mineral içeren iki litre su için.
- Olabildiğince az tuzlu yiyecekler tüketin.
- Olabildiğince erken yatın, geceyarısından önceki uyku sonrasındakine kıyasla kendinizi daha çabuk toparlanmanızı sağlar.
- Farkında olmadığınız su tutulması durumlarına karşı vücudunuzdan fazla suyu atmak üzere bitkisel çözümler idrar artırıcılar kullanın.
- HEPSİNİN ÜSTÜNE, BU 4 GÜN BOYUNCA GÜNDE 60 DAKİKA YÜRÜYÜN.

Durağanlık dönemine karşı geliştirdiğim şok tedavi bunlardan oluşuyor. Çoğunlukla da farkı yaratan yürüyüş kısmı oluyor. Eğer günün birinde siz de diyetin durağan dönemine girerseniz, bu önlemleri de, zayıflarken böyle bir döneme girmenin kaçınılmaz olduğunu da unutmayın.

Zayıflama rejimlerinde BAŞARI ELDE ETMEK için bu

başarının sizi zayıflamaya götüreceğini ve zayıfladığınızda kendinize güvenli, daha moralli, kendini gerçekleştirmiş ve dolayısıyla daha mutlu bir insan olacağınızı aklınızda tutmalısınız.

Bu durumda, zayıflama harekatında ÖNEMLİ bir rol üstlenen egzersizleri sakın bir kenara atmayın.

Bu kitaba, DİYET PROGRAMINA DAHİL EDİLEN GÜNLÜK EGZERSİZLERİN UYGULANMASI adlı bölümü eklememin nedeni budur.

Bu kitabın ilk yayınlanışından günümüze kadar on yıl geçti. Bu süre zarfında yaptığım gözlemler ve araştırmalar, aldığım mektuplar ve diğr her türlü çevresel katkı sayesinde yöntemimi zaman içerisinde geliştirdim. Bugün bu egzersiz kısmının yalnızca basit bir ilave olmadığını, sonuçları kökten değiştirebilecek güçte bir etki sağlayacağını biliyorum. Bu zayıflama programını yalnızca diyeti yaparak değil, hem diyet hem egzersiz biçimiyle uygularsanız, fazla kilolarını kıskaca alırsınız. Sinsi bir bekleyişe geçerek tekrar karşınıza çıkmalarını önlemiş olursunuz.

Bu egzersizleri zayıflamak isteyen ve diyet yapmak üzere bana başvurmuş hastalarıma yazdığım reçetelere uygulama miktarını ve sıklığını belirterek eklemeye başladığımdan beri, aralarından en tembellerinin de, rejimlere en dirençlilerinin de çok önemli mesafeler kaydettiklerini gözlemledim.

Sevgili okurlarım, sizden daima şüpheyle bakılan bu önemli silahı fazla kilolarınızla savaşırken kullanmanızı istiyorum.

Size önerdiğim 4 aşamalı diyeti başından sonuna kadar hiç eksiksiz uygularsanız ve günlük egzersizlerinizi de yaparsanız, vücudunuzun rejimlere direnç gösterme düzeyi ne olursa olsun, Doğru Kilonuza ulaşacağınızı garanti ederim.

Böylece yalnızca kilo vermiş olmayacaksınız, fazla kilolu olma hastalığınız da iyileşmiş olacak.

Diyet Programına Dahil Edilen Günlük Egzersizlerin Uygulanması

Aktif olmaya doğru dürüst teşvik edilmememizin nedeni, hiç kimsenin, hatta zayıflama tedavileri öneren doktorların ve hatta bu tedavileri takip edenlerin bile, buna inanmamasıdır. Şu ana kadar, tedavileri önerenler, "Biraz aktif olmaya çalışın, zaman bulun ve çaba harcayın," gibi politik anlamda doğru ve sağduyulu tavsiyelerde bulunmakla yetindiler. Bu şekilde ifade edildiği zaman, bu tarz bir tavsiyenin uygulanması pek olası görünmemektedir; çünkü cümleyi bu şekilde kuran her kimse, kendisi de gerçekten inanmamaktadır.

Günümüzde, pek çok ülkede nüfusun yarıdan fazlası aşırı kilolu. Bu ilerleme karşısında, insanoğlu maksatlı bir soruyla yüz yüze kalıyor. Türümüzün evrim geçirip, aşırı kilolu bir tür olmasına –içinde yaşadığımız dünyanın ahenksizliğini, yemek yiyerek telafi etmek üzere yağlı bir türe dönüşmesine– izin mi vermeliyiz? Yoksa obeziteye hayır mı demeliyiz? Ve hayır demek gibi bir imkânımız var mı? Dürüst inancım şudur: Toplum, bu soruyu bilinçli olarak sormayarak, yaygın obeziteyi hoşgörmeyi seçmiş oluyor. Tabii ki resmi görevlilerin bizleri aşırı yemeye ve hareketsizliğe karşı uyardıklarını duyacaksınız, fakat aslında buna son vermek için hiçbir şey yapılmıyor.

Kilo sorunuyla mücadele yollarını gösteren bir kitap okuduğunuza göre, fikrimi biliyorsunuz. Bu yüzden, metodumu daha da iyileştirme gayretim sizi şaşırtmayacaktır; aşırı kilolu yayımcımın beni bu yola soktuğu günden beri, bütün enerjimi bu çabaya adadım. Ve egzersizde, diyetimle bir araya geldiği zaman, bedeniniz, bedeninizin görüntüsü ve şişmanlar gezegenine ait olup olmamak konusunda şahsi kararınızı alırken ihtiyaç duyacağınız şeyi sunacak stratejik bir unsur görüyorum. Kalıcı, olabildiğince etkili ve bunalımdan mümkün olduğunca uzak olacak kilo vermek istiyorsanız, asgari hale getirdiğim ve programımın dört safhasına dahil ettiğim egzersiz talimatlarıma uymalısınız.

Sadece diyetle yetinmenin ve egzersizden kaçınmanın en önemli nedeni olarak, zaman darlığı gösterilir ki bu çok cılız bir bahanedir. Tecrübe, bedenlerini inceltmek isteyenlerin, güzellik ve vücut bakımı gibi, herhangi bir egzersizden çok daha fazla zaman alan uğraşlara girdiklerini ispatlamaktadır. Burada konu yine, egzersizin kilo kaybında hakiki bir rol oynadığına, sadece bir diyet takviyesi olmadığına ve egzersizle diyetin bir arada kısa, orta ve hatta uzun vadede başarıyla kilo verme şansınızı ikiye katlayan bir koalisyon oluşturduklarına gerçekten inanmaya geliyor.

Fiziksel egzersizlerin en önemlisi: Yürüyüş

Yalnızca bir tek egzersiz önermem gerekseydi, bu yürüyüş olurdu. Neden mi?

1. Bütün insan faaliyetleri arasında yürüyüş en doğal olandır.

Antropologlara göre insan, büyük bir maymun olmaya, arka uzuvlarının üstünde doğrulup yürümeye karar verdiği zaman son verdi. Bu karar anından sonra, bütün faaliyetleri, hareket edişi, avlanması, kendini koruması sonsuza dek değişti. Elleri, beyniyle etkileşim kurabilmesine olanak sağlayacak şekilde boşa çıktı, daha karmaşık görevleri üstlendi, zekâya, bilince, kültüre ve dile yer açılmış oldu. Bu bize yürümenin, beynimizin orijinal yapısına ve ilk davranış modellerimize nasıl kök saldığını gösterir.

Stresli ve doğal olmayan ortamımızda yürümek, hem bir zaman kaybına hem de bizim için ulaşım biçimleri üretenlerin kazançlarından kaybetmelerine dönüştü; ki mevcut ekonomik iklimde bu kaçınılması ve hor görülmesi gereken bir aktiviteden başka bir şey değildir. Yürüyen merdivenler, asansörler, bisikletler, mobiletler, arabalar ve elektrikli scooter'lar varken, yürümek neden?

İnsanlığımızın ayrılmaz bir parçası, köklerimizin doğamızda ve genlerimizde kayıtlı bir bölümü olduğu için, yürüyüşü, kilo sorunuyla savaşta en güçlü ve dayanıklı müttefikim olarak seçtim. Yürümek, yaşam biçimlerimizin yapaylığıyla mücadelenin en iyi yöntemlerinden biridir. Bizi insan kalmaya, bedenlerimizi hareket ettirerek kullanmaya zorlar ve endorfin salgılayarak ödüllendirir. Endorfinlerin yarattıkları zevk de bedenimizin tatmin olduğunun ispatıdır. Yürüyüş yaptığımız zaman, kendimize iyilik etmiş oluruz; zamanla zevk almaya başladıkça kendimizi yürüme ihtiyacı duyarken buluruz.

2. Yürümek, fiziksel aktivitelerin en basitidir.

Her insan yavrusu, embriyo olduğu süreçte, hayvanlar aleminin balıktan, memeliye oradan maymunlara uzanan uzun evriminin hızlandırılmış versiyonunu üretir. Bir insan yavrusu dünyaya geldiği zaman, programlanmaya devam eder, önce ayağa kalkmayı, sonra yürümeyi öğrenir. İlk adımlarını atarken, anne ve babasına "Ben de sizden biriyim," mesajını verir gibidir. Bu andan itibaren, insanoğlu nefes alır gibi –dünyanın en doğal şeyi buymuş gibi– yürür. Aslında yürümek o kadar doğal ve otomatiktir ki, bir taraftan yürürken, diğer taraftan aklınıza gelebilecek herhangi bir şeyi yapabilirsiniz. Yürüyüşe çıktığınızda düşünebilir, gününüzü planlayabilir, yürüyüş arkadaşınızla konuşabilir ya da bir telefon görüşmesi yapabilirsiniz. Yürüyüşe çıktığınızda, hayat durmaz.

3. Yürüyüş herkes için en az yorucu ve en uygun egzersizdir.

Yorulmadan saatlerce yürüyebilirsiniz. Fiziksel efor, kemikler ve kaslardan oluşan geniş bir alana yayılır. Ciddi bir yürüyüş için doğru dürüst yürüyüş ayakkabılarına ihtiyaç duyarsınız, ancak normal ayakkabılar –hatta topuklu bayan ayakkabıları bile– kilo verdirecek gündelik yürüyüşler için uygundur. Yürüyüş aşırı terlemenize neden olmaz; fırsat doğdukça ve üstünüzdeki herhangi bir kıyafetle yürüyebilirsiniz. Herhangi bir spor malzemesine, duş almaya ya da kıyafet değiştirmeye ihtiyaç yoktur.

4. Yürüyüş aynı anda en çok sayıda kası harekete geçirir.

Böyle doğal ve kendiliğinden gelişen bir faaliyetin karmaşıklığını hayal etmek çok güç. Bilimkurgu robotlarında yürümeyi sağlamak ya da motor yetersizliği olanlara yardım etmek için sibernetikte çok büyük yatırımlar gerekmiştir. Dahası yürüyüşe en çok dahil olan kaslar, bedenin en büyük "yük taşıyıcıları"dır ve en çok kaloriyi onlar yakarlar.

Yürüyüşe en çok dahil olan kaslar:

◉ Dörtbaşlı kaslar. Bacakların üst kısmının ön tarafında yer alırlar ve vücudun en büyük kaslarıdırlar. Kalça ve bacağı kaldırıp ileri doğru iterler.

◉ Diz arkası kirişleri. Bacağın üst kısmının arka tarafındadırlar ve bacağınızı arkaya doğru hareket ettirirler.

◉ Kalça kasları. Çok güçlü ve hacimli bu kasların görevi adımın arkaya doğru hareketini tamamlamaktır. Bu kas kütlelerinin sarkması, öncelikli fonksiyonları –yani yürüyüş- için yeterince kullanılmadıklarını gösterir.

◉ Karın kasları. İleri doğru atılan her adımda gerildikleri için yürüyüşe aktif katkı sağlarlar.

◉ Baldır kasları. Daha ufak ve daha lifli olmakla birlikte, adım attığınızda en çok kullandığınız kaslar arasındadırlar.

Katkıda bulunan ikinci derece kaslar:

◉ Leğen bölgesinin denge sağlayan kasları. Leğen kemiğinin çevresinde vücudun ayakta dururken yıkılmamasını sağlayan kastan bir taç oluştururlar. Dışarı çeken kas, içeri çeken kas, ön taraftaki karın kasları ve arkadaki omurga kasları.

◉ Baldır kaslarının ön tarafında yer alan simetrik tibialis anterior kasları. Adım attığınız zaman düz kalmamaları ya da yere sürtmemeleri için ayağınızı havaya kaldıran kaslar. Yürüyüş bu kasları büyük ölçüde geliştirir.

◉ Kol ve omuz kasları. Diğerlerine göre daha az katkı sağlayan ama Kuzey Yürüyüşü gibi, spor amaçlı yürüyüşleride büyük ölçüde kullanılabilen kaslar.

Çoğu kalori tüketici olan bütün bu kasları aynı anda kullanıyor olmamız neden bu kadar çok kalori yaktığımızı gösterir.

5. Yürüyüş incelmenize en çok yardım eden egzersizdir.

Şaşırtıcı gelebilir ama yürüyüş, tenis oynamak ve daha pek çok spor kadar fazla kalori yakmanızı sağlar. Kalori harcamasının bu kadar yüksek olması normaldir; çünkü bir tenis maçında zamanın çoğu molalar ve topun geri gelmesini beklemekle geçerken, yürüyüşte sabit ve kesintisiz bir faaliyet söz konusudur. Kalori tüketiminin en iyi durumda oluşu, yürüyüşün bugün gündelik hayatın içine işlemiş olmasıyla ve boş vakit oluşması halinde, günün ya da gecenin herhangi bir saatinde, herhangi bir yerde yapılabilmesiyle de bağlantılıdır.

6. Diyetin son evresinde yürüyüş en faydalı egzersizdir.

Kilo kaybetmedeki rolünün kayda değer oluşu göz önüne alındığında, yürüyüş yeni alışkanlıklarınızın ayrılmaz bir parçası olarak düşünebilecek tek aktivitedir. Güçlendirme evresi kadar, sonrasında, çok hayati bir önem taşıyan uzun vadeli koruma safhasında da sürdürülmelidir. Daha önceden bahsi geçen bütün nedenlerden –kolay, doğal, sağlıklı ve tehlikeden uzak olması gibi– ötürü, yürüyüş düzenli olarak yapmayı en kolay kabulleneceğimiz aktivitedir.

7. Yürüyüş obezlerin riske girmeden yapabileceği tek egzersizdir.

Bu, bu kişilerin hep taşıdıkları fazla kilolarla orantılı sonuç ve etkinlik demektir ve her şeyden önemlisi, yaralanma tehlikesi ve kardiovasküler riskler içermez. Bir obezin, hatta fazla kilolu bir insanın devamlı yük taşıdığını sakın unutmayın. On beş kiloluk bir yük taşımak başlı başına bir spor olarak görülebilir; ancak sadece yürüyüş sırasında taşınması halinde. Yüzme ve bisiklet gibi, kilonun taşınmadığı ve faaliyetin ağırlıksız şartlarda gerçekleştiği egzersizler için tam aksi geçerlidir. Ne kadar ağırsanız, yürümeniz o kadar iyidir.

8. Son olarak, yürüyüş yaşlanmayı en iyi şekilde engelleyen egzersizdir.

Yürümek bedenin ana işlevlerini sürdürmenin en iyi yoludur: Dolaşım, solunum, kemikler, hormonlar, kaslar ve ruhsal sağlık. Yürümezsek bu organlara ve işlevlerine yeterince özen göstermemiş oluruz, çok daha çabuk yaşlanırız. Her gün 30 dakika yürümek, kilo verip formumuzu korumaya yardımcı olduğu kadar, daha uzun ve daha iyi bir fiziksel durumda yaşamamızı sağlar. Yürümek, aynı zamanda zihin sağlığı ile de bağlantılıdır. Yürüme aktivitesi, gerekli fiziksel çabayı göstermemiz için beynin kimyasal aracılar salgılamasını sağlar. Beyin, haz duygusu veren serebral aracıları, yani endorfinleri ve 'mutluluk hormonu' denen serotonin salgılar. Serotonin eksikliği, depresyon başlangıcına katkıda bulunur.

Diyetin Dört Evresi Boyunca Nasıl Yürünmeli

Önceki sayfaları okuyunca, neden sizi yürümeye ve bu doğal aktiviteyi benimsemeye teşvik ettiğimi anlamış olmalısınız. Programımın bir parçası olarak yürüyüşler, diyetin her evresiyle kendi özel nitelikleri ve amaçları doğrultusunda birleştirilmelidir.

Atak evresinde, günde 20 dakika.

Seyir evresinde, günde 30 dakika. Durağanlığın yedi günden fazla sürmesi durumunda, süreyi dört günlüğüne 60 dakikaya çıkarın.

Güçlendirme evresinde, günde 25 dakika.

Koruma evresinde, günde 20 dakikalık süreye kesinlikle sadık kalmalısınız.

2-7 gün süren –bazı özel durumlarda 10 gün– **atak evresinde** yürüyüş, bitkinliğe ya da iştah artışına yol açmadan en iyi sonuçları verebilen, önerilen tek egzersizdir. Amaç, hızlı bir başlangıç yaparak, gözle görülür bir kilo kaybı elde etmek ve motivasyonu yükseltmektir. Bu çalışmayı yaparken, **size günde 20 dakika yürümenizi tavsiye ederim**. Özellikle bir alışkanlık ve yatkınlığınız yoksa, daha azı veya çoğu tavsiye edilmez.

Genellikle, iki günlük saf protein diyetinin ardından 800 gram ile 1 kg arasında (yürüyüşlerle birlikte 1,5 kg) kilo verirsiniz. Obezler için, özellikle kalça, diz ve bilekleri kırılgansa, yürüyüşü onar dakikalık iki doza ayırmalarını öneririm.

Seyir evresinde amaç, ne olursa olsun kilo vermeye devam etmektir. Saldırıyla sersemleyen vücudunuz, şimdi kontrolü tekrar ele geçirmeye ve direnmeye çabalamaktadır. Bu tehlikeye karşı koymak için **günde 30 dakikalık yürüyüş**

tavsiye ediyorum. Yürümek bu evrede özellikle önem taşıyor. Dışarısı çok soğuk olabilir, zamanınız yokmuş gibi görünebilir, ama sadece çıkın ve yürüyün; getirisinin hayal ettiğinizin çok ötesinde olacağını size garanti ederim. Bu evrede, diyete rağmen, vücudunuz kaçınılmaz olarak frene basacak ve kilo kaybınız duracaktır. Bu durgunluk, uzun süreli ve nedensiz ise ve yüksek oranda su tutulması, tiroit eksikliği, hormon dengesizliği ya da kilo yapıcı ilaçlar (kortizon, antidepresanlar) gibi sebepler teşhis edilmediyse, yürüyüşün dört günlüğüne 30 dakikadan 60 dakikaya çıkarılması tavsiye edilebilir. Bu süre 30 dakikalık iki bölüme ayrılabilir.

Güçlendirme evresinde amaç, diyet yapmaktan, diyet yapmamaya dönüşümü gerçekleştirmektir. Bazıları bu anı sabırsızlıkla bekler, ama çoğu kişi diyetin yeni yiyeceklere izin vermesiyle çabalarının boşa gideceğinden endişe eder. Bir zamanlar deliler gibi yiyen insanların bana, protein ve sebzelerin düz ve dar yolunu neden terk etmeleri gerektiğini sormaları beni her zaman şaşırtmıştır; bu, kısıtlı ama iyice belirlenmiş, tamamen güvenli ve baştan çıkarıcılıkla kuşatılmamış bir yoldur. Onlara tekrar içlerinden geldiği gibi yemeleri ve yemekle aralarında bir yetişkine yakışır bir ilişki olması gerektiğini söylerim.

Güçlendirme evresinde, tartışmasız olarak günde 25 dakikalık yürüyüş öneriyorum. Bu, sadece ideal kilonuza ulaşmakla kalmayıp, bu kiloyu sabitleyeceğimiz çok önemli bir evredir.

Koruma evresinde amaç, normal yaşama dönmek ve asla yeniden yarım kilo bile almamaktır. Bu 'asla' sözü, asgari fakat daimi bir kuraldır. 'Daimi' sözü elbette biraz endişe verici olabilir, ama emin olun ki, aşırı kilo almaya eğilimli olduğu gerçeğini görmezden gelen herkes, vermiş olduğu kiloları geri alacaktır. Yeni kilonuzu korumaya kararlı olmalı ve tam olarak uygulanmış güçlendirme diyetini güvenli bir temel, sağlıklı, idareli fakat son derece güvenilir bir diyet, bir tür yol işaretleri dizisi olarak görmelisiniz. Bu temelden hareketle, güvenlik siperiniz olan üç önlemin dışına çıkmadan, istediğinizi seçebilirsiniz. Onları biliyorsunuz, ama esasları hatırlatmaktan zarar gelmez: Perşembeleri protein günü, asansör ve yürüyen merdiven kullanmayı bırakmak ve üç çorba kaşığı yulaf kepeği.

Şu ana kadarkilerin en önemlisi olduğunu kabul ettiğim bu evrede, **günde 20 dakika yürüyüş öneriyorum**. Fazla değil, hiç fazla değil; bu, bedenlerimizi insan yapan şeyin sınır çizgisi.

Yürümenin En İyi Yolu

Diyetimin sonuçlarını azamiye yükseltmek için önerdiğim yürüyüş şekli, ne Kuzey Yürüyüşü gibi uzmanlık gerektiren bir yürüyüş, ne de alışveriş yaparken dükkânları dolaşmak gibi bir yürüyüş. Canlı, çevik bir yürüyüş bu: İşe gitmeden önce postaneye uğramanız gerektiğini ve kaybedecek zamanınız olmadığını düşünün. Bunun ne fazlası, ne de azı. Günün en iyi zamanını seçerek ve birkaç ekstra ilave ederek yürüyüşünüzü zenginleştirebilirsiniz.

Sindirmek için yürümek

Öğünden hemen sonra yürümek, kalori yakmayı %30 oranında artırır. Eğer yemeği yedikten sonraki 30 dakika içinde çıkıp yürürseniz, yürüyüş için gerekli olanı yakmakla kalmaz, aynı zamanda sindirimin ısıl etkisini ve vücut ısınızı da yükseltirsiniz ki, bu da yediğiniz öğünün kalori değerini etkili biçimde azaltır. İster özel bir gün nedeniyle, ister 'yaramazlıktan', öğününüz ne kadar bolsa, tükettiğiniz kalori de o kadar çok olacaktır. İşte size diyet sırasındaki kaçamaklarınızı –her ne kadar küçük de olsalar– düzeltmeniz için bir yol.

Gerideki ayağı çalıştırmak

Bu, geri geri yürümek değil, ancak kalori yakılmasını artırmak ve 'unutulmuş kasları' çalıştırmak üzere, bir bacağın arkada olduğu zamanın tam olarak kullanıldığı bir egzersizdir.

Deneyimli yürüyüşçüler, içgüdüsel olarak önlerinde ayak basacak bir nokta arayarak yürürken dosdoğru ileri bakarlar; buna ileri doğru yürüme zamanı denir. Diğeri pasif olarak arkadayken, öndeki ayak havadadır ve bacağın üst kısmı onu takip eder. Öne doğru hareket süresi üst bacaktaki dörtlü kas grubunu çalıştırır. Bu arada kaval kemiğine bağlı olan ve ayak yere sürtünüp durmadan önce onu havaya kaldıran diz kirişi sayesinde, kasları da çalışır.

Daha iyi yürümek için, arka bacak kaslarını kontrol etmeyi de öğrenmelisiniz. Ayak öne doğru adım atma işini tamamladığında, dikey pozisyona döner ve arka bacağın pasif pozisyonunu alır; bu noktada kontrolü ele alıp, onu aktif hale getirmelisiniz. Ayağınızın bir sarkaç gibi geri gitmesine müsaade edeceğinize, ayağınızı bir an için kalça kaslarınızı ve diz ardı kirişinizi kasarak yerde basılı tutun. Bunu yaparak, iki kat fazla kalori yakarsınız ve vücudunuzun arka tarafı da ön tarafı kadar çok çalışır.

Dik yürümek

Bu, yürümeden daha fazla yarar sağlamak için harikulade bir yoldur ve her yaşta faydalıdır. Bir egzersizden değil, hayatınızı nasıl yaşadığınızdan bahsediyoruz. Dik durmakla kastettiğimiz tam olarak nedir? Basitçe, başınızı göğsünüzle aynı hizaya getirmek, boynunuzu uzatmak, omuzlarınızı geriye ve aşağıya doğru çekmektir.

Bu duruşa uyum sağlamak, gençlere doğal bir güzellik, zarafet ve tarz kazandırır. Bu tür ender özelliklerin fazlasıyla cazip ve özgüveni artırıcı olduğunu söylemeye gerek yok. Hatta bu, bu duruşun, alışkın değilseniz, kalori yakmanıza neden olacağını söylememize gerek yok. Çünkü bu duruş şaşırtıcı sayıda farklı kasın çalışmasını sağlar.

Dik oturmak ve başını yukarıda tutarak dik yürümek, 50 yaş üzeri insanları daha genç gösterir. Nasıl mı? Basit bir deneme için etrafınıza bir bakın. Kırışıklıklar, ağaran saçlar ve sarkık bir gerdandan sonra yaşlılığın en önemli belirtisi kambur bir sırtla öne doğru eğilmektir. Bence, kambur durmak sizi aşırı kilodan çok daha fazla yaşlı gösterir. Öyleyse, dik yürüyerek ve diyeti uygulayarak zayıflayın!

Dört Anahtar Bölge İçin Dört Anahtar Egzersiz

Oturmuş bir hayat düzenine sahip diyet yapan pek çok kişi, fiziksel egzersizlerini hızlandırmak için sihirli yollar ararlar, fakat sonu gelmeyen egzersiz dalgaları arasında boğulur ve sayısız egzersiz arasında felç olarak bir seçim yapamazlar. Kilo problemleri ile uğraştığım hekimlik dönemimde, hastalarımı doğrudan yönetebilme ve üstünlük kurma yeteneğimi geliştirdim. Otoritenin verdiği haz için değil – hiç kuşkusuz, yardımcı olmayı ve aynı dalga boyunda olmayı tercih ederim– yalnızca basit, sağlam, güvenilir, kesin ve katı talimatların daha kolaylıkla uygulanabilir olduğuna ikna olduğum için. Bu nedenle, iki amaca yönelik dört egzersiz seçtim: En kaslı bölgelerde kilo kaybı ve yoğun kalori yakımı. Bu aynı zamanda, kilo kayıpları en hassas dört bölgede sarkmalara ve 'sarkık deriye' neden olan hastaların taleplerine de bir karşılık oldu. Bu bölgeler, karın, kollar, kalça ve uyluklardır.

Kilo veren bir bedenin dört hassas bölgesi

Yedi kilodan fazlasını kaybettikten sonra, yok olan yağ ile geri çekilen deri arasında bir yarış başlar. Aslında yağ, derinin geri çekilmesinden daha hızlı yok olur ve bu eşitsizlik, derinin ince olduğu ve en çok kullanılan kısımlarında daha belirgindir.

Bu nedenle kadınlar, genellikle şu dört bölgedeki fazla deriden ve esneklik kaybından şikayet ederler:

• **Sarkık, şişkin bir göbek.** Zayıfladığınız zaman, kilo ve yağ dokusunun kaybı, vücudunuzun içi kadar, dışını da etkiler. Yani, derinin iç kısmını saran yağ tabakası kadar, karın kaslarınızı çevreleyen yağ da önemlidir. İç kısımdaki yağ eridiği zaman, kasların gerginliği azalır, karnınız şişkin görünür ve sarkar. Dıştaki yağ eridiğinde ise, bu kez deri esnekliğini kaybeder. Kilo verdikten sonra, deri çok yavaş geriye çekilir ve en iyi halini alması altı ayı bulur. Altı aydan sonra, daha fazla bir gelişme beklememelisiniz, ama daha önce de radikal bir şeyler yapmaya teşebbüs etmemelisiniz. Karnın şiş görüntüsü, karın kaslarının gevşek durumda olmasından kaynaklanır. Yeniden düz bir karna sahip olmak için, karın kaslarınızı geleneksel karın kası egzersizleriyle çalıştırmalısınız. Deneyimsiz biri için çok fazla miktarda egzersiz vardır. Ben kendi egzersizimi yarattım ve size bunu öneriyorum, sadece bu yeterli ama hiç aksatmadan her gün yapmalısınız.

• **Kolların arkaları.** Daha çok, zayıflamadan önce kalın kolları olan kadınlar, kollarının sarktığından şikâyetçi olurlar. Kilo verdikten sonra kollar eskisi gibi kalın değildir, ama deri de yeteri kadar geriye çekilmemiştir, böylece kolun arka tarafı sarkar. Burada da yine basit ve sade açıklamalarla, tek bir egzersiz uyguluyorum.

• **Sarkık kalçalar.** Kadınların kalçaları, doğal olarak yük taşıyan kaslar ve oturmayı rahatlaştıran, cinsel cazibelerini artıran kalın bir yağ minderi olarak ikiye ayrılmıştır. Hareketsiz bir kadının kalça kasları körelme eğilimleri gösterir ve kilo verir vermez yağ minderini kaybeder. Geriye azalan bir seksapel ile yumuşak ve sarkık kalçalar kalır. Bu çok yaygın durum için tek ama eksiksiz ve tatmin edici bir egzersiz kullanıyorum.

• **Gevşek uyluklar.** Bu, daha çok kalça, butlar ve dizler gibi, bedenin alt kısımlarından kilo almaya eğilimli jinoid tip kadınlarda ortaya çıkan bir durumdur. Kollardaki durum, burada da geçerlidir. Kilo verilmesiyle uyluklar incelir ve uylukları kaplayan deri gerginliğini yitirir. Yine, bacağın ön kısmındaki dörtbaşlı kas grubunu çalıştıracak ve bacakları şekillendirecek tek bir egzersiz öneriyorum.

1. Dukan Diyeti'ne Özel Egzersiz

Bu egzersiz, benim İsviçre çakım. Kendim geliştirdim ve 20 yıldır kullanıyorum; neredeyse üç yıldır da hastalarıma tavsiye ediyorum. Yürüyüşün haricinde, devam edilmesi gereken bir tek egzersiz olacaksa eğer, size bunu öneririm. Neden mi? Çünkü basit ve kolaylıkla günlük yaşantınıza uyarlayabilirsiniz. Uykudan önce bir kez, uyandıktan sonra da bir kez yatağınızda yapacağınız kısa ve hoş bir egzersiz. Birçok kas grubunu -karın, butlar ve kollar – çalıştırmanızı sağlayan çok etkili bir yöntemdir.

Yatağınızın üzerine bir yastık ve minder koyup rahat ve eğimli bir düzlem oluşturun. Bu eğimli yüzeye sırtüstü uzanın. Dizlerinizi kırın ve kollarınızı uzatarak, size rahat gelen bir şekilde –ister yukarıdan, ister içeriden ya da dışarıdan kavrayarak– dizlerinizi tutun. Bu yarı gevşek pozisyonda, göğsünüzü sadece karın kaslarınızı kullanarak, kollarınızdan hiç yardım almadan dikey pozisyona getirin. Sonra tekrar yastık ve minder desteğinize dönün. Bunu, kollarınızı kullanmadan 15 kez tekrarlamaya çalışın.

15 kez yaptıktan sonra baştan başlayın, ama bu kez karın kaslarınız yerine kol kaslarınızı kullanarak. Karın kaslarınızdan çok daha zayıf olan üst koldaki ikili kas grubunu kul-

lanarak göğsünüzü dikey pozisyona getirin. Bunu da 15 kez yaparak, sabah seansınızı toplam 30 defayla tamamlayın.

Akşam uyumadan önce aynı uygulamayı tekrarlayarak, günlük toplamı 60'a çıkarın. Böylece, ilk günden karın ve kol bölgesinde sıkılaştırma işlemine başlamış oldunuz. Bacak kaslarını da çalıştıran bu çift etkili egzersiz, sabah ve akşam, aşağı yukarı birer dakikanızı alır.

Her gün, sabah ve akşam egzersizlerinize birer tane daha eklemeye çalışın, başka bir deyişle; ikinci gün 31 + 31, üçüncü gün 32 + 32, ilk haftanın sonunda 36 + 36 şeklinde. Hedef, ilk ayın sonunda 70 + 70'e ulaşmak ve bir süre sonra sabah 100, akşam 100 kere yapabilmektir. Bunu başardığınızda, günlük 200 kere yapılan bu egzersiz sadece üç dakikanızı alacaktır.

İnanılmaz derecede etkili ve zaman almayan bu egzersiz sayesinde, sarkık karnınız tekrar şekle girip düzelecektir.

2. Kalça Kaslarına Özel Egzersiz

Bu benim ilk egzersizin ardından, hâlâ yataktayken yaptığım bir başka egzersiz. Son derece etkili: Kalçalar, kolların arka tarafları ve uyluklar çok çabuk, çok güçlü biçimde ısınıyor ve gerildiklerini hissediyorum. Dahası, içinde bir 'sıçrama' unsuru bulunduğu için eğlenceli de.

Yastık ve minderleri kaldırarak işe başlayın –bu egzersizi düz uzanarak yapıyorsunuz. Kollarınızı yatağın üzerinde gergin uzatarak sırtüstü uzanın. Ayaklarınızı yerden kesmeden, dizleriniz dik açı oluşturacak şekilde, bacaklarınızı kalçalarınıza doğru çekin. Bu pozisyondayken, yatağın üzerindeki kollarınızı ve kalçanızın arkasındaki kasları iterek, kalçanızı tavana doğru yükselterek bir köprü oluşturacak şekilde kaldırın; göğsünüz ve bacaklarınız düzgün ve eğimli bir çizgi oluştursun. Bunu yaptıktan sonra kendiniz yavaş yavaş aşağıya bırakın, yatağa değince zıplayarak aynı eğimli çizgiyi yeniden oluşturun. Sıçrama etkisi egzersizi kolaylaştırır ve kollarınızın arkasında, bacaklarınızda ve kalçalarınızda sıcaklık ve karıncalanma hissedene kadar egzersizi sürdürmenize yardımcı olur. Bu, önemli bir egzersizdir.

Yine 30 defayla başlayın, yatacağınız zaman da 30 defa tekrarlayın. Günde 60 kez bu egzersizi yapmanız bir buçuk dakikadan fazla zamanınızı almayacaktır. Eğer 30 defa tekrarlayamıyorsanız bu, leğen kemiği ve arka bölgenizin çok ağır olduğu ve bu bölgedeki kasların zayıf ya da körelmiş oldukları anlamına gelir. Öyle olsa bile endişelenmeyin; bu bölgedeki kaslar duruma hızla adapte olacaklardır, o zamana kadar sayıyı biraz düşürün. Yine de sabah akşam, en az 10'ar kez yapmaya çalışın. Çünkü zorlanmanız, bu egzersize gerçekten ihtiyacınız olduğunun kanıtıdır.

Daha sonra, önceki egzersizde olduğu gibi, her gün birer tane daha ekleyin ve sabahları 100, akşamları 100 defaya ulaşın. Böylece, göğsünüz ve kalçanız kilo verdiğiniz için daha ince, bu iki mükemmel egzersiz sayesinde de kaslı ve sıkı görünecektir.

3. Üst Bacağa Özel Egzersiz

Bu egzersizin çifte getirisi vardır: Vücudun en büyük kası olan, bacağın üst kısmındaki dörtlü kas grubunu çalıştırdığı için, en çok kaloriyi yakan egzersizdir. Aynı zamanda, selülitlerden en fazla etkilenen, kilo vermenin selülitlerin yumuşamasına neden olduğu bölgeye etki eder.

Bu egzersiz hem kalori yakmayı, hem de bir zamanlar

yağın doldurduğu boşluğu, sıkı bacak kaslarıyla doldurmayı amaçlar. En basit ve etkili egzersizlerden biri olduğu için tek egzersiz olarak rahatlıkla önerebilirim.

Mümkünse bir aynanın önünde, ellerinizle bir masadan veya lavabodan destek alabilecek şekilde, ayaklarınızı hafifçe aralayarak ayakta durun. Dizlerinizi kırarak, kalçanız topuklarınıza değinceye kadar yavaşça çömelin. Sonra kalkın ve başlangıç pozisyonuna dönün.

Zor olmasına karşılık bu egzersiz harika sonuçlar üretir. Aslında zorluğu, kilonuza ve ne kadar formda olduğunuza bağlıdır. Eğer şişmansanız, bir kez bile yapmakta sorun yaşarsınız. Eğer durum buysa, egzersizi tamamlamadan yapın; yapabildiğiniz kadar yapın. İlerleme kaydettikçe, kilo vermenin fiziksel performansınızı nasıl etkilediğini test edebilirsiniz. Günler, haftalar geçtikçe ilk egzersizinizi tamamlayabileceğiniz gün gelecek, çok geçmeden ikinciyi yapacaksınız ve sonunda, kilolu bir insanın ideal sayısına, yani 15'lik bir sete ulaşacaksınız. Bu da Doğru Kilonuza yaklaştığınız anlamına gelir.

Eğer ilk günden bu egzersizden en az bir kez yapmayı başarabildiyseniz, iki hafta içinde, yapabileceğinizi hissettiğiniz sürece, her gün bir tane ekleyerek 15'e ulaşabilirsiniz. Ancak, kaslarınızın biraz rahatlaması için, bir önceki günün sayısına gerilemek dışında, kendinize sayıyı düşürme izni vermemelisiniz. İlk 15'inize vardığınızda, 30'u hedefleyin, ama işi ağırdan alın. Her hafta bir tane eklemek bence uygundur. 30'a vardığınızda sımsıkı ve düzgün bacaklarınız, gece gündüz kalori yakan sekiz küçük canavar kasınız olacak. Çünkü kaslarınızla ilgili güzel olan taraf, siz egzersizi bitirdikten sonra da kalori yakmaya devam etmeleridir. Egzersiz sırasında olandan daha düşük seviyede de olsa, kalori yakma işlemi gece gündüz, 72 saat devam eder ve sonra durur. Bu yüzden devam etmek ve egzersizleri birbirine bağlamak önemlidir; ideal olarak her gün aktif olmanız gerekmektedir.

4. Sarkık Kola Özel Egzersiz

Kadınların kolları, kolların kalınlığı, derisinin niteliği, biçimi, onların kilo geçmişinin iyi bir göstergesidir. Bacaklarında selülit olan kadınların çoğunun kalın kolları vardır. Bu kadınlar zayıfladıklarında, kollarından kolayca kilo verirler ve bu çoğunlukla derinin sarkmasıyla sonuçlanır. Bu en yaygın sorun için çok fazla çözüm yoktur. Kremler işe yaramaz; çok fazla iz bırakacağı için cerrahi yöntemler de tavsiye edilmez. Bu yöntem, benim kollar için benim en sevdiğim egzersizdir: Geniş çaplı, basit, etkili ve ihtiyacınız olan tek egzersiz.

Bu egzersizin avantajı, iki zıt kası, kolun ön tarafındaki bisepsi ve arkasındaki trisepsi, eşzamanlı olarak çalıştırmasıdır. Böylelikle, etli bölgenin tümündeki kaslar gelişir ve sarkık deri gerginleşerek olması gerekene yakın bir hal alır.

Ayağa kalkın, 1,5 litrelik bir su şişesini ya da aynı ağırlıkta bir nesneyi elinize alın. Egzersize kollarınız iki yanda aşağıya doğru sarkıtılmış olarak başlayın. Sonra ön kolunuzu kaldırarak şişeyi omzunuza değdirin. Kolunuzu gererek başlangıç pozisyonunuza dönün ve kolunuzu arkaya doğru, tam yatay bir pozisyon alacak şekilde kaldırabildiğiniz kadar kaldırın. Egzersizin ilk kısmı bisepsi, ikinci kısmı ise trisepsi çalıştırır ve birlikte kolun kas bütününü gerip, deriyi gerginleştirirler.

Bu egzersizin deriyi gerginleştirmek için yeterli kası geliştirebilmesi için iki kolla da 15'er kez yapılması gerekir. Yapabildiğiniz kadar yapın, çünkü bir kas ancak maksimum basınç altında aşırı büyümeye kadar gider. Bu egzersizi günde 15 kez bir hafta boyunca yaptıktan sonra, haftada bir, önce 20'ye, sonra 25'e ve ilk ayın sonunda 30'a çıkarmaya çalışın. Bundan sonra istediğiniz kadar devam edebilirsiniz ama kollarınız artık sıkı ve daha kaslı hale gelmiş olacaktır.

Unutmayın ki, kilo verdikten sonra sarkan derinin tamamen geri çekilmeyi tamamlayabilmesi için altı ay gerekir. Bu süreden sonra, kendiliğinden olacak bir gelişme beklemeyin. Bu dört egzersizin parolası: Kasları geliştirmek, deriyi içeriden sıkılaştırmak ve tam olarak gerginleşmesini tamamlamasını beklemektir.

Daha hızlı ve daha fazla kilo vermenizi sağlayarak, kendinizi daha iyi hissetmenizi sağlayan egzersiz, kişisel bir projeyi tamamlamanıza ve BAŞARI kazanmanıza yardımcı olur. Ve bu başarının, insanın hayallerini ve kendini gerçekleştirmesinin temel kaynaklarından olduğunun farkında olmalısınız.

100 DOĞAL BESİN SAYESİNDE SAĞLIKLI KALIN

Bunlardan istediğiniz kadar yiyebilirsiniz!

Protein yönünden çok zengin gıdalar

Et ve Sakatat

1. Biftek
2. Sığır filetosu
3. Bonfile
4. Rozbif
5. Rumstek (Dananın kalça kısmından yapılan biftek)
6. Dil
7. Bresaola (kurutulmuş sığır eti)
8. Dana şnitzel
9. Dana pirzola
10. Böbrek
11. Dana ciğeri
12. Önceden pişmiş jambon dilimleri (yağsız, derisiz)
13. Önceden pişmiş tavuk ve hindi dilimleri (yağsız, derisiz)
14. Az yağlı jambon
15. Av hayvanları (geyik, sülün, keklik, yabani tavşan, ormantavuğu)
16. Tavşan/yabani tavşan

Balık

17. Levrek
18. Morina (taze)
19. Yengeç (surimi)
20. Kızıl dil balığı
21. Dil balığı
22. Kefal
23. Mezgit
24. Berlam balığı
25. Trança
26. Ringa
27. Uskumru
28. Keler balığı
29. Yaldızlı pisi balığı
30. Kömür balığı
31. Gökkuşağı alabalık / denizalası
32. Barbunya
33. Somon
34. Tütsülenmiş (füme) somon
35. Sardalye
36. Çipura
37. Vatoz
38. Kılıç balığı
39. Ton balığı
40. Kalkan

41. Mırlan
42. Balık yumurtası (morina, ringa, somon, tekir)

Deniz Ürünleri

43. Kalamar / mürekkepbalığı
44. Deniztarağı
45. Kum midyesi
46. Yengeç
47. Kerevit
48. Norveç ıstakozu
49. Istakoz
50. Akdeniz karidesi
51. Midye
52. İstiridye
53. Jumbo karides
54. Büyük tarak
55. Karides
56. Deniz salyangozu

Kümes hayvanları

57. Tavuk
58. Piliç
59. Tavuk ciğeri
60. Beç tavuğu
61. Devekuşu
62. Güvercin

63. Bıldırcın
64. Hindi

Yumurtalar

65. Tavuk yumurtası
66. Bıldırcın yumurtası

Yağsız süt ürünleri

67. Yağsız süzme peynir
68. Yağsız beyaz peynir
69. Yağsız süzme yoğurt
70. Yağsız lor peyniri / yağsız yoğurt (sade ya da düşük kalorili tatlandırıcıyla tatlandırılmış)
71. Kaymağı alınmış süt

Protein içeren sebzeler

72. Tofu

Sebzeler

73. Enginar
74. Kuşkonmaz
75. Patlıcan
76. Pancar
77. Brokoli / mor başlı brokoli
78. Lahana: Beyaz / kırmızı / kıvırcık lahana / karnabahar / alabaş / karalahana / Brüksel lahanası (lahananın her türü)

79. Havuç
80. Kereviz
81. Hindiba / radika
82. Kabak
83. Salatalık
84. Rezene
85. Çalı fasulyesi / Ayşekadın fasulye / Sultani bezelye
86. Pırasa
87. Mantar
88. Soğan
89. Palmiye kalbi
90. Biber (tatlı)
91. Sakızkabağı / Balkabağı / Helvacıkabağı
92. Turp
93. Ravent
94. Salata yaprakları: Marulun her çeşidi / roka / su teresi / kaba yonca / kıvırcık salata / kuzukulağı
95. Soya fasulyesi
96. Ispanak
97. Sarı şalgam
98. Pazı
99. Domates
100. Şalgam

YEMEK TARİFLERİ DİZİNİ

Etler (Atak evresi)

Kümes hayvanları (Atak evresi)

YEMEK TARİFLERİ DİZİNİ

Balıklar (Atak evresi)

Deniz ürünleri: Yumuşakçalar ve kabuklular (Atak evresi)

Yumurtalar (Atak evresi)

YEMEK TARİFLERİ DİZİNİ

Sebzeler (Seyir evresi)

Sebzeler + seyir evresi proteinleri

Soslar